ドミニク・リヒャルト

死ぬには最高のチャンス

ドキュメント・オリジナルは、省略のない完全なものです

。

9冊のノートからなるオリジナル原稿は、以下のサイトで公開されている。Mémorial de la Haute ALSACE of 第一次世界大戦 , 43 rue de Bâle DANNEMARIE FRANCE ALSACE

Dominik Richertの練習帳のコピー　　　Claude Faffaが作成しました。

前書き

1919年にドイツ語で書かれたこの9冊のノートの著者、ドミニク・リヒェルトを記念して作られたものです。この史料をより深く理解するために、ドイツ語初版「BESTE GELEGENHEIT ZUM STERBEN 」で書かれたアンジェリカ・トランスクリットの序文を冒頭に追加している.

ドミニク・リヒャルトの証言は国際的に知られている
すでに翻訳済み。

« Beste Gelegenheit zum sterben »
« Cahiers d'un survivant »
« The Kaiser's Reluctant Conscript »
" Лучшая возможность умереть »
http://dominique.richert.free.fr

ISBN 978-2-492559-07-5

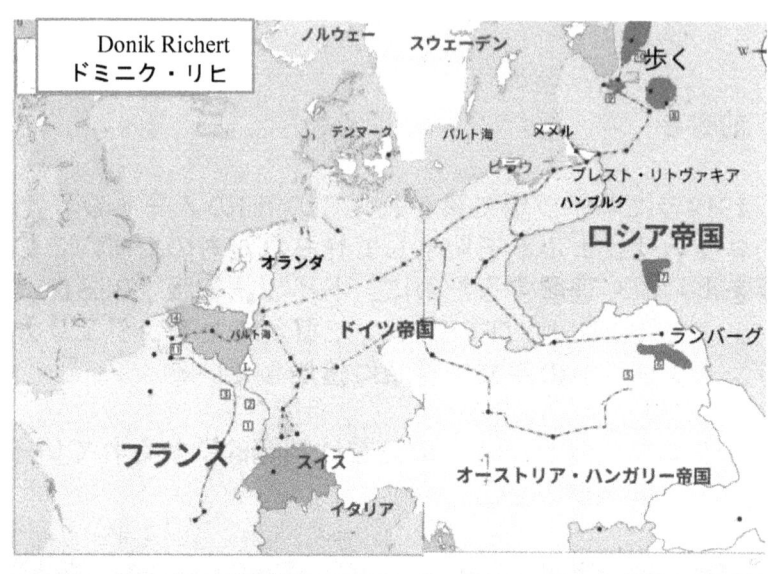

1 / 12 1914年8月 ········· マルハウス

2 / 1914年8月19日 ········· サールブール

3 / 1914年8月〜9月 1918年7月 ······ トゥール

4 / 1914年10月〜11月 ········· ドゥーエ

5 / 1915年4月 ········· ズィーニンモー

6 / 1915年5月〜6月 ········· 東邦ガリシア州

7 / 1915年7月8月 ········ ロシア領ポーランド

8 / 1915年12月 - 1917年8月 ·· ドゥナブールノボ・アレクサンドロフスク

9 / 1917年9月 ······ リガ

10 / 1918年2月〜3月 ······ ボリシェヴィキの平和化

11 / 1918年4月-5月 ······· アミアン・ラオン

アルザス・ドミニク・リヒャルトの戦時中の旅程

農民兵の人情訓
。ドイツの歴史家による発見

提案内容

Angelika Tramitz、Ulrich Berndt 著
活字を発見した二人の歴史家。

戦争中の男
　1987年、ドイツの若き歴史家ベルント・ウルリッヒは、フライブルクの連邦軍事公文書館で驚くべき発見をした。ドイツの若き歴史学者ベルント・ウルリッヒは、第一次世界大戦の兵士が家族に送った手紙を探し、驚くべき発見をした。300枚以上の印刷物からなる原稿には、戦地にいるドイツ兵の日常生活が記されていたのである。文章の著者は、アルザス地方サン・ウルリッヒの農民であるドミニク・リシェ。当初、私たちはこの原稿の信憑性に懐疑的だったが、やがて、他の戦争体験談や回想録とはまったく異なる、簡潔な文体に魅了されたのであった。ドミニク・リヒャルトは、確かにすべての「ヒロイズム」を放棄している。戦争が始まってから、彼は戦場へ行くことにあまり意欲を示さなかった。彼は、「脱走」の計画を実行するのに4年かかったが、いまだに達成できていない。軍隊の中で平和主義が一般的でなかったことを考えると、彼の戦争への消極性はより賞賛に値する。多くのドイツ兵、特に農民は、遠くの土地を荒らすことで、自分たちの祖国を破壊から守っているのだと信じていた。ドミニク・リヒャーの小さな故郷は、当時ドイツとフランスの国境に位置し、1914年から1918年までの戦争の間、前線に置かれた村、スンドガウだけであった。ドミニク・リシェは、戦争が終わって故郷に帰れることだけを願っている。いつも英雄的な兵士の姿から遠く離れている。

回想録の中でリヒャルトは、栄光と勇気に恋する戦士という役割、確信に憧れることはない。そのため、彼が耐えた恐怖や戦いに伴う恐怖を正確に描写することができ、また、無益と思われる戦いを避けるために編み出した戦略も、プライドなくしては思い起こさせることができるのです。　抽象的な動機はなく、「殺されたくないから殺さない」という人間的な正当性だけです。塹壕の反対側では、いくつかの例外を除いて、殺すべき敵ではなく、人間、父親、農民、自分のような貧しい悪魔を見たのである。ドミニク・リヒャーの人間的な感情は、誠実で、軽率で、時に少し曖昧です。彼は知らないことを恐れる。発見した相手に合わせて、躊躇なく口調を変えていく。彼の言う「黒人」や「インディアン」と呼ばれるイギリスの植民地出身者との差は、ロシア人よりも大きいのである。英語に関しては、すでに少し「外国人」ではなくなっているが、フランス人ほどには親しまれていない。リヒャルトは、19世紀の旅行民族学者のように、国や民族のすべてを調査し、質問し、それをメモしていく。したがって、読者はドミニク・リヒェルトの記述の中に、著者が意図した以上のものを見いだすことになる。彼の言動は、下士官になってからごく自然に発展していきます。部下を仲間として扱い、ファーストネームで呼び続け、悩みながらも責任感を発揮し、武器など新しいテーマにも興味を持つ。したがって、このテキストは、著者が戦闘場面を詳細に描写しているものの、決して古典的な「戦争日記」ではない。原稿の最初の調査の後、語り手は本当に存在したのか、それとも単に作者が創作した文学的人物なのか、一人称単数で書くことによって信憑性を持たせ、正確な場所と日付で、他人が体験した戦争の光景をミザンセーヌに組み込んだのか、という疑問が生まれた。文学的資質が強く、非典型的であるため、出題に値します。少しばかり調査が必要だった。そうやって、兵士ドミニク・リシェの足取りを追ったのです。最初の手がかりは、原稿の表紙に書かれた名前だった。この原稿は、ジャン・クロード・ファファという人物がパリからフライブルグ・イム・ブライスガウに送ったものであることがわかる。1987年当時、パリにはこの名前の人は一人もいなかった。行き止まり。リヒャルトは、原稿の中で「第二の手がかり」として、家族で初めての休日を過ごした軍病院の仲間のことを語っている。ドイツの小さな村Le　Siègeは、お

そらく他のコミューンに付属して、もはや存在しない。しかし、著者が示したいくつかの指標（駅からこの小さな村まで徒歩で何キロかかるか）により、地図上の調査と電話帳の作成を経て、この友人の息子を見つけることができたのである。アルザスの南端、スイスとベルフォール領に近いスンドガウにあるドミニク・リシェの村、サン・ウルリッヒの名前を教えてくれた。この村には、アルザスでもよく見られるリシェ姓の家が2軒あった。ドミニクの2人の息子、ウルリッヒとマルセルである。豊かな文通が成立していた。ドミニク・リシェは、もう生きていないのだと思った。1977年に84歳で亡くなりましたが、老後までこの土地で働きました。1893年に生まれた彼は、1900年頃に学校に入学したが、成績は良かったものの、親が農場で必要としたため、7年で退学した。1913年に徴兵され、5年後に帰国すると、すぐにドイツ語で手記を書き始め、冬の数カ月間、比較的活動できない時期を過ごした。ドミニク・リヒャーは1922年に粉屋の娘アデーレ・カイザーと結婚した。小さな家族を養うには収入が少なすぎたため、ドミニク・リヒェルトは家計を補うために森で働かざるを得なかった。厳しい生活の中でも、元兵士は明るく、親切で、気配りのできる人でした。絵を描いたり、合唱団で歌ったりするのが好きだったそうです。そして、自分の体験に基づいた本、旅行記、小説などを「よく読んだ」。彼の好きな本は、不思議ではないでしょう？- エーリッヒ・マリア・レマルクの『Nothing New in the West』、ローランド・ドルゲレスの『Les Croix de Bois』（1930年ドイツ語訳）などがある。第一次世界大戦の後、第二次世界大戦がドミニク・リヒャルトに強い影響を与えた。アルザスが帝国に併合されることになり、退役軍人は過去のドラマが息子たちに追いつくことを望まなかった。1941年、アルザスの若者たちは、ドイツの公務員、そして後には兵役に就くことが義務づけられた。ドイツ占領軍は、この義務を逃れた者の親を国外追放にすると脅した。退役軍人のドミニク・リヒェルトは、息子たちに自分と同じ悪夢を見せたくなかったので、スイスの地下に潜るように勧めたのである。リヒャルト夫妻は警察に逮捕されてドイツに送還され、1945年に連合軍に救出されるまで、プファルツの農場で重労働を課せられていたのだから、自己犠牲とさえいえる勇気ある決断だった。これは、リッチェの息子たちが、「お父さんの世界を

現地で発見してください」と書いてくれたものです。手書きで書かれたオリジナルのノートは、4分の8のノートにびっしりと書き込まれ、ドイツ語のSutterlinschriftのカリグラフィーが施されたものを家族が保管している。才能のない作家のボロボロの添削原稿とはわけが違うのだ。言葉を足したり消したり、陳腐化したり、繰り返したりすることはほとんどない。ドミニク・リヒャルトは、自分が何を書かなければならないか、心得ていた。その場で、この兵隊書きが優れた語り部であることを知った。毎週日曜日の午後、近くのメルツェン村にあるカフェの定席で、老若男女の友人や親せきと顔を合わせた。彼が話し始めると、テーブルが静まり返り、椅子を押し合い、人々は熱心に耳を傾けた。ノートを書き終えると、ドミニク・リヒテルはそれを家の屋根裏部屋の引き出しにしまった。先の大戦からずいぶん経って、春の大掃除の時に再発見されたのだ。ノートの1冊はネズミに食べられていた。息子たちの粘り強い働きかけに屈し、ドミニク・リシェは欠落していた箇所の復元に取りかかった。同時に、この原稿の謎めいた送り主である若い学生の友人、ジャン・クロード・ファファは、この興味深いノートが読者に必要とされていると確信し、本文をタイプし始めたのだ。しかし、出版社を探す努力はすべて無駄になってしまった。ひとつを除いては。原稿の宛先であったハインリッヒ・ベルは、文章の質を確認し、公文書館に渡す用意があると言った。これはフライブルクで行われました。そこで原稿を発見し、版下作成に取り掛かった。同時に、リヒャー家はノートのフランス語への翻訳を開始し、ウルリッヒ・リヒャーの義理の息子であるマルク・シューブリンに託された。この2つの取り組みにより、ドミニク・リシェの回想録は、数年のうちにドイツ語とフランス語で出版されることになった。この2つの言語は、著者の表現言語であり、彼の生涯においてヨーロッパで最も対立した2つの国である。原稿の著者の実在と手記の実態を確認した上で、ドミニク・リシェが提供した無数の軍事情報、すなわち作戦年月日、戦闘行為の詳細、関与した部隊、言及した人物と場所などの真偽を確認したいと思った。ポツダムのドイツ軍文書館で、1945年の爆撃を奇跡的に逃れて、ドミニク・リシェが戦争初期に所属していたバーデン歩兵第112連隊の行軍日誌を見つけたのである。2つの文書の対比が印象的だった」。日付、場所、名前...細

かいところまですべて一致している。綿密に記録された事象に基づくドミニク・リシェの考察は、比類ない密度、正確さ、説得力を獲得している。語り手は、状況の劇的な重さに感動を覚えたことがない。人間の責任が問われる場面で、どのように同情と連帯感を示すかを心得ており、自分自身に忠実に、戦勝国、敗戦国を問わず、戦後、自分たちの犠牲のむなしさや戦争の恐ろしさを認めることさえできずに沈黙しているすべての戦友の声を伝えているのです。1918年、アルザスは再びフランス領となった。しかし、ドミニク・リシェールは、20世紀最初の「近代的虐殺」の兵士として、自分は常に敗者の側、死刑囚の側にいると確信している。彼は、自分の身に起こることのほんの一部しか理解していない人間が、人間の尊厳の尊重という永遠の要求に忠実であり続けることができるという普遍的な真実を私たちに伝えているのです。ドミニク・リヒャルトは、勇敢な兵士フウィックのモットーを、「銃を成長させる神を信じ、また銃を投げる麦を信じる」としたのであろう。"

私は1914年から1918年にかけての戦争を生きてきました。

1 - 20歳の時、1913年10月16日に動員され、.2-ミュルーズ（Alsace）に駐屯していた第112歩兵連隊の第1中隊に派遣されました。その約半年後、ドイツ軍で通常の訓練を受けた兵士を過激派兵士として採用しました。1914年7月中旬、私たちの連隊はさらなる戦闘訓練のため、バーデン州とヴュルテンベルク州の境界にあるホイベルク3番地に到着しました。時には、追いかけられて荒々しく磨かれることもあった。

Googleマップで検索　　47.59305, 7.1137

1914年7月29日の午前中は旅団演習、午後は野砲射撃を行いました。見てもいいということだったので、こんな機会は一生ないかもしれないと思い、私も行きました。フィールドでの撮影はとても面白かったです。私は銃の後ろに立って、榴散弾が爆発したり、グレナドが設定されたターゲットに影響を与えたりするのを見ていた。我々ソルダッツは、戦争が起こることを知らなかった。1914年7月30日、私たちは早めにベッドに入りましたが、任務でとても疲れていました。午後10時頃、突然ドアが開き、中隊の軍曹が「戦争の勃発は避けられないから、すぐに起きろ」と言ってきた。私たちは夢の中から到着し、誰も最初の瞬間に言葉を発することができませんでした、予期せずに。戦争、どこで、誰と？もちろん、誰もがすぐに「またフランスに逆らうことになるだろう」と納得した。そして、一人が「ドイツ、ドイツ・ファースト」という歌を歌い始めた。ほとんどの人が倒れてしまい、やがて夜になると何百人もの兵隊さんの口から歌が出てきた。戦時中は何も撮れないと思っていたので、この曲には全く興味がなかった。それは、非常に嫌な予感であった。また、親戚や故郷のことを考えると、国境に近いために破壊される危険性があることも心配でした。

慌ててパッキングしたのに、N8ではドナウタウルにあるハウゼン駅に行ってしまった。汽車がないので、次の日の夕方までキャンプに戻り、その後、満員の汽車に乗って、樽の中のニシンの

塩のように詰め込まれて、駐屯地のミュルーズに戻ってきた。1914年8月1日の午前6時に到着し、バラックに入りました。正午には就寝の予定だったが、他の数人のカマキリと一緒に午前9時に目が覚めた。房の中では、頭から足の先まですべてが新品の軍装品を与えられ、その後、一人当たり120発の実弾を与えられました。その後、武器庫に行って脇腹を削られた。

　GPSデータ　47.75083, 7.33588

　急いで荷物をまとめ、Donau-taulにあるHausen駅に行きました。汽車がないので、翌日の夕方まで収容所に戻り、満員の汽車に乗って、樽の中のニシンの塩のように詰め込まれた状態で、駐屯地のミュルーズに戻った。1914年8月1日の午前6時に到着し、バラックに入りました。昼の12時が就寝時間のはずが、他の同志たちと一緒に朝の9時に目が覚めた。房の中で軍用装備を渡され、頭から足の先まですべて新品にした後、一人当たり120発の実弾を与えられました。その後、武器庫に行って脇腹を削られた。

　その後、父と妹がお金を持ってきてくれて、お別れをして帰ってきました。今は民間人がバラックに入ることは許されないとい

う命令が出ている。そして、兵舎の門の前で親戚と話をすることを許されました。再会できるかどうかわからないので、難しい別れだった。3人とも泣いていました。その際、父は「常に細心の注意を払い、絶対に志願してはいけない」と注意していた。祖国への愛はそれほど大きくなかったし、いわゆる英雄的な死を迎えることに恐怖を感じていたので、このような教育は必要ありませんでした。

　8月3日には、フランスの飛行機が高高度で上空を飛行しました。兵士たちは皆、空を飛んだ。今にも墜落するのではないかと思ったが、静かに旋回していった。駅前広場には多くの市民が集まって見守っていた。突然、民間人の一人が「ドカン！」と叫んだ。("Bomb!") 一般市民の群衆が走り、叫び、駅や周辺の建物に消えていった。自分で駅に飛び込んで、爆弾が爆発するのを待った。すべてが静かだった。そして、あえて屋根から降りて見上げると、何かが降りてきて、何かが羽ばたいているのが見えました。きっと爆弾ではないだろう、と思った。実はそれは、赤、白、青の3色のリボンで結ばれた美しい花束だったのです。フランスからアルザスの人々にご挨拶を…。

　8月4日、ミュルーズからバーデンまで、ドイツ人官僚を乗せた列車が2本走った。　ドイツとフランスだけでなく、ドイツ、オーストリア、ハンガリー、トルコと、フランス、ロシア、ベルギー、イギリス、セルビアとの間でも戦争が起きていると言われていました。8月5日、私は小さな分遣隊とともにエクスブルカに向かった。村の北側にあるコルベルグに2日間滞在した。8月7日、私は最初のフランス人を見ました。彼らはトウモロコシ畑をパトロールしていました。お互いに撃ち合いましたが、どちらにも犠牲者は出ませんでした。最初は銃弾の音が気になって仕方がなかった。夜明けとともにライン川に架かる橋を渡る。　月9日までの2日間、滞在しました。数連隊の兵士が集まっていた。

GPSデータ　47.74286, 7.34314

　8月9日の朝、いよいよ準備に取り掛かります。"さて、再びライン川にかかる橋を渡り、大いなるハルトの森に入った。日中はハルトの森にいました。すべての下士官は、キャプテンのところに行って命令を受けなければならなかった。その後、各グループの司令官が自分のグループに命令を下した。フランス軍はハプスハイム-リシュハイム-イル・ナポレオン-バルダー・ハイメというラインを取る。我々は今日の夕方までに攻撃しなければならない。今日の夕方までに攻撃して、奪い返さなければならない。我が連隊の任務は、ハプスハイム村、リクスハイム村、その間のブドウ畑を襲撃することです。突然、すべての笑いとユーモアが爆発した。誰もこの夜を迎えるまで生きられるとは思っていなかったし、愛国的な文章の中には熱意や戦う勇気はほとんどなかったが、これほどまでに称賛されたのだ。いよいよ歩くことになった。道端には、胸に槍が刺さったフランス人のドラグーンという最初の死者がいた。胸から血を流し、ガラスのような目をして、開いた口と爪を立てた手という恐ろしい光景だった。すべてが終わってしまっては意味がありません。

　射撃場の隣には、ドイツの歩兵の死体が6体あった。今度は森の中を通ることになった。目の前の森の端には、ハプスハイムの練兵場にある航空機の格納庫がある。そのため、幅1,200　メート

ルの野外パレードを通過しなければならなかった。進出した途端にフランス人に吹き飛ばされると思った。"Jump! 前進します。「と指揮官が叫んだ。一人の軍曹が立ち止まった。臆病だったのか、怖くなって気絶したのかはわかりません。

ミュルーズの戦い

　弾丸は私たちの上を飛び、葉の間を通り抜けたり、木に当たったりした。心臓の鼓動を感じながら、私たちは森の床に釘付けになりました。2行目、バウンス! 私たちは立ち上がって森から飛び出した。すぐに弾丸が耳元でパチパチと音を立てた。 第一陣の後ろには、すでに死者1名、重傷者1名がいた。軽傷者は我々の間を走り抜け、保護林に向かっていた。我々の砲兵隊はリクスハイムとハプスハイムの間のブドウ畑に榴散弾を撃ち込んだ。貝の鳴き声は、私たちにとって新鮮でした。パチパチ、ポーン、ポーンと音がして、私たちをワクワクさせてくれました。突然、私たちのすぐ上を駆け抜けていった。私たちの20メートル後ろで、2つのフランス製手榴弾が爆発したのだ。歩きながら周りを見ると、煙や草の切れ端が飛んでいて、「この中の一本が私の足の間に飛んできたら、ああ、大変だ!」と思いました。

　平時には何度も空砲でこの茂みを攻撃したが、その時は赤旗で敵をマークしていた。今日は、残念ながら、すべてが大きく異なっていた。 チン、弾丸は私の横にある草に当たった。30cm左に行けば、彼も一緒だった。-Jump! -Marsh! -すべてが急ぎ足で進み、そして大きな問題を抱えてしまった。また、ある人は地面に倒れ、時にはひどい悲鳴を上げた。「あなたの場所に、火をつけてください。第1、第3、第5、第7、第9グループがジャンプ! 第2グループ、第4グループ、第6グループ、第8グループ、第10グループが急速に射撃してきました。この人たちは、私が攻撃中に初めて見たフランス人だった。藪の中で死んでいたのは2人だけだった。.

畑を横切ってハプスハイムに向かって移動しているときに、再び駅やブドウ畑から激しい銃撃を受けた。しかし、傷を負ったのはほんの数人だった。私たちがHurrah駅を襲撃したとき、フランス人はすでに再び降参していた。さて、私たちはブドウ畑の嵐の中に行きました。最初は大火事になったが

　、すぐに立ち上がると、フランス人はブドウ畑に逃げ込んで姿を消してしまった。フランス側の陣地には、深さ50cmほどの溝があるだけで、その奥には白パンの山と赤ワインの樽が置かれていました。どちらもすぐに胃の中に消えてしまいました。最も偉大な愛国者でさえ、フランスの白パンの方が我々の妥協したパンよりも美味しいと感じていた。

　あとはリクスハイムを側面から攻めるしかなかった。夜だった。ブドウ畑の真ん中に若いフランス人が倒れているのを見つけた。彼は太ももを再び撃たれているのがわかった。バーデンのアンハイムから来た男は、彼を殴り殺そうとしていた。私とミュルーズから来た同志のケッタラは、怪物を抑え込むのに苦労した。すぐに出発しなければならなかったので、フランス人をそのままにしておいた。
　歓喜のあまりリースハイムを襲撃したとき、フランス人は捕らえられないように退却しなければならなかった。それにもかかわらず、捜索中に恐怖に身を隠している囚人がいた。兵士のほとんどは狂っていて、暗闇の中でどこまでもフランス人を見ていたいと思っていた。いたるところで銃弾が飛び交い、安全な場所はありませんでした。炎上して辺りを照らした家もあった。双方の負傷者は拾われ、死者は残された。
　汗だくになった私たちは、夜の涼しさを病気のように感じ、バラックにあるストローバッグを恋しく思った。しかし、疲れていたのか、すぐに眠ってしまった。頭上で鳴り響く銃声や銃弾が怖かった。"What happened?「暗闇の中でみんなが叫んでいた。リシュハイム村付近で背後から銃声が炸裂し、数が増えて機関銃まで音を立て始めたとき、私たちは「...フランス人が後ろにいる」と言った。何とも言えない戸惑いがあった。殴られた人たちの叫び声が突き刺さる。将校たちは私たちに、整列し、横になり、発砲

された場所で集中的に射撃するように命じた。
　数分間はうまくいかなかった。突然、"ドイツ人だ "と言われた。"Cease fire!「私たちは、"ドイチュラント、ドイチュラント・ユーバー・オールズ　"を歌わなければなりませんでした。そうすれば、リーハイム近郊の兵士たちは私たちをドイツ人だと思ってくれるでしょう。地獄の歌だった。　ドイツの銃弾の犠牲者とフランスの銃弾の犠牲者が同じくらいいました。

　翌朝、私たちはナポレオン島に行った。どこを見ても孤独な死者、ドイツ人やフランス人が横たわっていて、恐ろしい光景だった。歩いてSausheimまで行き、折り返して同じ道をMulhouseまで戻り、夜10時にレジメンタル音楽の響きの中で入場した。住民たちは静かで、私たちが戻ってきたことを好ましく思っていないことが多くの人の表情から読み取れるような気がした。それからの2日間は、バラックで警鐘を鳴らし、休息をとった。彼らのほとんどは、神のみぞ知る英雄的行為をしたいと考え、多くのフランス人を殺した。特に戦闘中に最も恐れていた人たちが口を開いた。

　地図上の2番

　8月12日、私たちはバーデンを目指して歩いた。翌日、私たちは列車に乗せられてフライブルクに向かった。
　10 フライブルク・イム・ブライスガウ 12 08 1914 フライブルクでは主にチョコレート、タバコ、果物を受け取った。フランス北部、ベルギー、セルビア、ロシアなど、さまざまな噂が流れた。しかし、ストラスブール付近で再びライン川を渡ったことで、すべてが変わった。その日は夏の美しい朝で、晴れていて、アルザス平原の美しい景色が広がっていた。ブーツが脱げないほどの警戒態勢をとった。遠くには大砲の音が聞こえていた。ここでも何かが起こっているようだ。

　夕方にはザールブルグに向かって進んだ。平地では塹壕を掘ら

なければならず、まさに掘削塔で、小さなシャベルを使って、硬くて乾燥した粘土質の土を力いっぱい掘らなければならなかった。夜になって激しい嵐が起こり、辺りは暗くなり、大雨が降ってきました。体に乾いた糸がついている人はいなかった。ブーツの中に水が溜まり、それを空にするためです。畑の中で座ったり、しゃがんだり。．

　教会を出て、村の端に行くと、鍵のかかった玄関のある家があった。フッサールは、納屋に陣取った。ドアハンドルを振っても誰も来なかった。　最後に、誰かが「誰かいるの？「私は「3人のアルザス兵が宿舎を希望しています」と言った。床で寝ることができる世の中になりました。"ドアが開いた" 厨房に行かなければならなかった。"あら、濡れてるじゃないの！" 女性が文句を言いながら、頼みもしないのにホットミルクを作ってくれたり、パンとバターをくれたりして、美味しくいただきました。親切な女性が「ベッドが1つしかない」と教えてくれた。そして、3人で服を脱ぎ、ベッドに潜り込んだ。親切な女性が私たちの濡れた服を持って、ストーブで乾かしてくれました。翌朝、目を覚ますと、兵士たちは全員、村から姿を消していた。女性が乾いた服を持ってきてくれたが、まだ朝食を摂らなければならない。ひとりひとりが、その女性に1マルク（53ペニング）をあげようとしたが、彼女は何も望まなかった。ありがたいことに、私たちは休暇を取りました。その後、中隊を探しに行くと、前日に塹壕を掘った峠で出会った。

　バッテリーは秘密裏に設置された。ここでフランス軍を止めなければならないことは、すぐに誰の目にも明らかになった。何事もなく数日が過ぎた。8月18日にはフランス軍の手榴弾が攻撃してきたが、横の湿地に当たったものは爆発せず、硬い農地で大きな音を立てて爆発したものもあった。

　8月18日、19日の夜、フランス軍は我々の戦線の前にある村々とその周辺の土地を占領した。早朝、フランス軍への総攻撃が命じられた。突然、笑いやユーモアが消えてしまったのだ。全員が同じように真剣で緊張した表情をしていた。今日はどんな日になるのでしょうか。祖国とか愛国的なデマを考えた人はいないと思

います。自分の命を大切にして、他のことは後回しにする。

　その最初の音が消える前に、村では大きな銃声が聞こえてきた。会社は4人を除いて全滅した。突然、ドイツ軍の砲撃が始まり、フランス軍もそれに対応した。戦いが始まった。　フランス軍の手榴弾が何発も塹壕に命中したため、人々は数秒間、塹壕の床に逃げ込んだ。その後、道路に出て、お堀に沿って、ほとんど四つん這いで前進した。あまりにも早く、フランス軍の大砲が我々を発見した。突然、ブザーが鳴り、頭上で稲妻が光り、榴散弾が炸裂したが、誰も傷つかなかった。Ssst-bam-bam。あちこちで悲鳴を上げながら、2代目のフロントマンが地面に倒れ、転がって助けを求めていた。悔しい思いをしました。

　"前進、行進！" 塹壕の中ではすべてが前進しているが、フランス軍の銃弾の方が速く、死傷者が続出している。左側の "Battalion"は、4歩離れた会社が銃座に群がっている。わずか2分で大隊は徒歩で移動した。私たちが何も見ていなかったフランスの歩兵が、今度は私たちに銃撃を加えてきました。またしても犠牲者が出てしまった。焦りと興奮で胸が熱くなりました。フランス人は我々の優位性に屈しなければならなかった。何人かの捕虜は我々の手に残された。堤防の先では身を伏せて一息つかなければならない。どこにいても、銃の音、砲弾の炸裂音、歩兵や機関銃の音が聞こえてくる。　後ろから別の大隊がやってきた。"第112歩兵連隊第1大隊 掩護射撃 左に移動"！「窪地に入り、森にたどり着き、約1キロにわたって包囲して、フランス軍が勇敢に守った側の村を攻撃した。

　草原には避難場所がないので、仕方なく埠頭の裏の小川に避難した。頭上の長老や柳を榴弾が切り裂く中、私たちは岸壁にしがみついて2時間近く水の中に立っていた。　歩兵の轟音のような砲火が迫ってきた。このままではいけないと思った。

　震えている者は、地面にゆったりと腰を下ろし、いつ死んでもおかしくない状態で横たわっていた。その時、高台でものすごい爆発音が聞こえてきたので、少し頭を上げて顔を上げてみた。そ

　こには巨大な黒煙が漂い、新たな煙が舞い上がり、土の破片が飛び散っていた。ドイツの歩兵隊は激しい銃撃の中、高度を維持していた。これで、少ない死傷者で高度と村を取ることができる。建築現場の掘削された地下室で、私たちはフランス軍の大砲からの避難場所を探していました。隣にいたのはバーデン出身の予備役で、2児の父。彼は銃を取り出して火をつけ、私に向かって「誰にもわからない、これが最後かもしれない」と言った。その言葉の前に、頭上で榴散弾が炸裂した。

　破片はTournisterの胸にあった携帯電話のストラップを貫通して、彼の心臓を突き抜けた。叫び声を上げて飛び降りた予備役は、そのまま落下して死亡した。他の2人の兵士と我々のキャプテンが負傷した。夜になるまで地下室にいた。一晩中そこにいなければならなかった。私はすぐに眠りについた。突然、叫び声と銃声が聞こえてきた」。1st、2nd、3rdと3つのラインを形成します。「一瞬にして隊列が組まれ、フランス軍の反撃は凄まじい速さで行われた。しかし、いくつかの場所では、ドイツ軍は自分の陣地にたどり着き、暗闇の中で銃剣を持って戦っていた。

　長くは眠れなかった。呻き声、助けを求める声、傷ついた人のうめき声が心に深く入り込んできた。ようやく眠りについた。夜

中の2時になって、ようやく現場のキッチンに温かいコーヒーとパンが届いた。その後、オートミールに潜り込み、太陽が顔を照らすときだけ目を覚ました。私は立ち上がった。何という光景だろう。目の前には見渡す限りのフランス人の死屍累々の姿があった。ドイツ人の死体はまだ横たわっていて、負傷者はすでに連れて行かれていた。私は隣のフランス人の負傷者のところに行き、コーヒーを飲ませた。

　貧しい人々がどれほど感謝しているか。ドイツ軍の救急車が到着し、負傷したフランス人を運び出した。死者の中には、彼らをひどく見ている者もいれば、うつ伏せになっている者、仰向けになっている者もいた。血まみれで握りしめられた手、ガラスのような目、歪んだ顔。彼らの多くは銃を手にしており、またある者は土や草をいっぱいに持っていて、それを苦しそうに引き裂いていた。たくさんの兵士が一箇所に集まって立っているのが見えたので、そこに行ってみると、ものすごい絵が出てきました。ドイツ人とフランス人の兵士がお互いに膝を突き合わせていた。それぞれが銃剣で相手を貫き、相手と一緒におぼれていった。

　昨日、フランス軍は100km離れたドノン川で攻撃を受け、勇敢な抵抗にもかかわらず撃退されたため、捕虜は我々の手に渡り、武器も捕獲された」との命令が隊員によって読み上げられた。
　今、軍団の命令が読まれました。損失は両陣営で45,000と推定されています。私たちの兵士は、その勇気と英雄的行為を称賛されるべきであり、彼らが祖国の温かい感謝の気持ちを確信することができますように、などと書かれています。勇気、ヒロイズム、存在するのかな。というのも、火の中で見たすべての顔には、恐怖と恐れと絶望しか書かれていなかったからだ。勇気、勇敢さなどではなく、実際には兵士を前進させ、死へと追いやる恐ろしい規律、強制でしかないからです。

1914年8月20日

その後、私は軍曹と10人の人たちと一緒に10 Muckenhof BUHLに行って、発射された弾を交換するための弾薬を取りに行かなければなりませんでした。村の近くにフィールドクロスがあった。手榴弾は、救世主の膝の高さにある十字架のカノンと、十字架の梁を引き裂いた。救世主は無傷で、両手を広げて立っていた。言葉のない、破壊的なイメージ。

午前10時には「よし、行くぞ！」となった。「そして、数行でフランス軍が再び接近してきた。フランスの農家、すぐに焼失してしまった不動産。誰も出すことを考えなかった。その先には、オートミール畑の中に頭を垂れた馬が立っていた。

哀れに思って、彼の頭に銃弾をぶち込んだ。彼は死んで倒れた。数歩進んだところで、麦の中の柔らかいものを踏んでしまった。それは、破れた腕にシャツの切れ端がついたままの状態だった。ほど近い、シンクの穴の横には、フランス人歩兵の引き裂かれた体、少なくとも引き裂かれた腕の持ち主がいた。

しかし、今度は破片から始まり、そのほとんどが私たちの頭上で爆発しました。慌てて駆けつける暇もなかったんですね。私たちのミューラー少佐は、恐れを知らない偉大な例を示してくれました。葉巻を吸った後、彼は私たちの間に立って、榴散弾の破片を無視して「恐れるな」と言っ

1914.08.21 - ローケンの戦い

早朝、私たちは再びレーシュンゲン村の谷間に向かって出発した。ヴォーゲル中尉は、不機嫌で、醜く、嗄れた男で、我々の隊長が負傷した後、一人で中隊を率いてローシュンゲンに向かった。私たちが村に到着すると、パトロール隊が前に出て、「村の左側の丘で、ほぼ後方に、フランス歩兵が退却している。"村に入り、強固な壁に囲まれた市場の庭を占拠した。400メートル離れたところからやってきたフランス人は、突然、恐ろしい火に包ま

れた。多くの人が倒れ、他の人が駆けつけて銃を撃った。しかし、私たちは壁に覆われているので、傷つけられることはありませんでした。中には、ライフルの尻を高く上げ、さらに高く上げ、降伏の意思表示をしている者もいた。撮るのをやめた

　何人ものフランス人が飛び降りて逃げた。彼らは撃たれた。フランス人はシュートを止めた。その時、突然、背後からざわめきが聞こえてくる。ブーム！？大きな榴弾が頭上で炸裂した。ヴォーゲル中尉は「アクション！」と叫んだ。"何人かの兵士が躊躇した時、彼は4人を撃ち、2人が死亡、2人が負傷した。"親友のサンドも負傷者の一人だった。（ヴォーゲル中尉は2ヵ月後、北フランスで自軍の兵士に撃たれた）。1914年8月21日、製糖工場で働く23歳のサンドは、右のすねを撃たれた。1871年に生まれ、上級の民間郵便局員であった彼は、1914年の終わりには撃たれなかった。戦闘の2日後にはベルギーに派遣され、1917年までそこに留まった。親友のサンドも負傷者の一人だった。（ヴォーゲル中尉は2ヵ月後、北フランスで自軍の兵士に撃たれた）。1914年8月21日、製糖工場で働く23歳のサンドは、右のすねを撃たれた。1871年に生まれ、上級の民間郵便局員であった彼は、1914年の終わりには撃たれなかった。戦闘の2日後にはベルギーに派遣され、1917年までそこに留まった。

1914年8月22日、23日、24日

　早起きして、コーヒーを飲んで、どうぞ。くそ、今は毎日死を探さなければならないと思っていたのに。
　数キロ歩くとフランスとの国境に着いた。鷲の描かれたドイツの国境ポストはフランスに破壊された。国境を越えるときに「ハーラ」と叫ぶのかなと思ったが、何も言わずに掴んだ。誰もが「このまま逆に国境を越えてしまうのではないか」と思っていた。

　朝の救いは、フランス機が2発の爆弾を投下したことである。しかし、誰も傷つかなかった。現場の厨房は来ず、飢えが始まっ

た。この先に村があります。そこに食べ物があればいいなと思ったのですが、入ることができずに近づきました。プランテーションから黄色のカブを引き裂き、ベルの世界は木の前で震えていた。しかし、空腹は最高のシェフであり、我々はもっと頻繁にそれを試すべきです。この食品をフォローする：下痢と方法！？半分以上のチームがそれに悩まされていました。それが原因で体調を崩した人も多く、長時間フィールドでヒーローごっこをするくらいなら、軍の病院に行ったほうがいい。 大隊の外科医からは、砂糖の塊にアヘンを一滴垂らして敵に進撃せよ！ 兵舎の庭を引き回されるのが大好きだった。そして、ベッド！ ストローバッグ、あなたの上で乾いて暖かい状態で伸び伸びと過ごせることが、今はどんなに幸せなことでしょう

　朝の救いは、フランス機が2発の爆弾を落としてくれたことだ。しかし、けが人は出なかった。現場のキッチンが来ず、飢餓状態が始まった

　　グーグルGPS　　48.74809, 7.62828

　。この先に村があります。そこに食べ物があればいいなと思っていたのですが、中に入ることができず、近づいてみました。黄色いカブを農園から引き剥がすと、木の前でベルの世界が震えていました。しかし、空腹は最高のシェフであり、私たちはもっと頻繁にそれを試すべきです。この食生活を続けよう：下痢とその方法とは！？チームの半分以上の人が苦しんでいました。それが原因で病気になった人も多く、長時間フィールドでヒーローごっ

こをするよりも、軍の病院に行くことを好んだ。大隊の外科医は、「角砂糖にアヘンを一滴垂らして敵に向かって進め！」と言っていました。兵舎の庭を引き回されるのが好きだった。そして、ベッド！ ストローバッグ、あなたの上で乾いて暖かく眠ることができて、私は今、どんなに幸せでしょう。

正午、私たちは村に立ち寄った。まさにチキンハントの始まりだ。

ウサギは木箱や厩舎から、ワインは地下室から、ベーコンやハムは暖炉から取り出した。卵の巣を探して、6〜8個の卵を飲みました。そして、家に入った。 ミルクジャグのシリーズです。私は手を伸ばして、甘いクリームの入った瓶を手にした。何というか、とても甘くて新鮮な味です。最も美しいガラスの中に、青ざめて震えている老女が居間の入り口に立っているのが見えた。何の罪も犯していないのに、余計な儀式をせずにクリームを受け取るのは恥ずかしい。この女性は、私が村で見た唯一の一般人だった。村人たちは恐怖のあまり避難したのか、それとも逃げ出したのか。 バン、バン、バンと、フロントで再び始まった。軽い抵抗をしたのは、フランスの後衛だった。 進んでいくと、倒れたドイツ人たちがうろうろしていた。さらに進んで、大きなモンターニュの森の中で一晩を過ごした。役員たちの不安と興奮は、次の日に何かが起こることを予感させるものだった。

1914年8月25日-反乱が発生。

早朝、ドイツ軍の砲台が連射を始めた。向こうでは砲弾の音が聞こえた。私たちは、森の中に行進する準備をして待っていた。中隊長たちは私たちを外に出してくれた。私の会社は第2射程に入っていた。"Forward march!"すべてが動き出した。木の間から光が差し込んできて、森はそこで止まってしまった。フランス軍の歩兵は、森の端に第一陣が現れたときに初めて、素早く砲撃を開始した。森の中は、フランス軍の砲撃による手榴弾や榴散弾で

覆われていた。 12 Thiaville sur Meuthe 私たちの間や頭上で物が死んでいき、狂ったように行き来していた。私の隣では、一人の兵士が腕を引きちぎられ、もう一人は首を半分切り落とされていた。倒れた彼は、何度もゴロゴロと喉を鳴らし、口からは血が出ていた。彼は死んだ。ミドルブローが地面に落ちて、誰もどこに行けばいいのかわからなくなってしまった。"Line 2 forward!" 森の端には深い谷があり、そこには川と道路と鉄道が通っていた。村と川の背後の丘はフランス人が占領していた。覆われていて数人しか見ることができませんでした。ドイツ軍の砲弾の煙があちこちに見えました。 2メートルほど先には、川に架かる道路橋があった。私たちが前進すると、全員が橋に押し寄せ、フランス軍は榴散弾、歩兵、機関銃の雨で橋を覆った。山のように積まれた加害者たちが地面に倒れた。交差点のことは考えられなかった。私は、川沿いの道路に面した開けた草地で震えていた。私はあえて動かず、最後の時が来たと思い、死にたいと思っても死ななかった。私は神様に助けを求めて祈りましたから、命の危険が最も高い時にしか祈ることはできません。それは、心の底からの恐ろしく震える祈りであり、燃えるような苦しい叫びを上に向けたものだった。このような最大の必要に迫られた祈りと、他の祈りとの違いは、通常、慣れ親しんだ、しばしば無思慮な言葉で構成されていることである。

1914年8月25日 反乱勃発

行こう、対岸の嵐へ！ すべては、対岸の波止場の陰に隠れることなど考えずに、川に飛び込んでいたのです。 数人の男性が水中の破片に当たって流された。誰も助けてくれない、みんな自活しなければならない。村の郊外ではいくつかの家屋に火がつき、フランス軍は暑さのためにやむなく撤退し、村の郊外を守らなければならないところもあった。そこで、銃剣による攻撃を開始し、フランス軍に道を譲らせることにした。捕虜を確保した。ずぶ濡れになりながら、疲れ果てて、民家の裏に避難して少し休んだ。次第に発射が完全に止まりました。夕方には、村の左側にある森

の中の丘を攻めなければならなかった。12 - Thiaville-sur-Meurthe 25 08 1914 Tiavile-sur-Meurtに戻り、夜を明かしました。 嵐のような夜だった。 燃え盛る厩舎には、まだ多くの動物が繋がれていて、死ぬのが怖くてうなり声を上げていた。 恐るべし！ やっと寝た。夜半過ぎ、納屋で叫び声がした。「偽善者の一団をすぐに降ろすのだ。私たちは濡れた服を体に貼り付けたまま、階下に降りた。私たち8人は、下士

官と一緒に、村から数百メートル離れたところで警備を引き継ぐことになった。そこで、降りしきる雨の中、立ちすくんだり、身をかがめたりしながら、暗い夜に見たり聞いたりしたのです。ようやく東の空に夜明けが訪れた。新しい1日は何をもたらすのでしょうか。

26 August 1914 - 12 - Thiaville-sur-Meurthe 25 08 1914年ドイツのThiaville-sur-Mort Forestの戦い。

　日が暮れると助けを待ったが、誰も来なかった。その数歩先には、暗闇の中では気づかなかった小さな家があった。その隣の生垣の中には、雨に濡れたドイツ軍の歩兵の死体があった。小さな家の中庭には、2人のフランス歩兵の死体があった。その隣には財布が置いてあった。私はそれを受け取った。その中には20金フランが2枚入っていた。でも、これ以上お金をかけても意味がないので、捨てました。フランス人の一人は、自分のお金を差し出してでも助かりたいと思っていたに違いない。

　森の中で銃声がした。くっそー、また来やがったかー　満を持して森から退却してきたドラゴーンは、我らがスタンガー准将少佐にフランス軍との遭遇を告げた。その後、将軍は中隊長たちに

、グーグルGPS　48.25127, 7.03963

　軍事的な記録に基づかない命令を下し、各中隊に読み聞かせた。「今日は捕虜はいない。負傷したフランス人や捕虜になったフランス人は殺される。「兵士のほとんどは残忍で沈黙していたが、他の兵士は国際法に反するこの悪趣味な命令を喜んでいた。分散して行進してください 発砲はありませんでした。バン、バン、バン、行った。弾薬は私たちのところに来て、木に当たった。早朝、新入社員がやってきた。まだ銃弾の汽笛を聞いていない兵士たちは、顔を見て怖がっていた。 フランスの戦闘員とアルプスの歩兵は、勇敢に抵抗したものの、先に降伏した。

　負傷したフランス人はそこに横たわり、我々の手に落ちた。恐ろしいことに、私たちの中には、哀れな負傷者に銃剣や拳銃を撃ち、慈悲を請う怪物がいた。私の中隊にいたシャークという下士官は、降伏将校で、現代風に訳すと、ドイツ軍に合法的に従軍した期間よりも長く在籍していた年配の兵士で、血まみれで横たわるフランス人を尻目に嘲笑しながら撃ち、死の苦しみの中で慈悲を乞う哀れな男のこめかみにライフルの銃身を当てて引き金を引いた。貧乏人は苦しんだ。しかし、死の恐怖で歪んだあの顔を忘れることはできません。数歩進んだ森の中の溝に、若くてハンサムな別の負傷者がいた。シャーク軍曹が駆けつけ、私も追いかけた。シャークは彼を刺そうとしたが、私はその一撃をかわし、喜びのあまり「彼に触れたら死ね！」と叫んだ。"彼は、私をペルペルと見て、私の脅迫的な態度を信用せず、少しうなって、他の

兵士の後を追った。私はライフルを投げ捨て、傷ついた男のそばにひざまずいた。彼は泣き出し、私の手を取ってキスをしました。私はフランス語を全く話せなかったので、自分を指差して「同志アルザス！」と言いました。"と言って、包帯を巻きたいと伝えました。彼には包帯がなかった。彼の両ふくらはぎはライフルの銃撃で穴が開いていました。歩行器を外し、ポケットナイフで赤いズボンを切り、救急箱で傷口に包帯を巻いた。そして、同情もあって、溝に入っていた蓋を開けて、彼の隣に寝た。頭を少し上げてみると、もう正面の部隊は見えない。弾丸は絶え間なく森を駆け抜けていった。その隣にはブルーベリーの茂みがあり、熟したベリーがたくさん実っていたので、それを拾って食べた。約30時間ぶりの食事だ。

　すると、後ろから足音が聞こえてきた。それは、バラックで非常に危険な拷問を受けていたペンキット中隊軍曹で、彼は話し始めるたびに何度も吃驚した。彼が銃に手を伸ばすと、「くそ、行きたいのか」と怒鳴られました。私は銃を持って行きました。数歩進んだところで、木の後ろに立ち、彼が負傷者を傷つけようとしているかどうかを確認した。私の判断は、「フランス人を殺したいなら、すぐに叫べ」というものだった。彼は彼を見て、こう続けた。そして、私は彼の前に出て、茂みの中を駆け抜けた。フランス人は6、8人いた。目の前にドイツ軍のラインがあるので、これ以上は走れない。私はその中の一人に銃剣で触れ、『同志よ...』と言った。彼は恐る恐る私を見た。横になっているという意味で、彼は熱心にうなずきながら「はい」と答えた。死者や重傷者は森の中に散らばっていた。ガタガタと音が鳴り止まず、軽傷を負った男性が私の横を走り抜けていった。　軽傷の男が私の横を走り抜けていったが、私は身を隠しながら戦列に入っていった。幸いなことに、死傷者は恐ろしく積み重なっていた。私はブナの木の後ろにコブシを持って立っていましたが、それでは二人の身を守るのに十分ではありませんでした。シューマッハは5メートルほど離れたトウヒの木の後ろに飛び込もうとしたが、顔が死んでいて手足が動かなかった。

　撤退するフランス軍は、反対側の斜面を登ってきていた。彼らの多くは、ウサギのように撃ち落とされた。何人かは斜面を下っていった。峡谷を越えたところで、若いモミの木が植えられた丘

陵地から突然ひどい火の粉が飛んできた。脱出した者もいた。ミュエルラー少佐が「子供たちよ、先に行け」と剣を振って叫ぶと、すぐに倒れて死んでしまった。 周りを見る余裕はなかった。負傷者のほとんどがそこに横たわっていた。 周りを見渡すと、ワンゲン・アム・ボーデンゼーの農家の息子である親友のコードがテントの中で倒れていた。 救急隊員は彼をそこに残して逃げていった。すぐに3人の仲間をここに呼んだ。 将校たちは、走って戻ってくる兵士たちを止めて、フランス軍を押し返すために隊列を組ませた。私たち4人は、自制して負傷者を救護所に連れて行ったが、彼は非常に弱っていて、血を失っていた。また雨が降ってきたので、探してみるとキッチンに空きスペースがありました。 あの家ではどうだったかというと、血、うめき声、うめき声、祈りの声。(その3ヶ月後、コードはストラスブールの軍病院で亡くなった)。4人で負傷者を救護所に連れて行かせてもらったが、その負傷者は非常に弱っており、出血もしていた。また雨が降ってきたので、探してみるとキッチンに空きスペースがありました。この家ではどんなことをしていたんだろう？血が、うめき声が、うめき声が、祈りが！？(3ヵ月後、コードはストラスブールの軍病院で死亡)：1914年8月26日に大腿部を負傷、1914年12月2日に死亡、手足は切断され、血液は毒されていた。 私のルームメイトであるヴェティアは、おかしな年季の入ったハノーバリアンで、森から出てきたばかりです。ライフルに寄りかかりながら歩いていた。"What's wrong, Ventier?" と叫んだ。"両太ももが撃たれた！"ここがエイドステーションだよ" と言っても、彼は興奮して怖がっていたので、止められるのを嫌がっていた。

　撤退するフランス軍は、反対側の斜面を登ってきていた。その多くは、ウサギのように撃ち落とされた。何人かは斜面を下っていった。峡谷の反対側では、若い木が植えられていた丘の中腹から、突然恐ろしい火の粉が吹き出した。何人かは逃げ出した。ミューラー少佐が剣を振って『子供たちよ、頑張れ』と叫ぶと、彼らはすぐに倒れた。周りを見る余裕はなかった。ほとんどの負傷者が横たわっていた。 再び周囲を見渡すと、ワンゲン・アム・ボーデンゼーの農家の息子である親友のコードがテントの中で倒れていた。 救急隊員は彼をそこに残して走り去った。私はすぐに、ここにいる3人の友人に電話をかけました。 将校たちは逃げ惑う

兵士たちを止め、フランス軍を撃退するために隊列を組んだ。4人で我慢して、負傷者を救護所に連れて行ったが、彼は非常に弱っていて、大量の血を失っていた。再び雨が降ってきたので、彼を探してみると、キッチンに空きスペースがあった。あの家の中ではどんな感じだったかというと、血が出て、うめき声が出て、うめき声が出て、祈るような感じだった。(その3ヵ月後、コードはストラスバーグの軍病院で亡くなった)。私たち4人は、負傷者を救護所に連れて行くことを許されましたが、そこには非常に弱っていて血を流している人がいました。また雨が降ってきたので、探してみると、キッチンの空きスペースを見つけました。あの家では何が起きていたのか？血、うめき声、祈り！(3ヶ月後、コードはストラスブールの軍病院で死亡)：1914年8月26日にキュイジーヌで負傷、1914年12月2日に死亡、手足を切断し、血を吸った。同居人のベティアは、ハノーバー系のおかしなおばさんです。彼はライフルに寄りかかって歩いていた」。どうしたんだ、ヴェンチャー！」と叫んだ。両太ももを撃たれた！?"ここがエイドステーションだよ　"と言っても、彼は興奮していて、怖がっていて、止めようとしませんでした。

　30時間以上、数粒のブルーベリーしか食べていなかったため、空腹感が増しました。そこにはフランス人の死体が転がっていた。私はバックパックを開けて、肉の入った瓶とタバコの箱を取り出した。数歩先にはドイツ人の死体が転がっていた。私は彼のバックパックのボタンを外し、捨てていたものと入れ替えた。中には、鉄のコインときれいなシャツが入っていた。私はすぐに汗で汚れたシャツを脱ぎ、きれいなシャツを着ました。その後、信じられないほどの欲を出してフレンチの缶詰を食べました。　ゆっくりと夕方になった。　私の同志であるガウ・テラートとケッターもそこにいた。彼らは私よりも賢く、戦いが始まるとすぐに茂みに隠れてしまった。雨の群れの中、山の中腹で一晩を過ごした。愚かで、死んでいて、疲れていて、半分絶望していて、私たちはそこに座っていた。

1914年8月27日

　朝、中尉と8人の部下からなるパトロール隊がミューラー少佐の遺体を森から運び出すことになった。やがて、彼らが行く先から銃声が聞こえてきた。誰も戻ってこなかった。兵士たちの話によると、ミューラー少佐も負傷した2人のフランス人にピストルを発砲したそうです。彼の運命が彼に届いたのは良いことです。チック軍曹は姿を消し、日誌によるとこの戦闘で重傷を負った22歳の肉屋も、負傷者を撃った銃曹も姿を消した。

　さて、私はコーヒーポット用の水を手に入れるためにティアヴィル＝シュル＝ムルトに行った。道路の隣には第76野砲連隊の砲

台があった

　正午頃、私たちはムルサを経由して戻り、谷間を5キロほど歩いて、2日前にドイツ軍に征服されたバッカーラという小さな町に行った。特にムルタ橋からのバッカーラでの戦いは熱かったはずだ。　川の西岸のビジネス街は完全に焼け落ち、教会の塔は穴だらけになった。市街地の庭にテントを張って、そこで2日間休むことができた。私たちのテントの隣には、70人以上のフランス人が眠る集団墓地があった。その隣にはバイエルンの少佐が埋葬されていた。残っていたニワトリやウサギ、ブタなどは、住民の抗議にもかかわらず盗まれ、屠殺された。まだ買えるワインもセラーから盗まれ、酔っぱらった兵士があちこちで見られるようになった。中隊にはドイツからの新鮮な兵士が再補充されていた。

　その後、再び前進し、まずはメニルに向かった。道の左右には、フランス人が投げ捨てた夥しい数のリュックサック、ライフル

、太鼓、パイプなどがあった。その後、森の中を登っていくと、ドイツやフランスのアルプスの歩兵の死体があちこちの茂みに転がっていた。すでに腐敗が始まっており、ひどい臭いを放っていた。森の奥の丘では、塹壕（ざんごう）を掘った。暑かったので、軍曹は私に食器を持って水を探しに行かせました。裏の窪地の溝で見つけました。すぐに3〜4杯飲んで、調理器具を満たしました。飲んだ後、水が腐ったような嫌な味がしたので、流れが悪いせいだと思いました。柳の木の横には、すでに腐り始めているフランス人の死体があった。砲弾の破片で破れた額は水中を見下ろしており、グラブや小さな虫がついていた。死人に染み込んだ水を飲んだ！？ひどくむかついたので、何度も吐いてしまった。キッチン用品を空にして、きれいな水で満たしました。これで、トレンチでの生活も残り3日となった。榴散弾が投げ込まれた以外は、すべてが静かだった。目の前の隙間には半分焼けたメニルの村があり、その後アングルモンの村に戻り、サンバルベの村の右手にあった。

グーグルGPS　48.25589, 6.76777

メニル・アングルモンへの攻撃

そして、アングルモンに向かった。目の前にはたくさんの牛や牛、子牛が走り回っていました。たくさんの牛が地面に死んでいました。クローバー畑で若いクローバーを食べ過ぎて、肥大化して死んでしまった。他の牛は撃たれた。アングルモンの村に近づくと、突然、フランス軍の大砲が激しい砲撃を浴びせてきた。歩兵の射撃も始まった。フランス人は果敢に防御したが、我々の優位性に屈した。

一軒目の家では、負傷したフランス人が車の上に座っていた。私の中隊の兵士が彼を撃とうとした。彼は私の強い抗議を拒否した。衛生兵が傷の手当に来た。フランスの砲兵隊は村に集中砲火を浴びせた。私は、すでに数人の兵士が避難していた大きなレンガ造りの納屋の切妻の後ろに飛び込んだ。突然、頭上で爆発が起こり、レンガが落ち、何人もの兵士が倒されました。手榴弾が屋根を突き抜けて壁を吹き飛ばし、大きな穴が開いてしまったのだ

。どこも安全ではなかった。傾いた太いリンゴの木の下に寝ていた。そして、命令が下った。

　私たちが村の前にやっと見えてきた頃、フランス人が狂ったように銃を撃ち始めた。四方八方から手榴弾が飛んでくる。榴散弾は鉛の雨を空中に撒き散らした。轟音、汽笛、衝突、煙、飛び散る土砂、傷ついた人たち。手榴弾は約3メートル右に当たったが、私は思わず身をかがめ、左手を顔の前に置いた。私は煙と土の破片を浴びた。破片がライフルの尻に当たった。私の隣人2人が地面に倒れていた。奇跡的に無傷だった私は、倒れた人のライフル銃を拾って浅い穴に飛び込んだ。私は本当に怖くて家の中にいたかったのです。"Well, Richert, go on" "彼は私の中隊の下士官だった。私はどうすればいいのでしょうか？私は彼と一緒に行かなければならなかった。 畑の溝に身を投じる。歩兵銃の銃弾が、手の届く範囲にある私のライフルのシャフトに深い溝を作ったのだ。火事になったり、損失がどんどん増えたりして、続けることができなくなってしまったのだ。私は、何人かの人がすでに倒れている地面の溝に身を投げた。

隣にはバーデン擲弾兵連隊の擲弾兵がいた。私は自分を埋めるためにスコップを取り出した。地面は硬く乾いていて、寝転がって穴を掘るのが精一杯だった。隣に寝ていた兵士が、「畑の裏にはジャガイモ畑があり、耕作地はここのクローバー畑ほど硬くないから、溝を掘った方がいい」と言うのです。"ここにいて　顔を見せるな！"と言いました。"何かが閃くたびに、フィールドに誰も見えないからフランス人は打つ……。ピンポンです。20発以上の発砲があった。弾丸は私にむかって口笛を吹く。兵士はうつぶせに倒れたまま動かない。足しか見えませんでした。上半身は反対側の溝に入っていた。

　バーグ予備兵は私の横に滑り込んできた。"私は穴の中で丸くなり、砲弾が近くに当たるまでうなだれていました。" "リヒャルト" "擲弾兵の様子を見に行け！" "擲弾兵の様子を見に行け！" "擲弾兵の様子を見に行く！「とバーグが言った。擲弾兵は私に背を向けて溝に膝をつき、頭を下げてシャベルを手にしていたが、動かない。"おい、相棒！"私は叫び、這いつくばって彼に近づき、彼を揺さぶった。そして、横向き

に倒れてうめき声をあげた。歩兵の銃弾が耳の上の頭部を貫いた。脳は長さ3センチほどの鉛筆の形をしていた。頭に包帯を巻いたが、それ以外にできることはないだろうと思った。だんだんうめき声が弱くなり、ガラガラという音に変わっていった。約2時間後、彼は死んだ。私たちは暗くなるまでそこに横たわっていました。

　そして、「すべてを撃て、アングルモンに集まれ！」という命令が下った。"みんな一刻も早く村に帰ろうとした。負傷者は「頼むから、こんなところに寝かせておかないでくれ、家には妻も子供もいるんだ！」と助けを求めた。"取られた　"人もいれば、" 放置"された人もいる。　中隊長の叫び声が聞こえた。"第112歩兵連隊第1中隊　ここに集合！「と中隊長は再び叫んだ。　一言も発しない。みんな、亡くなった仲間を思い出していた。　村は完全に更地になった。

真夜中ごろ、私はもう一人の男と軍曹と一緒に、アングルモンが再びフランス軍に占領されたかどうかを確認するために哨戒に出されました。夜は暗かった。慎重に溝に沿って忍び足で歩いていると、足音が近づいてくる。岸壁に向かう道路に寄り添うように。8人編成のフランスのパトロール隊が、1メートルほど前をゆっくりと通り過ぎていったが、私たちの姿は見えない。村では、フランス人の話し声が聞こえてきた。これで、フランス軍が再びこの村を占領したことが確信できた。しばらくして、6人のフランス人が村に向かって走ってきた（窒息しそうなほど、ドイツ軍の発砲があった）。そのうち2人が姿を消した。帰ってきて、報告書を作成しました。その夜は、夢を見るなんて論外だった。朝になって、ようやくフィールドキッチンから食料を調達できるようになった。

　翌朝、私たちの墓を見たフランス人は、手榴弾を送ってきた。そのうちの1つは、3人を引き裂くような直撃弾であった。数日間滞在しました。後方から侵入したドイツ軍の野戦砲兵隊は、数分後にフランス軍の砲兵隊に攻撃された。ひどい有様だった。やがて、悪臭に耐えられなくなった私たちは、バッテリーに入った。誰も埋葬しようとは思わなかったようだ。
　ある夜、フランス軍が堀を攻撃しようとしたが、撃退された。翌日、ハーゲンバッハの同志ライアン・カミールが転倒して、頭の骨を折った。セポワのロジャー・アルフォンスは足にひどい傷を負った。フランス軍は森に撤退した。ある晩、「攻撃せよ！」と命令が下った。「リヒャルト、私は家に帰らない。そう感じるんだ」。私はそれをやめさせようとしたが、彼はどうしてもという。2本の細い線での射撃、それが全てです。私は激怒した。的がないのに数人に撃たせてどうするんだ！？　発砲は1回だけだった。チーン、弾丸が耳元で鳴り響く。隣人は地面に倒れ、黙って死んでしまった。"リスエッケ軍曹は悲鳴を上げ、ライフルを投げ捨て、手を震わせた。1914年9月10日、シュフォイが受けた傷によると、彼の左手は弾丸に打たれていた。おやおや、その時機関銃が鳴った。　「伏せろ！掘れ！」。"何もかもが地上に出て、掘り始めたのです。仲間のウツと他の2人は、フランス人が残っ

ているかどうか確かめるために、300ヤードほど先のニワトコと柳の木立に送られました。夜はゆっくりと更けていった。

　パトロールはまだ帰ってきていない。中隊長から、この3人を探すように言われた。 とても怖かったのですが、帰らざるを得ませんでした。1914年9月10日、午前7時、彼はパトロール中の兵士に出会った。腹を撃たれたのだ。 戻って中隊長に報告した。

　一方、夜が明けると、人々は溝や貝の穴に入り込み、ある者は地面に倒れ込んだ。しかし、私たちの塹壕の後の方向は分かっていた。目の前の兵士が突然走り出すことが何度かあった。何がいけなかったのでしょうか?先に進んでいるつもりでも、すぐに一人で歩き始めてしまう。死体の臭いが鼻をつく。"息を止めろ　走れ！" すでに腐敗が始まっている死体からの匂いである。暗くて見えなかったんです。やっとの思いで溝に辿り着き、それを手に入れた。 ようやくたどり着いた溝を占拠する

　安心したのか、ほとんどの兵士が「何をバカなことを！」とささやいた。"数人で撃ち殺せ""標的なしで去れ！" - "みんないるのか?"と中隊長に聞かれた。"はい！" - "会社は荷物を持って戻り、メニラ教会に集まっています！" "これはどういうことなのか?兵士たちは不思議がっていた。私たちはかばんをたたみ、ライフルを持ち、溝に入り、メニルの暗闇の中に這入った。哀れな同志ウーツ、今あなたはあの茂みの中で死んでいる、しかしあなたの後ろには戦争がある、私が思っていたよりほとんど幸せだ。メニルに着くと、そこは兵士でいっぱいだった。という質問はどこでも同じです。"中隊が集結！...バカラの上の森で停車中。周りの森では、大砲の運転手が馬を走らせながら叫んでいた。　歩兵第112連隊第1中隊」が後衛を形成！ "だから、何千人もの貧しい兵士の命を奪った領土は、晴れてしまったのだと確信した。準備が整ったところで、私たちも出発。このまま下がってフランス人の到着を待って降伏するという考えもあった。しかし、呪われた規律が私を止めた。あるいは、フランス人が自分たちの村が盗まれて破壊されるのを見て、激怒して私を撃ったり刺したりするかもしれません。だから、私は歩き続けた。バカラでマーサブリッジを渡ると、開拓者たちが爆破の準備をしていた。その場を離れる前に、

大爆発で橋が吹っ飛んだんです。

　グーグルGPS　　48.39804, 6.51006

　20kmほど前を通過して、ようやく村に到着し、コーヒーとパンを食べに立ち寄りました。数時間の休息 ここに塹壕が作られた。ここに泊まるのは不安だった。前方のかなり離れたところで、フランスの大砲のブーンという音が聞こえた。それで、私たちの退却に気づかず、空いた塹壕に砲撃してきたのです。座って待っていた。さて、どうする？前方か後方か？後方からは、部隊が来るのが聞こえた。我々を解放してくれたのは予備役連隊だった。
　夜通し歩いて帰り、朝、明け方にフランスとロレーヌの国境を越えてオーリックール・アブリクールに入りました。村では、納屋に入れられた。6日間、ロレーヌ地方を行軍し、モランジュ・メルヒンゲン、レミリ・レミリを経て、ヴィオンヴィル・ヴィオンヴィルへ。メッツからは遠くで砲の雷鳴が聞こえ、夕方にはすぐ近くまで来た。ブルブル、人は鳥肌が立つ、未来の恐怖を感じる。　朝は雨が降って霧がかかるという不親切な天気だった。1時間ほど歩いたところで、「広がれ、霧は消え、太陽が出ている。400メートル先には森があった。そこへ向かっていたのです。そこから耳元でチーン、チーンと口笛が鳴る。"進め！進め！嵐の中へ！"お巡りさん "は泣いていました。森に逃げ込み、ダイブして前に走ると、一匹狼が倒れました。ジン、ジン、ジン、榴弾、いかにうまく演出するか。75丁拳銃のクソ野郎！フランスは退却した。森を占拠した。二つの森に挟まれた狭い渓谷で、戦いは続いている。 バタイロナ博士が倒れたという。

夜通し歩いて帰り、朝、明け方にフランスとロレーヌの国境を越えてオーリックール・アブリクールに入りました。村では、納屋に入れられた。6日間、ロレーヌ地方を行軍し、モ

ランジュ・メルヒンゲン、レミリ・レミリを経て、ヴィオンヴィル・ヴィオンヴィルへ。メッツからは遠くで砲の雷鳴が聞こえ、夕方にはすぐ近くまで来た。ブルブル、人は鳥肌が立つ、未来の恐怖を感じる。　朝は雨が降って霧がかかるという不親切な天気だった。1時間ほど歩いたところで、「広がれ、霧は消え、太陽が出ている。400メートル先には森があった。そこへ向かっていたのです。そこから耳元でチーン、チーンと口笛が鳴る。"進め！進め！嵐の中へ！"お巡りさん"は泣いていました。森に逃げ込み、ダイブして前に走ると、一匹狼が倒れました。ジン、ジン、ジン、榴弾、いかにうまく演出するか。75丁拳銃のクソ野郎！フランスは退却した。森を占拠した。二つの森に挟まれた狭い渓谷で、戦いは続いている。　バタイロナ博士が倒れたという。

フランスの砲撃は弱まり、完全に止んだ。私たちは前進し、森を手に入れた。フランス人は去った。夕方になって、死んだフランス人を森に埋めなければならなくなった。みんな40歳くらいの老兵だった。貧乏人は、ほとんど一家のお父さん。世界一の意志を持ってしても、本物の墓を掘ることはできない。30cmの土だ。土で覆ったのです。悲しい仕事は終わった。誰も名前などの識別マークを探さなかった

松林の中で一夜を明かした。冷たい風が吹き、雨が降り、私たちは濡れて、とても寒かった。何のために？誰のために？私は怒りでどうしようもなかった。どれもこれも役に立たなかった。絶望に近い歯を食いしばりながら、私はスプルースの枝に座り、身を乗り出して夜を見つめ、自分の家、愛する人、ベッドを思い浮かべました。すごいホームシックで、大切な人たちが会いに来てくれた。泣くしかなかった。また会えるかな？なかなか終戦、いつになることやら。という思いが頭をよぎった。自分には家があるのか、両親は生きているのか。あるいは、どこにいるのか？戦

争が始まってから、8月上旬の日付で、そこから手紙が届いた。あれから何があったのだろう！ 国境に近いんですねー。たぶん、すべてが撃たれ、焼かれ、親族が逃げ出したのでしょう。彼らはどこに逃げたのでしょうか？この不安は私をひどく苦しめました。これで苦しみの尺度は完成し、将来の不安に加え、親族や家のことも心配になった。夢を考えることができなくなったのです。立ち上がり、森の前を行ったり来たりして、こんな暖かそうなものはないだろうと手探りで戦った。ようやく夜が明けた。熱いコーヒーが飲めたらどんなにいいだろう。カントリーキッチンも何もない。

　先行していたフレアリー・フレイリー村へ。こうして、ウサギやニワトリの肉狩りが始まったのである。まるで持ち主がいないかのように、すべてが奪われた。私たちが到着したときには、ほとんど何もかもが隠されていて、人の姿はほとんど見えませんでした。私は牛舎に行き、牛の乳を搾りました。努力と苦しみで、半リットルくらいは出たかな。そうこうしているうちに、何人かの兵士が鶏や兎を納屋に入れたので、扉が開き、老百姓がおびえて納屋に入ってきたのです。ウサギの空き箱や鶏小屋を見て、両手を頭の上で組んで「マイ・ゴッド、マイ・ゴッド」と言ったそうです その人は、時間をかけて何かを作っていた。ある者はウサギを用意し、ある者は鶏をむしり、ある者は養蜂場を襲って籠をひっくり返し、横の樽から蜂蜜を取り出し、蜂の束を潰していた。また、梅の木を揺すっている人もいました。私もそこで何度か手にしました。その後、庭で多年草のジャガイモを引き抜き、ジャガイモを取り、きれいにして調理器具に入れ、水と塩を入れて、さあ調理です。私はハチミツが大好きなので、ハチミツもとって調理器具の蓋の中に入れました。水を飲んだら、「準備しろ」という命令が来た。

　そして、「食べても食べても、誰も聞いてくれない。お湯を注ぎ、次の機会には調理を終えたいとジャガイモを残し、調理器具に蓋をして、フランス人に会いに村へ行った。

　エッシー・エッシーの村を通り過ぎた。村を出る前に踊りが再開された。最初はフランスの榴弾が楽しげに頭上に上がってきた。やがて前方の森から軽歩兵の銃撃を受け、今度は数人が負傷し

た。我々の砲兵隊は森で砲撃を行った。フランス歩兵は退却した。森を占拠した。森を横切るように、幅200mほどの草原の狭い谷があった。かなり高い鉄道の堤防が横切っていて、そこを占領した。突然、向かいの森から激しい歩兵の銃撃を受け、隣にいた予備役のカルトが被弾し、鉄道の堤防に激突した。また、同じような運命をたどった人もいた。今度は線路を越えて森に向かって発砲した。フランス人は見ませんでした。しかし、すぐにその火勢は強くなり、誰も彼の頭を持ち上げて押し上げる勇気はなくなりました。我々の大砲が激しく砲撃された後、フランスは砲撃を止めた。

　　グーグルGPS　48.70801, 6.23454

　約1時間後、ボン巡査の助手に命令が下った。彼は32歳の研修教師で、1908年に志願して4人で森を捜索していた。残念ながら私は、運悪くこのパトロールに配属されることになったのだ。今にも銃弾が飛んできそうで、不安な気持ちで森に入った。低く鬱蒼とした森の中を慎重に歩き、向こう側の森の端が見えるようなまっすぐな道に出た。フランス軍の痕跡はなかった。それでも藪をかき分けながら、雪の中を進んでいく。突然、20メートルほど先の茂みの中に赤いものが見えた。私はターンする準備をした。赤いものが動かないので、慎重に穴の方へ歩いていくと、そこには足が膝から完全にちぎれ、その切り株をシャツで包んでいるフランス人の老人がいた。可哀想に、この人はすでに出血で黄色くなり、とても弱っていた。私は彼の横にひざまずき、バックパックを頭の下に置いて、水を飲ませた。ありがとうございます」と言いながら、家に3人の子どもがいることを指摘された。かわいそうに、長い間連れて行かれましたが、『ドイツの病院』と指をさして言ってから、お別れしました。"その話"をしていないかのように、青白い笑みを浮かべて首を横に振った。ゆっくりと反対側の森の端まで滑っていく。ボン巡査は、私を別の男と一緒に送り返し、森は大丈夫だと言った。負傷者の横を通り過ぎるとき、ロザリオを手に持って祈っているのが見えた。片手で舌を指して、喉が渇いていることを示した。ダイニングにある水の残りをあげました。会社と共に通過して30分ほど経った頃、彼はロザリオ

を手にしたまま、死んでいた

　　グーグルGPS　48.70801, 6.23454

　森の端を占拠した私は、路地の入り口に立ち、前方の丘陵地帯を眺めた。そこで、500mほど離れたところにノフンス人を見かけました。私に気がつくと、彼は身を伏せた。すぐに彼のライフルの銃身が上がり、弾丸が地面に激突するのが見えた。今度は藪の中にもぐりこんで、穴を掘って避難しようとした。しかし、地面は根が網の目のように張り巡らされていて、それは不可能であった。　援護がないため、すぐに死傷者が出た。ルームメイトのミュンディガーは、左肩の動脈を撃たれて、袖の前から血がチューブのように噴き出ていた。当時23歳だった少年は肩を撃たれた。私はすぐに彼の腕に包帯を巻き、傷の手当てをした。

　火中から逃れるために、別の仲間と一緒に連れ帰った。今、トゥーラ・トゥール要塞の重砲が大口径の手榴弾を送ってくるが、それを投げつけてはまた森の中で爆発させ、ひどい目に遭わせている。朝、まだ死体が横たわっている鉄道の堤防にさしかかった時、私は汽車でエセー村に行きたいと思った。しかし、傷病者はどうしても近くの鉄道に乗るという。私は、彼に反論する気もなく、鉄道の堤防に沿って道路まで歩いた。私たちが数歩も引かないうちに、大きな砲弾が1発、ものすごい音を立てて線路の上で炸裂した。地面や榴散弾、岩や線路の破片が頭上に降り注ぎ、煙

と粉塵に完全に覆われた。幸いなことに、誰も怪我をしなかった。もし、さっきの私の忠告を聞いて、負傷者が線路を歩いていたら、私たち3人はバラバラにされていただろう。それまで脱力感から何度も転んでいた怪我人が、私がやっとついていけるくらいに歩けるようになったのです。しかし、彼は草原で再び倒れてしまった。昨夜、エシ村に着き、負傷者を医者に連れて行った。

　夜になると、道路に戻る部隊の音で目が覚めた。私は立ち上がって、どんな部隊なのか聞いてみた。私の大隊でした。私はすぐにバッグを身につけ、彼らに合流した。村から1キロほど離れた高台に車を止め、隊列を組んで塹壕を掘り始めた。何も見えないし、30cmくらいの深さで硬い石灰岩にぶつかるので、大変でした。朝には1メートルの深さになっていた。私たちのトレンチは、ブドウ畑の一部を通過していた。半熟のブドウを食べました。その結果、腹痛や下痢を起こすようになった。部隊の半分がさらに奥の森に入れるようになったのは、1914年9月末日のことである。

　翌日の夜には、またドブに入ることになった。フランス軍の攻撃は夜間である。それを見ずに夜間発砲を行った。我が陣地に近いというので、我が砲兵隊もごく短時間のうちに発砲した。徐々に発砲が止まってきた。朝になっても、50ヤードほど先の短い塹壕の中にいた4人の前哨部隊が戻ってこないので、私はもう一人連れて様子を見に行きました。這いつくばるように入っていきました。4人とも死んでいて、中には銃を出したままの人もいた。彼らは、ドイツ軍の短距離砲撃で負傷したため、背中や後頭部に傷跡が残っていた。同誌によると、1914年9月27日、エッシ付近の22歳の葉巻奏者Sが、腹部擦過傷で死亡している。そのままにして、這うように帰ってきて報告しました。

　日中は、半分のチームが塹壕に残り、残りの半分が戻って予備役のためのシェルターを作る。日中は暑いので、ズボンとシャツの組み合わせで作業しました。やがて、白いシャツを着た私たちを見つけたフランス機が、私たちを取り囲んだ。彼は飛行を再開し、やがて誰も何とも思わなくなった。しかし、いきなり突進してきて、8発ほどの砲弾が私たちの横を激しく打ち抜きました。そのとたん、他の多くの人と同じように、ひどい苦痛の叫び声が

上がった。そのほとんどが四方八方に逃げ出した。私は潜った

　掘った穴の中に思い切り入り込んだ。一発の砲弾が、私の頭上にある土の山の上で炸裂した。私が自分で掘ったものだ。もう1つは、集まっているライフルを横から殴り、1列全部を潰した。今、私は両腕を顔の前に伸ばしながら、足の続く限り茂みの中を走っていた。

　私はすぐに鉄道の堤防にたどり着き、路地に身を隠したが、そこにはすでに仲間がしゃがみこんでいた。撮影が止んだ後、職場に近づいた。中には、完全にバラバラになった仲間の死体や、重傷を負った仲間も何人もいた。親友のクラマーが腹を切り、腸が外れた。彼はもう痛みに耐えられないから撃ってくれと懇願してきた。大隊の医者が来て、ふくらはぎの真ん中で足をちぎられた中隊長の包帯を巻いてくれた。そして、クラマーを診察して腸を整え、縫合して、負傷者の搬入を命じたのである。ポールで担架を作り、コートとテントを着せて、負傷者をそっと持ち上げて、すぐに救急車で運ばれるところまで連れてきました。2ヵ月後、腸は傷つかず、皮膚と腹部の脂肪だけが裂けたので、完全に回復したとの手紙が来た。

　翌日の夜は、私が食事をする番だった。森の中の道を歩いていた時のことです。突然、歩兵のボールがヘルメットの上から真鍮のシートを2、2cmの深さで破り、それが私と一緒になってしまったのだ。9月の最後の夜、私たちは他の軍隊によって解放され、35キロ離れたメッツに戻りました。夜明けとともに現地に到着し、ロンゲヴィル郊外の映画館に腰を落ち着けた。3時間寝て、それから銃の掃除、銃の呼び出しがあった。私は快適な一日を好み、トラムに乗り、街へ出た。いつまでも単調な田舎料理にうんざりしていた私は、おいしいランチを食べたいと切望していたのです。美味しかったので、3軒の居酒屋で昼食をとり、パン屋さんでパイを食べました。その後、町、特に美しい大聖堂を見学し、チョコレートやソーセージをたくさん買って、夕方、会社に戻りました。軍曹は私に向かってうなり声を上げた。さて、今日はどこにいたのでしょうか？メッツを見ていたんです」と、私はとても冷静に答えた。日中はドイツの救援隊が来て、大きな隙間を埋めてくれた。また、シュトルヒトのアウグスト・ツァンガーもい

た。以前から仲が良かったこともあり、今回の出会いはとても嬉しかった。そのまま軍曹に「同じグループに入れてください」とお願いしました。
　というグループが発生しました。

北フランスへの旅

地図上の4番

　1914年10月2日、私たちは車に乗せられ、モーゼル川を渡ってトリアーまで列車で運ばれました。内陸部をアーヘンまで、ベルギー、リエージュ、ブリュッセル、モンスを経て北フランスに至る快適な旅です。ベルギーは美しく豊かな国であり、多くの産業があり、多くの鉱山があります。庭園内には多くの鉄道や卵運河が縦横に走っている。ここで初めて風車を見ました。当然といえば当然なのだが、人々は私たちを無愛想な目で見ていた。私たちは、フランスが避難させたばかりのドゥアイという町に移送された。連隊長が兵舎の庭で演説し、「我々にとって最悪の戦争は終わった、あとはイギリス人と黒人だけが我々の前に立ちはだかるだろう」と言ったのだ。やがて私たちは教訓を得た。

　ドゥアイから先は、美しく豊かな地区を通りました。炭鉱

、製糖工場、町、村、労働者コロニー……次々に現れる。田舎道はほとん

グーグルGPS　49.29874, 6.13169

　ど石で舗装されていた。リシュブール地区で、私たちは初めてイギリス人に会った。汚い溝の中で、私たちは彼らを驚かせなければならなかった。フィールドレーンでは、入り口を飛び越えて反対側の溝にたどり着かなければなりませんでした。やがて、イギリス人が私たちに気づいた。飛び降りた者は全員、銃弾の雨を浴びた。やがて、何人もの死者が道に倒れていた。最後の5人が倒れたのだ。私の番でした。私は、上官から「死ね」と言われても、それを拒否した。軍曹から直接ジャンプを命じられた。冷やかしで「やり方を教えろ」と言ったが、その勇気はなかった。だから、夜まで眠れなかった。

　野原のあちこちに、哨戒戦闘で死んだドイツ軍の馬上兵がいる。夕方には村の前に隊列を組み、1〜4人がかりで塹壕を掘っていた。夜中の12時ごろ、18歳の志願兵ツァンガーと2人で前哨部隊に送られた。畑の道の近くの溝に座った。私はまっすぐ前を向き、他の2人は左右を見た。突然、左側から行進する音が聞こえてきた。やがて、暗闇の中に3人の人影が現れた。それぞれが一人

を狙った。若い戦士が2人、同時に撮影しようとするので、ドイツ語なのか英語なのかわからず、止めるのに苦労しました。私は30フィート（約1.5メートル）の距離で彼らに向かって走りました。ライフル銃を構えて、「ストップ！」と叫びました。パスワード！" しかし、彼らはすぐに正しいスローガンを示した。

 私たちの左側では、オーディションを受けていた私の会社の3人が、ほっと胸をなでおろし、暗闇の中で迷っていました。 その直後、私たちもホッとしました。しばらく塹壕の穴で寝ていると、突然10人が「イギリスが来るぞ！」と伝えに帰ってきた。怒りが爆発した。若い兵士たちは、その弾薬に早くも惚れ込んでしまった。5発撃ちました。しかし、イギリス人の気配はなく、連絡もなかったので、弾薬を節約した。今朝、イギリス人の死者を探すためにパトロールが派遣された。しかし、彼らは何を見つけたのだろうか？牛2頭と子牛1頭が死亡。もちろん、この攻撃は簡単に撃退された。

 そして、全員が弾薬を見せなければならず、持っていない者は上官から叱られることになった。現在、塹壕作業員の半数は撤収し、第114連隊に送られている。私たちの立場は大きく揺らいでいます。実際、他の多くの人は食べ物を求めて村に入ったことだろう。突然、イギリスの大砲が撃ってきたんだ。砲弾や榴弾が大量に炸裂した。死と破壊が散見された。やがて、イギリス軍の歩兵の隊列が目の前に現れ、飛躍的に接近してきた。激しい銃撃の中、彼らを捕らえました …しかし、彼らは多すぎたので、私たちは退却しました。家にたどり着く前に倒れた人もいた。柳の切株が植えられた排水溝で、私たちは英国の榴弾に押しつぶされそうになりながら逃げ帰った。走って帰る前に転んでしまった人もいました。榴散弾は、私の頭上にある朽ちた柳の切株のてっぺんに命中した。爆発と衝撃でライナーの後の汚い溝に飛ばざるを得なかったが、すぐに起き上がって危険な射線から逃れた。英国はこの村を占領したが、それ以上追撃しようとはしなかった。再び自力で掘り出し、数日間、敵に立ち向かった。トミー」（イギリス人の呼び名）は射撃の名手だったから、慎重にならざるを得なかった。私たちの誰かが現れるたびに、彼はすでに何かを失っ

ていたのです。

　そして、ほっと一息ついて、ドーヴァリン（Douvrin）村に3日間、静かにやってきました。ウサギ、ニワトリ、ブタの屠殺はすぐに再開された。　向かいには、大きな酒とワインの店があった。役員たちは、男たちが入れないように、前に警備員を配置した。もちろん、安全性を確保するためでもあります。警備員が地下に入るのを何度も見た。結局、彼は酔っぱらって玄関で溺れ、そのまま眠ってしまった。

　3日目の昼、出発の時が来た。まず、歩兵第112連隊が一同に会する教会に行った。チャプレンが短いスピーチをし、一般的な赦しを与えてくれた。そして、すべてが再び始まった。住民に見捨てられた村をいくつも通り過ぎた。そして、運河にさしかかると、そこに架かっていた橋が破壊されていた。近くに石炭を積んだ船があり、船の両端が土手に触れていて簡単に運河を渡れたので、そのまま歩き、夜は甜菜畑に寄って一夜を明かした。多くの人にとって、これが人生最後の夜になるとは、誰も思ってもみなかっただろう。

　夜はかなり冷え込んだので、午前中に出発してよかったです。やがて、暗闇の中から家並みが見えてきた。私たちはラ・バセットという小さな町にいて、兵士たちが屋根の上で作業しているのを聞いた。すると、ダンケルから「これはどういう連隊なんだ」と声がかかった。どのような会社ですか？"112番目" - 見知らぬ者はいないか？"肯定　"と答えると、走ってきて、兄弟2人が抱き合って横たわっていた。なんという同窓会でしょうか。長い間、誰も家からのメッセージを受け取っていなかったので、3人で泣いた。チャールズは私たちを町の反対側まで連れて行き、そこで別れを告げた。

46 1914年10月22日、ビオレインへの攻撃

1914年10月22日 - ヴィルヘルム村への攻撃

　。ライフル隊列は、暗闇の中で地上に形成しなければならない。今、私たちは前に進んでいたのです。朝、灰色になったとき、目の前に家や果樹が立っているのが見えた。ここはヴィオリーヌ村だった。私たちはライフル銃に銃剣を付けて、村に走りました。若い兵士たちは、パレードのときと同じように、黙っているのではなく、「ハーイ」と叫びました。その叫び声は、村にいるイギリス人を警戒させた。やがて別々の銃声が聞こえ、1分後にはあらゆる窓、ドア、垣根、壁から撃たれるようになった。最初の弾丸の1発が隣の人の腹に当たった。ひどい悲鳴をあげて地面に倒れ込んだ。ザンガー・オーガストが私の後を振り返り、「ニクル、怪我はないか」と声をかけてきた。"同時に3発の弾丸が彼のバッグを貫通し、あろうことか負傷させてしまったのだ。私たちは全力で茨の盾を追って走りました。全員が生け垣の後ろに身をかわしたが、今度はイギリス軍が激しい砲火を浴びせ、多くの仲間はすぐに動かなくなった。新しい銃の列とともに、私たちは生け垣を破り、庭から家に向かって突進し、多くの家屋に命中させました。　私たちは通りの家々の間を飛び越え、通りに沿って続く教会堂の塀を乗り越えようとしている別のイギリス人を捕まえることができた。弾丸が飛び交う中、私たちは家々の間に避難せざるを得ませんでした。イギリス人は、私たちが自分を殺すと思ったようですが、私たちは彼に何もしないことを伝え、彼はとても喜んで、お金を渡したいと言ってきました。しかし、私たちはそれを受け入れない。

グーグルGPS 50.55751, 2.71872

　新しい中尉は私たちを前に連れて行った。この先の村には、イギリス軍の弾薬運搬車があり、その下にイギリス人がいて、村の反対側から近づいてくるドイツ軍を撃っていた。銃剣で背中を殴った。彼は周囲を見渡した。私たちを見たとき、とても怖がっていたんです。しかし、あきらめずに反対側の馬車の下から飛び降り、逃げ出そうとした。私たちは「ストップ！」と叫びましたが、彼は走り続けました。

　連隊は村に集合し、今度は村の後方300ヤードほどのところにあるイギリス軍の塹壕に嵐を巻き起こした。機関銃と歩兵の凄まじい砲火に見舞われた。手榴弾と榴散弾が私たちの間や上空で炸裂している。多くの犠牲者を出しながらも、私たちは塹壕を襲撃した。何人かのイギリス人は手を挙げましたが、多くは逃げました。しかし、ほぼすべてが平坦な空き地で撃墜された。砲撃から逃れるため、私とツァンガーは負傷者を抱き上げ、村まで引きずって行き、医者のところへ連れて行きました。そして、村人たちがいろいろな食べ物を積み上げている地下室に隠れました。その一角に、私たちをとても怖がる20代くらいの女性と若い女の子がいた。私たちは、彼らが私たちを恐れなくていいということを示

すために、サインを与えました。3日間、とても快適に一緒に暮らした。地下室にストーブを作り、パイプを作り、今度は女性2人が鶏とウサギを用意し、夕方に村に持って行きました。村は常に激しい砲火にさらされていた。我が家も何度かやられましたが、ある日、地下の階段からレンガが降りてきたんです。3日目の夕方、ワインセラーの跡で、階段を下りてきた。彼は中尉で、連隊の補佐役だった。"臆病者め、ここから出て行け！"と怒鳴られた。私たちは荷物をまとめました。Céline CoPinという女の子から聖母のメダルをもらいました

外にいたのは60人くらいで、みんな地下室に隠れていた。連隊の補佐官に連れられて連隊長のところへ行くと、懲罰について心のこもった説教をされたが、まったく動じなかった。その間、我が連隊は約5km前進し、Green Streetの村を押さえた。バイオリン・デーには100人以上、つまり3分の2以上の行動が犠牲になっていることを知りました。新しい中隊長のスピーチは、今でもはっきりと覚えている。「私はノルトマン中尉で、112部隊の指揮を執ることになった。すべての人が自分の義務を果たすようお願いします。そうでない者は悪魔に奪われる！解散！" ノーマンは1885年に生まれ、9年間軍隊に所属していた。

翌朝、まだ暗いうちにグループに分かれ、その後、村の「手前」200mほどの農場の後に隠れていた。そこから8人ずつのグループで野原に飛び込み、柳のあるところまで行き、そこに身を埋めることになった。イギリス人がどこにいるのか、わからなかったんです。第一陣が飛び降りると、すぐに爆発が始まった。すぐに3人の男性が倒れているのを確認した。他の人たちは、野原を横切る小麦の山を追って走っていた。今度は第2陣がジャンプすることになり、私とツァンガーはそこに配属された。どんな気持ちで始めたのか、誰にも言えません。しかし、状況は最悪だったに違いない。討議は行われませんでした。お祈りして、出発。いつの間にか、ハチの大群が私たちの周りをグルグルと回っていた。目の前に立っていた男が両手を上げて仰向けに倒れた。また一人、顔に倒れました。私はすぐに、小麦の山に飛び込みたくなりました。すると、第一陣ではルナグ軍曹以外、誰も生き残っていな

いことがわかった。[dl1]

　そして、身を投げ出して、柔らかい地面に目を伏せた。イギリスの塹壕掘りの隊員が全員、私たちに砲撃してきた。周りは全部弾が当たっているので、地面がはねるんです。イギリスの機関銃が発射された。弾丸は私たちの上を飛び、次々と死んでいった。私は最後の時が来たと思い、家にいる大切な人を思い、祈った。隣に寝ていたザンガーが「ここで寝てはいけない」と言い、少し姿勢を正すと、50メートルほど先に両側が溝になっている田舎道が見えてきた。一回のジャンプで、私たちを救ってくれた塹壕にぶつかったのです。イギリスが派手に砲撃してきても、奇跡的に無事到着した。そのあと、チームリーダーのクレザー軍曹が飛び出してきた。当時は堀が平らだったので、腹這いになって、イギリス人が残した塹壕に行きました。この予泳中にクロイツァー伍長は腎臓を撃たれ、「ご挨拶...」と言った。

　　　　こちらはハット軍曹　ザンガーと私と他の2人は、クレッツァー軍曹を埋葬しなければならなかった。ハット軍曹は、1915年3月に負傷し、その3ヵ月後に23歳の若さで亡くなった。死体を見つけるまで、暗い夜に長い間探した。さて、ベタベタに濡れた畑をシャベルで削り、袋から出したテントに死者を包み、深さ1メートルもない墓に入れ、修理した。終わったと思ったら、ザンガーが手で感じたのは、クレッツァーがあちこち泥だらけになっていることだった。そして、ブーツのつま先と鼻が、覆われた地面を見ていた。そして、ザンガーは死者のピストルを取り、革の鞘に納め、墓の頭に十字に置いた。

　溝へ戻る前に、その命令は静かに実行された。そして、人間大の葦に覆われた平野を横切った。　雨は降り止まない。今度は「やめろ！」という命令が来る。掘り下げろ！" "さあ、ザンガーと私はすぐに穴を掘りました。　朝、よく見ると、150メートルほど先にイギリス軍の塹壕があった。

　目の前の土の山を見たイギリス人は、しばらく狂喜乱舞した。その時、隣のピットを占領していた若い兵士の一人が、他の二人

と一緒に、イギリス人を注意深く観察しているのが見えた。私はすぐに彼のしたことを訂正しました。しかし、好奇心はあまりに強かった。しばらくすると、また見たくなったようだ。額を打って倒れ、かろうじて見えていた頭。坑道が狭いので、遺体を背後から畑に入れようというのだ。一人が高いところに登りすぎて、後ろからブーツでやられた。彼は穴に落ちて死んでしまい、その上にもう一人の体が落ちてきた。まあ...穴の中で2人死んで1人生きてた。イギリス軍が榴散弾を撃ってきたが、誰も怪我をしなかった。一日中、穴の中に座っているようなもので、とても退屈なんです。私たちはビート畑に横たわっていた。暇つぶしにライフル銃にサイドアームをつけ、スウェーデンカブを刺して穴に引きずり込んだ。そして、サイドアームをカブの下から突き刺し、ヘルメットをかぶせてフタから突き刺した。イギリス人はこれを頭だと思い、すぐに面白がって撃っていた。やがて、カブとヘルメットは、ふるいにかけるように穴があいていった。

翌日の夜には、連続溝を完成させた。朝、第3大隊が到着して塹壕を補強し、英国陣地への攻撃を命じた。とんでもない事業だった。警官たちはリボルバーを抜いて、私たちを塹壕から出してくれた。いつの間にか、イギリスが撃ってくるようになった。多くの人が地面に倒れ込んだ。残りは引き返して溝の中に入っていった。重傷者は、夜遅くまで泣き叫びながら横たわっていたが、彼らも死んでいった。しかし、2日後、新たな援軍が到着すると、再び攻撃を仕掛けてきた。大損害を受けながらも、イギリスの塹壕にたどり着いた。しかし、イギリス人が立ち向かい、撃ってきたので、中に入ることは不可能だった。あとは、一刻も早く塹壕に戻るだけだ。2つの塹壕の間の畑は死傷者が散乱していたが、後者はどうしようもなかった。ザンガーと私は、無事に脱出することができました。それから数日間、私たちはお互いの前で静かに過ごしていました。雨がよく降り、塹壕に雨水がたまったため、ぬかるみで素早く動けない状況だった。

突然、イギリスの塹壕が黒人とインディアンに占拠されたという。イギリスやフランスは植民地軍を使っています。そして、あちこちにターバン、彼らの帽子を見かけました。信用できないから、夜間は半数が見張りをしなければならなかった。ある暗い夜、一人のインディアンが突然、私たちの溝に飛び込んできて、両

手を上げた。誰も彼の来るのを聞いていない。彼はいつもイギリス人を指差して、手で首を切っていた。英語のわかる1歳の男の子を連れてきて、インド人も英語を話すので、2人はコミュニケーションをとることができた。そのインディアンは、自分も仲間もイギリス人が大嫌いで、みんな私たちのところへ来てイギリス人と戦いたいと思っていると言いました。私たちは彼を信じて、彼の言うとおり同志のところへ行かせた。夜、彼らが戻ってこないか耳をすませました。やがて、そこからの嘲笑が、黒人が私たちを笑っていることを示した。夜、重砲が敵の塹壕に撃ち込もうとしたが、砲弾が短すぎた。最初の一発は、私たちの塹壕の真ん中で爆発した。3人の兵士が吹き飛ばされ、その体の一部が空中に投げ出された。それを見たインディアンは、笑って喜びの声を上げた。塹壕の数メートル後方で2発目の手榴弾が爆発した。あとは、村に帰って電話砲台に「撃ち方が短かった」と伝える志願者の鉄十字勲章を取得することだ。ボランティアに参加したのはヒメルハンさん一人だけで、彼は自分を覆えるほど深くない排水溝にもぐっていった。50メートルも下がらないうちに、インディアンに見つかってしまった……。何発か発砲があった。彼の横で土が飛び散るのが見えた。やがて彼は静かに横たわっていた。夕方、溝に引きずり込んだら、2発の弾丸に貫かれているのに気づいた。溝の奥の屋根裏に置いて、覆いをしてあげました。雨上がりのある朝、6丁の銃が消えた。インド人は彼らを引きずって前面の袂を越え、塹壕の守衛に会わずに逃げ去った。15日間くらいは落ち着くことなく、塹壕の中にいました。雨がよく降るので、これらの家の中には泥や土がたくさんあり、私たちはいたるところで動けなくなったり、閉じ込められたりしました。寝転んだり、座ったりできる乾燥した場所がないのです そして、いつも肌が濡れているんですね。足が暖かくならない。多くの兵士が風邪や咳、嗄れ声などに悩まされた。夜が明けることはなかった。要するに、絶望的な人生だったのだ。毎日、何人もの人が榴散弾で死んでいった。夜間、食糧の輸送は特に危険であった。この地域は全く平坦で、ライフルと機関銃を持ったイギリスの衛兵が、我々の墓の後ろの領土に散在していたのである。ある夜、私たちのグループのエッセンホーラーが姿を消した。朝まで待った！ まだ来ていないと、何人かの男が探しに行った。やがて、彼は野原で死

んでいるのを発見された。その横には、台所の食器が半分ほど空いた状態で転がっていた。翌日の夜、貧乏人のように、死んでしまった。彼は村に行き、塀に沿って堀に這入ろうとした。その時、銃剣を持ったライフルが彼に迫った。塹壕に滑り込むと、下から首まで同じものが体を貫いていた。彼はひどい叫び声をあげて死んだ。

　突然、「体調が良くなった」と言い出した。そして本当に翌日の夜、第122歩兵連隊が塹壕を占領し、私たちは行進して戻ってきたのです。圏外になったときの開放感が気持ちいいんです。その後、立ち止まってフィールドキッチンから食料を運びました。
　3週間前に亡くなったイギリス人の遺体は、今もレ・ヴィオレーヌの戦場に横たわっている。その上に座って餌を食べているカラスを何羽も見かけました。死んだドイツ兵はすべて埋葬された。しかし、それはどのようなものだったのでしょうか？見ていない人には想像がつかないと思います。もう住人はいないのだ。家も部屋もすべて荒れ果てていた。洋服、帽子、絵、一言で言えば、部屋にあるものはすべて、どこにでもあった。不道徳な絵や文章がたくさんあった。家具のほとんどは分解され、燃料として使用された。帽子屋では、溝の中の寒さを防ぐために耳あてがついた帽子が欲しかったのです。キャップ、ハット、ストローハット、トップハットなど、同じパターンのショップがあった。高度1.5メートルほどの地面にすべてが転がっていて、その上には汚れた長靴を履いた兵士たちがいる。
　ジバンシェ・ル・ラ・ベース
　その隣には、ガラスと陶磁器の店があり、すべてがバラバラになって床に転がっていて、隅にあるいくつかのブランデーグラスを除いて、無傷のものを見ることはできなかった。洋服店では、兵士たちがロール状の布をちぎって荷造り用のギャグにした。教会の隣の部屋には8人がいた。その夜、私たちはひどい音で目を覚ましました。家が地震のように揺れた。みんなが静かにしているうちに、また寝てしまった。朝、戦いの原因を見た。過去に何度も砲撃を受けた尖塔が崩れ落ちていた。La　Bassには3日間滞在し、洗濯物を乾かしたり、汚れを落としたりする時間に充てました。そして、塹壕に戻りました。先ほどより1キロほど北上したところだ。前方にはフェ・シュトゥベール村とアイバンシュ・ル

・ラ・バス村がある。

　インディアンは、また我々の前に80ヤードほど立っていた。すぐに死者と負傷者を出し、すべて塹壕の下敷きにした。ずっとインディアンがいて、動くたびに撃ってくる。ザンガーと私は、この男を見つけるために全力を尽くした。しかし、彼の居場所は見つかりませんでした。ある夜、雪が降った。イギリスの塹壕から、塹壕の奥の壁に積もった雪を見ることができる。インディアンが袂を覗き込むと、白い雪の塊は消えていた。そこで、すぐにインド人ガンナーの位置を突き止めた。ライフルを袂に押し込み、狙いを定めて撃ったが、雪がはねたので当たらなかった。そして今、ザンガーは待ちぼうけを食らっている。やがて白い点はまた消えて、インディアンはまた見ていた。ザンガーが発砲し、インディアンは負傷した。これで少しは平和になった。インド軍の塹壕に突入せよとの命令が下った。我が開拓者たちは、インディアンの陣地の近くにジグザグの塹壕を掘った。ある夜、私は8人の部下に命じられて、目の前で作業している開拓者を援護することになった。私たちは彼らの約1m後ろに立って、暗い夜、撮影と聞き取りをしていました。何も見えないし、何も聞こえない。夜、突然、開拓者たちが2つの恐ろしい叫び声をあげた。早速、暗闇の中で発砲し、開拓者に飛びかかった。しかし、二人ともジュースバンクに倒れていて、一人は死に、もう一人は重傷を負っていた。二人とも、道路に近づいてきたインディアンに刺されたのだ。

　グーグルGPS　50.52894, 2.75738

1914年11月22日、ヒンズー教徒との戦いの凄まじい夜。

　夜中に歩兵が発砲してきたが、幸いなことに溝の中で全員地面に横たわっていたため、死傷者はほとんど出なかった。ある者は埋葬され、ある者は解放され、ある者はシャベルで解放しなければならなかった。反撃が怖いので、半数は見張りをすることになった。私とツァンガーは、一人が立ち上がりながら、何枚ものインディアン毛布にくるまって眠った。午前4時から6時の間は、私の出番だった。インディアンを信用していなかったので、一晩を過ごした。突然、前方から物音が聞こえた気がした。2メートルしか離れていない私の前哨部隊が、「何か聞こえたか？私の肯定の答えを受けて、私たちはライフルのロックを解除し、射撃の準備をし、自分の目で暗闇を突き破ろうとした。30分ほどは何も見えず、音も聞こえず、私たちはすでに落ち着いていた。突然、夜の静寂を突き破るような大きな笛が鳴った。その時、目の前で大砲が鳴り響き、インディアンたちが恐ろしい叫び声を上げながらこちらに向かってきた。私たちは完全に驚き、多くの人が存在感を失いました。私は素早く5発撃ち、ライフルに銃剣を突き立て、墓の前壁に立ちました。ザンガーが眠気に震え、興奮して最初はライフルを見つけられませんでした。それを手にしたとき、彼は私の隣に立っていた。インディアンは上から塹壕を撃ってくるが、塹壕の壁にしがみついていると、弾が飛んでくる。暗い塹壕の中では見えないが、上空に上がるとすぐに見える。

　私たちはまだ空に向かって発砲しており、インド人は誰も塹壕の中に入る勇気はありませんでした。 しかし、やがて恐ろしい叫び声が、インディアンが我々から30ヤードほど先の塹壕に侵入したことを告げた。そして、この時、混乱が起こった。群衆は私たちを席から押し出し、ライフルに再装填するためにカートリッジの入った袋をほとんど取り出せないほどに押しやった。興奮と暗闇の中で、何人かは自分の仲間の頭を撃ち抜いた。インディアンが我々の塹壕の一部を制圧した後、その奥から多くのインディア

ンが出てきて、塹壕を横切って走り、我々の塹壕に発砲してきたのです。今、私たちは本当の地獄にいるのだ。前から、後ろから、横から、インド人は塹壕に発砲してきた。今は、すべてが塹壕を元の位置まで押し戻そうとしている。殴られた人は、倒れたり、殴り殺されたりした。すべてが混乱した中で叫ばれていた。堀の手前でひどいトラブルがあり、みんなが一番になりたがっていた。しかし、入り口が狭くて、次から次へと入っていくしかなかった。ようやくザンガーと二人で塹壕の中に入ることができた。10メートルほど後退する前に、旧陣営の男たちがほとんど助けに来ようとしないので、それ以上進めない。そのうちに、後ろのチームが何としてもリベンジを果たしたいということで、追い詰められていった。そして、「救える者は救え！」という鐘が鳴った。"ザンガーと私は銃を溝に投げ捨て、フィールドを横切って走って戻った。" 何度もインディアンに見つからないように身をかがめなければならなかった。やがてザンゲルの姿は見えなくなった。突然、低い声で「助けてくれ」と叫ぶ声が聞こえた。すぐに脇に寄ると、暗闇の中で戦っている2人の人影が見えた。私は大きなターバンですぐにそのインディアンを見分け、戦闘不能にした。できるだけ早く、元の位置に戻りました。

　ザンガーさんは、早くライフルを装填したかったのだが、カーテシがライフル入れに入らなかった。 よく見ると、彼はインディアンのライフル銃を持っていた。明らかに我々のカー・トゥシェには入らない。何度も何度も、個々の男たちは喜びを爆発させた。前方から撮影が続いた。そして今、夜明けを迎えようとしています。今度は野原に現れたインディアンに発砲したが、みんな溝の中に消えてしまった。突然、数メートル先の溝の中にいるのが見えた。土嚢で塹壕を囲み、平和を取り戻したのです。私たちはとても疲れ切っていたし、神経もすっかりすり減っていた。そして、なんという状態だったのだろう。頭からつま先まで汚れ、ズボンは膝からつま先まで破れ、荷物の入ったリュックサックはインド人に襲われたときに拾う時間がなく、なくなっていたのです。ヘルメットもなくしたし、カートリッジのポケットも空っぽだった。ザンゲルたちも、ほぼ同じ状態だった。正午頃、アルザス人のフスラー中尉がやってきて、中隊の他のメンバー全員を登録した。24人を丸め込んだので、会社の9割がなくなってしまった

。恐るべし！後で聞いた話ですが、第4中隊は16人しか残っていないそうです。

翌日の夜、別の連隊に解放され、塹壕に戻りました。場所によっては、なかなか前に進めず、膝までの深さの泥に落ちることもしばしばでした。足元の悪路を喜んで、La Bassに行き、そこで朝を待つことにした。田舎の台所でコーヒーと乾パンを食べました。朝食が貧弱。私たちは、もっといいものを提供できると思っていました。食事が済んだところで、移動。秩序や規律を問うことはなかった。皆、それぞれの道を歩んでいった。大隊長は、今度は歌うことを命じた。いつものつぶやきが答えだが、歌いながら、誰も歌わない。クーリエの村も通りました。数年前、鉱山の事故で1,400人の鉱夫が亡くなりました。事故が起きたのは1906年。

今日、ボーモントという小さな町で、ザンガーと私はある老夫婦と一緒になった。中に入ると、女性は一人だった。私たちを見たとき、彼女は両手を頭の上で握りしめた。こんなにも汚く、破れた兵士たちを見たのは初めてだろうから。そして、私たちは剃られていなかった。庭に呼び出され、お湯と石鹸とブラシを渡された。私たちが少し体を洗った後、彼女は民間のズボンとジャケット、靴下とスリッパを私たちにくれました。やっと足が乾くようになったので、とてもうれしいです 言葉も通じない私たちに、女性はとても親切にしてくれました。ホットコーヒーとブランデー、バター入りのパンをくれた。

その後、ボロ布を持って中隊の軍曹のところに行き、新しい服を買ってもらった。それらをチェックした後、衣料品売り場で着替えをするための証明書を渡してくれた。新しいズボンとスカートとブーツと帽子を手に入れました。そして、髪を切り、髭を剃ってもらうために走り出した。そして、宿舎に戻りました。この女性は、私のことを全く知らないのだ。夜はラウンジで過ごしました。今、彼は故郷に帰ってきた。彼は、私たちのことがまったく気に入らないようで、世界で一番無愛想な表情で私たちを見ていた。そこで私は、私たちを指差して「アルザス人」と言ったのですが、信じてもらえませんでした。私たちは、自宅の住所が書かれた給料袋を見せた。 今はもっとフレンドリーです。そして、葉巻をプレゼントしました。すると、彼の抵抗は打ち破られ、ワインまで持ってきてくれた。もうかなり疲れていたので、「眠い

です。フルストローでも良かったのですが、階段を登らなければならず、女性の方が親切に部屋の中にある素敵なベッドを案内してくれました。私にとっては、ベッドで眠れることが何よりの喜びです。約4ヶ月間、同じベッドで一晩過ごしただけです。やがて眠りについたが、また目が覚めてしまい、足をじっとしていることができなくなった。何週間も冷たく湿っていた私の足に、何百匹もの蟻が入ったかと思ったほどです。でも、すぐに足からその汗が垂れてきて、その時点でシートが完全に濡れてしまいました。これで眠りにつくことができる。私たちはこの家族のもとに14日間滞在しましたが、日に日に良くなっていきました。一緒に食事をし、たくさんのウサギが殺された。お返しに、新しいシャツや下着、レースアップの靴、葉巻やタバコなどをたくさん持っていきました。当時は何もかもが豊かな時代でした。

　サービスもほとんどなく、ほとんどが郵便局員でした。この城に住んでいたガウエンツォレルン公爵と一緒に警備にあたったことがある。この鳥は戦争に耐えられる！？胸には宝石がいっぱい、弾丸の汽笛は聞こえないが、通過中に食べたり飲んだり、女の子を追いかけたりしていた。高給取りで、普通の兵士は犬のような生活で53フェニッヒであった。橋の守衛所にいたとき。セキュリティルームは、パブリックハウスの中にあった。女性がこれほどまでに道徳的に落ちぶれることがあるとは、それまで信じられなかった。このあたりで、多くの少女や女性がモラル的に非常に低い状態に陥りました。やがて、病院は性病の兵士でいっぱいになった。

　そして、ドイツから新たな交代チームを迎え、その中には20歳未満のボランティアも多く含まれています。またもや「前線に進撃せよ！」である。「そして、私たちは名残惜しくも、良きホストとの別れを惜しんだ。そして、右の一番いいところ、フランスまで800mくらいのところに移動しました。フランス軍の陣地のすぐ後ろには、ヴェルメルの村があった。次は、ベスーンの町だ。この町はドイツ軍の砲撃を受けていたが、地雷の工事を続けていたことが、煙でわかる。これで、塹壕の前線に3日、前線から1km後ろにある作業キャンプの予備に3日、そして5km先の世界に3日ということになったのです。そんなこんなで、特筆すべきこともなく3週間ほどが過ぎました。何度か激しい砲撃を受け、常に死

傷者が出ていた。予備役の時は徹夜で塹壕を掘って陣地を確保しなければならなかった。森がまったくない地域なので、木がなくてシェルターが作れない。だから、私たちは常にオープントレンチで、困難な気象条件にさらされながら生活していたのです。私たちのいる場所は、第8炭坑のすぐそばで、労働者のコロニーをつくっているところである。そこには、火をおこすための石炭がたくさんあった。しかし、薪が足りなかったので、まず木製の雨戸を外し、次にドア、家具、床、屋根板などを取り外して火を起こしたのです。フランス軍はすぐにこれを察知し、砲声のもと煙突を確保するまで誰も休ませなかった。

　今、フランスは夜間、我々に対して溝を作り始めている。私は他の2人とともに砲兵隊に配属され、鹵獲したベルギー製の小銃で訓練を受けました。3日間でトレーニングを受けた。砲手は歩兵塹壕の後方約200メートルの砂利坑の位置に砲を運んだが、砲は草の上に見え、視界から外れた。翌日、フランス軍の塹壕に砲撃することになった。一発目は、そのすぐそばで。カートリッジは旧式のもので、無煙火薬は装填されておらず、発射すると大きな煙が立ち込め、我々の位置を裏切ってしまう。2発目がフランス軍の塹壕に命中する前に、フランス軍の手榴弾が突進してきて、私たちの100ヤードほど後方に命中したのです。今度は手榴弾が次から次へと飛んでくる。下の砂利採取場に駆け込み、高く険しい壁の向こうに立った。やがて我々の銃は何度も命中して穴に投げ込まれ、壊れてしまった。夜は坑道で待機し、自分たちの坑道に入って歩兵を引き継ぎました。だから、私たちの砲撃戦が始まらなければならなかった。同時に、我々の砲撃戦の活動もあっけなく終わりを告げた。テオフィルス・ヴァルター・フォン・シュトルトが新しい補充兵を連れてやってきて、メルツェン村のヨセフが私の指揮下に入りました。　　今はクリスマス、戦後初の夜。私たちの会社は、ヴァンダン・ル・ヴィエイユでこの日を祝いました　…そこには、たくさんの愛の贈り物がありました。私やツァンガー、メングラットのゴテラットは祖国とのつながりがなくなり、小包を受け取ることができなかったので、中隊長はさらに愛の贈り物をくれた。さらに私とツァンガーは、マンハイムの金持ちの工場から、ホームレスの兵士である私たちを喜ばせようと

、役に立つ品々を大きな箱で受け取った。すぐに宿舎に荷物を入れることはほとんどできません。テーブルいっぱいにチョコレートやお菓子、葉巻、煙草、ソーセージ、バターサーディン、チューブ、添え木、スカーフ、手袋などを並べて、兵士たちに配っていたんです。街で出会った子どもたちに、チョコレートやお菓子を配りました。すぐにみんな私のことがわかり、私が現れると、走っていってお菓子をねだるのです。しかし、私は配達が続く限り、それを提供することしかできなかった。

　グーグルGPS　50.48786, 2.75755

　12kmほど離れたロレットホーエですぐに撤退命令が出された。Lenzの町も通りました。夜、ルーシェ、アブレンヌ、サン・ナザレの各村を通過したが、いずれもフランス軍の大砲で砲撃された。丘の中腹の茂みに潜り込むと、頭上にはノートルダム・ド・ロレッタの礼拝堂の跡が見える。頂上にはアルプスの戦士が占拠したフランスの塹壕がある。我々の陣地が前進したため、すぐに外から激しい砲撃があった。四方八方から激しい砲弾が襲ってくる。4人が入っていた塹壕は直撃し、借り主のちぎれた死体が四方に散らばった。一人しか姿を見せなかったところに、すぐにアルプスの戦闘機が襲ってきて、逃げることは不可能だった。また、そこでサンドという良き仲間を失った。

　ある晩、雪が降ったので、私はハット軍曹率いる4人の部下と一緒に丘をパトロールすることになった。雪の中で見えないように、制服に白いシャツを着ていたんです。そこで何を探せばいいのか、まだわからない、純粋にナンセンスな話だった。すぐに見

つかって、耳元で何発か弾丸が飛んできた。男性1人が胸を撃たれた。私たちは全力で走って、自分たちの陣地に戻りました。ハット軍曹はこの欺瞞を報告し、数日後、鉄十字章を授与された。

　3日後、私たちの会社は、四方を小川に囲まれた大きな建物、いわゆる係留城にそっと入りました。

　フランス軍の歩兵の射程内なので、誰も前に出ることはできなかった。ある日、フランス軍の大砲がこの建物を猛烈に攻撃したので、私たちは全員、頑丈なアーチ型の地下室に逃げ込みました。恐ろしかった。落下する梁や残骸から頭上に響く雷とうなり声が、地下への入り口をふさいでいた。苦労して脱出し、夕方には次々と這い上がってきた。　歩兵連隊は我々の左側にいた。歩兵連隊は我々の左側にいた。この連隊の中隊には、私の故郷の村の予備役、エミール・シュヴァルツェンが入っていた。ここ数カ月、音沙汰がなかったので、何か新しいことを教えてもらえたらと思い、すぐに会いに行くことにした。サン・ナゼール村に行き、そこで第三帝国の兵士に会いました。　会社はトップだった。行き方を教えてもらったので、取りに行きました。やがて、陣地に続く塹壕にたどり着いた。雪が溶けると、汚れた水の塊が溝に流れ込んできた。とにかく、暗い夜に道を直し、やっとの思いでポストにたどり着きました。私は警備員に仲間の所在を尋ねた。彼は私に何の情報も与えてくれなかった。案内してくれた一人に、「仲間はどこだ」と聞いた。行ってみて、質問しても、よくわからない回避的な答えしか返ってこない。私は別れを告げ、その場を後にした。そんな時、私を探しに来た人がいて、アルザス、エミールの良き同志かと聞かれました。私が「はい」と答えると、「エミルは2日前に脱走した」と言われた。

　今、私は会社に戻って、死者を葬る手伝いをすることになった。いつ自分の番が回ってくるかわからない、悲しい仕事。ロレットーには10日ほど滞在しました。そして、ヴェンデン・ル・ヴァイルにある私たちの古い部屋に戻るようにとの命令が下った。足が痛かったので、荷物用の車は自分で運転しました。スース付近の道は、夜間は常に砲撃を受けていたので、その距離を飛ばして、楽しく旅をした。ヴァンダン・ル・ヴィエイユに着くと、すぐに火をつけて部屋を暖め、コーヒーを入れて仲間に振る舞った。翌日の夕方、郵便物を配達していると、両親から手紙が届い

た。まだ家にいるのかどうかわからないが、私はすぐに手紙を破って読んだ。「St Ulrich」、つまり…。親愛なる息子よ! みんな元気で、まだ家にいるのに…。"それ以上進まなかった。喜びと憧れで涙が溢れ、もう読めなくなった。クラスメートの前で泣くのはかわいそうだから、外に出た。すぐに落ち着いて、手紙を書き上げることができました。良いことばかりで、今では身内のことも確信に変わりました。ヴェンディン・ル・ヴェイルに数日滞在した後、銃声が絶えず鳴り響く地区へ行かなければならなかった。夜には、ほとんど破壊されたアウチ村に到着した。

　一部破壊された溝を通り、前線陣地に到達した。夜が明けると、わが砲兵隊と迫撃砲が、英国人の占拠する塹壕に恐るべき砲撃を開始した。嵐の中に入っていかなければならなかったのです。私たちが陣地を離れると、すぐにイギリス軍が猛烈な砲火を浴びせてきた。大きな損害を受けながらも、近接する2つの英軍塹壕を制圧した。塹壕に戻ろうとするイギリス人は、ほとんど撃ち落とされた。私たちは3番目のイギリス軍の塹壕を取らなければなりませんでした。しかし、この穴ではイギリス人が立ち上がり、我々を撃墜した。やがて塹壕の前に死傷者が続出し、残りの中隊は英軍の第2塹壕に逃げ帰ることができなくなった。ここでウォルター・セオフィラス・ド・シュトルヒトは倒れた。ドイツ人とイギリス人の死体や負傷者がいたるところにあり、傷口から血が流れていて、ひどい光景だった。塹壕の中を見ると、布団のある足と、立っている手の爪しかない。この塹壕の底は、完全にイギリス人の死体で埋め尽くされていた。

　GPSデータ 50.47551, 2.86598

あとは、死者を所定の位置に埋葬する必要がありました。後ろの溝の壁から土を持って来て、死者を寝かせ、土をかぶせた。溝には他に場所がないので、この小高い丘が場所となった。今度はまた雨が降ってきた。やがて溝は水と泥でいっぱいになり、またすぐに泥で何も見えないほど汚れてしまいました。弾薬を持っていかなければならない。どこを見ても、靴の先が見え、手を握りしめ、髪が泥にこびりつき、地面を見ている。絶望しそうなほどひどい光景だった。私は、これ以上人生に何も求めないほど、うんざりしていたのです。10月から戦闘が続き、塹壕の間には倒れた兵士がまだ残っていた。埋めることは不可能だった。玄関の右側にドイツ兵が倒れていて、頭をこちらに向けていた。転倒してヘルメットが頭から落ち、腐敗して皮膚や髪がずり落ち、雨や日光で変色した脳の殻が片手の荒れた部分に見えていた。片手にはまだ銃剣のついた錆びたライフルを持ち、指の肉は腐り、足首は前を向いたままだ。特に夜、目の前に白い頭蓋骨が見えると、かなり怖い。特に夜間は、絶え間なく飛び交う銃弾が体をふるいにかけるように突き刺す。
　翌1915年1月26日の夜、いわゆるバンパーのために約400ヤード右側に寄ってきた。鉄道の堤防に寝転んで、レールの隙間からイギリスの塹壕に向かって発砲した。やがて彼らの大砲が我々を砲撃するようになった。今度は鉄道の堤防にダイブ。手榴弾は車体の上で爆発したのか、それとも真上の広場に飛んでいったのか。翌日の夜、200mほど左へ戻った。レンガ工場があったのですが、その工場が壊されたので、溝の近くにレンガの山がいくつもありました。暗くなると、イギリス人は後ろからレンガの杭を登ってきて、溝の中に私たちの一人を見つけると、その人を倒したんです。ある夜、ツァンガーと私と仲間で溝に入って、あることを言った。私とツァンガーは防衛線の後ろに立ち、クプフは溝の底に寄りかかった。　突然、レンガの山から爆発が起こり、地面が仲間の頭に飛び散り、彼は自ら地面に倒れて額を貫いた。連れて行かれたが、帰りの救急車の中で死んでしまった。1915年1月29日、K二等兵24歳、1915年1月31日、頭部負傷により死亡。

　中隊とともに戦地に赴いた280人のうち、途切れることなく戦争に参加したのは、わずか5人だった。また、作戦中に交代要員

として加わった部隊でも数百人が失われた。あらかじめ用意された対英塹壕への攻撃で、ツァンガーは手榴弾で額を負傷し、帰還した。日誌によると、22歳の煉瓦職人Zは、1915年2月1日、アシャ付近で手榴弾の破片により右目を負傷した。すぐに、ドゥアイの軍病院に入院しているとの手紙が来た。社内では「ラブラブな2人」としか呼ばれなかった。彼がいなくなった今、私はさらに不満を募らせ、自分のひどい人生を救う方法を見つけたのです。

　もう一人の同志、バーデン出身のベンツという男もこの話に関わっていて、どうしようかという話になった。突然ベンツは「やったぞ」と言いながら、口から差し歯を抜き、靴と一緒に泥の中に放り込んでしまったのです。"お腹が痛いのでラ・リゾートに帰ります"と連絡する。そして、自分の口の中に腐った歯があることを思い出したのです。歯が痛いわけでもないのに、汚いハンカチを頭に巻いて中隊長のところに行き、「もう歯が痛いのはこりごりだ」と病気を訴えたのです。やがてベンツも、ウソをついてやってきた。中隊長は、我々を送り返すことはできないと言った。常にイギリス軍の攻撃を恐れて、それなりに戦える兵士はすべて塹壕の前に待機させるよう命じられたのだ。私たちの要望にもかかわらず、証明書を出すことを拒否された。そして、中隊長の証明書がなければ、遠くへは行けなかった。席に戻りました。英国は、まだ我々の塹壕に小型の地雷を撃っていたのだ。イギリス軍の塹壕から16メートルしか離れていなかったので、一番遠いイギリス軍の塹壕を片付けなければならなかったのですが、イギリス軍は手榴弾を投げ続けてきました。ベンツと私は、証明書なしで戻ることにしました。荷物を背負い、ライフルを持ち、塹壕を這って降りていく。泥の中には、弾薬を取るために倒れた死者が数人いた。その上を歩いて、さらに400ヤードほど行くと、通りにつながる塹壕の端に出た。角を曲がろうとすると、野戦憲兵が立っていて、身分証明書を要求してきた。あれだけ話していたにもかかわらず、私たちを通さず、逆に会社へ帰してくれなかった。50メートルほど掘ったところで塹壕を出て、その先の通りを行くために何軒かの家に入った。それを見たイギリス人が発砲してきたが、幸いにも命中しなかった。地下にいた大隊医について聞いてみた。私たちは証明書を持っていなかったので、「ドリュッケベルガー！」・・・と言いながら、地下室まで追いかけられ

た。 地下に住んでいる連隊医のところへも行った。私たちが中に入ると、彼は "さて、彼はどこにいるのだろう？"と尋ねてきました。歯が痛いと言ったんだ」。彼は私の口の中を覗き込み、私の歯並びの悪さを見ると、すぐにドゥエの歯科ステーションである軍病院に入院するための領収書を書いてくれた。同志のベンツも同じ運勢で、二人で帰りました。ボーモントで汽車に乗り、ドゥアイの町へ行った。 到着後、病院に直行しました。すぐに2本の歯を抜きました。その後3日間で2本の歯も抜きました。注射をせずに行うので、小さな痛みではありませんでした。

　外に出られるようになったので、別の軍事病院にも行ってみた。正面の傷はすぐに治った。別れの時、二人とも2年間はもう会えないと思った。3日後、私は歯科医院を退院し、キラシル兵舎に出頭することになった。112連隊の主要リストによると、D.R.は1915年2月8日から26日まで18日間、軍事病院に入院していたことがわかる。そこで、軍病院を退院した者は、再び医学的検査を受け、前線かドイツに送られる。医師から風邪によるひどいカタルと診断され、ドナウエッシンゲン／バーデンの第112歩兵連隊の予備隊に戻されたのだ。前面から完全に排除されたことが、どれほど嬉しかったことか！ それなのに、同志と長い間離れなければならなかったのだから、まったく不公平な話だ。そのままドゥアイ駅に行き、バイエルン病院からベルギー経由でアーヘンに向かう列車に乗りました。そこで、外に出て、おやつを食べて、旅客列車でケルンに行くことになったんです。一日滞在して、街やライン川を訪れました。その後、急行列車に乗り、一等車で美しいライン渓谷を抜けて行きました。同じコンパートメントにいた紳士が説明し、最も楽しい瞬間を見せてくれた。このように、強大なニーダーヴァルデンキマル、山頂のエーレンブライトシュタイン要塞、ローライフェルセン、ライン川のモーゼル河口、カウプ近くのブリューチャーデンキマルなどなど……。冬だというのに、いい旅、面白い旅でした。マインツからケルンまでのライン川流域は、最も美しい地域のひとつだと私は思っています。特急列車でバーデン州のオッフェンブルグに夜到着し、キンジグタルバンからドナウエッシンゲンへの最終列車はすでに出発していたので、オッフェンブルグ駅で一夜を明かしました。翌朝、私は始

発の列車でドナウエッシンゲンに行き、バラケンにいた大隊の交代を報告しました。やがて、負傷した中隊の仲間に出会い、今は彼らの解放を待っているところです。現役の隊長もそこにいて、しばらくその中にいた。翌日、私は病欠の連絡を入れ、カールスクランケンハウスに移された。そこで、カトリックのシスターにお世話になったのですが、とてもフレンドリーで親切な方たちでした。私はこの場所がとても気に入り、長く滞在したいと思いました。なぜなら、第112予備大隊のアルザス人全員は、第113歩兵連隊の予備大隊に加わるためにフライブルクに行かなければならなかったからである。だから、修道女たちとは別れることになった。フライブルクにはゲレンデバンと一緒に行った。途中、アルザス人がプロイセン人を叱っていたが、その中の一人があまり愛国心がないような表現を聞いていた。フライブルクでは、工場に連れて行ってもらった。床に敷いた藁袋が寝床になる。私は折り返し電話をかけ、病気であることを告げた。何人かの若い医師が私の話を聞いてくれたので、仕事に復帰することになった。フライブルクには、全部で7日間ほど滞在しました。

GPS 50.13619, 3.17956

　ある晩、仕事が終わった後、私たちアルザス人は一緒に座っていた。皆、戦場に出たことのない若い兵士たちである。軍隊の経験を話せと言われた。私は、8月26日の出来事、シュテンゲル将軍がフランス人の捕虜を取るな、すべて袋に入れろと命令したこと、それを私は自分の目で見たこと、負傷したフランス人が袋に

入れられたこと、などを話した。ある日、会社の社員がホールに入ってきて、「リヒャルトは会社に来なさい」と叫んだ。すぐにわかりました。中隊長から「お前はいい話ができる」と言われた。今、チームに何て言ったんだ?"軍隊の経験を話した "と言ったんだ。そして、私にこう叫んだ。「何、ドイツの将軍が負傷したフランス人を殺せと命令したことにしたいのか?"フェルドウェベルさん、命令は確かに1914年8月26日に旅団命令として下され、シュテンガー将軍は旅団司令官でした。"軍曹は叫んだ：「それを戻せ、さもなくば見るがいい！」。"私の発言は真実に基づいているので、反論はできない "と答えた。"スウ、出てこい！" "残りはこれだ！

翌日、実弾を詰めたリュックを背負って、黒い森の山中への訓練行進が行われた。会社設立。すると、会社に電話がかかってきた。そこで待っていたのは、厳しい中隊長であった。その目は、退屈した野生動物のように輝いていた。"お前たちは発育不良の哀れな凡夫だ！あなたは、ドイツの将軍が敵の犠牲者を殺せという命令を出したと主張していますね。そうでしょう?"私 "を受け入れてくれた。私は立ち上がり、彼の目を見て、"Yes, Captain!"と言った。怒った彼は私に近づき、「お前は祖国への裏切り者だ！」と怒鳴った。また、私に対してあえて発言していますね。豚、ラクダ、サイ！" そして今度は、すべての野獣と、その他の飼いならされた獣の名前が続き、この連歌の最後には、「地獄に落ちろ、この天狗、呪われろ！」とありました。"回れ右 "して会社に行った。私たちは出発しました。

GPS 48.27748, 8.18599

　山道を歩いていると、それまで中隊の後ろにいた隊長が中隊の横を歩いてきた。すぐに、彼が私を探していることに気がつきました。私を見て、"まあ、馬鹿者、先に行け　"と言ったのです。"さあ、バッグの中身を出しなさい！"やったけど何もなくなってない"　それこそ、「もう、捕まえてやる」と、会社の後に出て行った。再び荷物をまとめ、会社に追いつくために全速力で走ることになった。
　翌朝、整列するとき、軍曹に手足まで追いかけられた。誰も私の面倒を見てくれないし、それがどういうことなのかもわからない。次の日、軍曹が2人の男を連れて部屋に入ってきて、私に尋ねた。と答えた。"一緒に来い！"はい、すぐに　"と答えました。ただ縛られたい」。"そんなの必要ないでしょ　"と言われました。"あなたは逮捕された警官です"　"全然驚かなかったので、次に進みました。私たちはいくつかの通りを走った。右と左にライフルを持った2人の兵士、私の後ろに軍曹がいた。多くの通行人が足を止め、私たちに目を向けてくれた。そして、「スパイ」という半端な声が繰り返し聞こえてきた。"そこで、歩兵第113連隊の兵舎に入った。廊下で長い間待たされた。すると、病棟の一人が「彼を入れろ！」と叫ぶのが聞こえました。"少佐が事務員と一緒に座っていた。少佐は再び私を上から見守り、受け止めてくれた。私は立ちすくみ、迷うことなく彼の目を見つめた。いよいよ尋問が始まった。名前、会社、家、両親、父がドイツ軍にいたこと

など、すべて答えました。質問にはすべて答えました。"さあ、本題に入ろう "と。"スタンガー准将 "の命令で、とんでもない発言をしましたね。どのようにして、そこにたどり着いたのですか？その時の様子を教えてください。「少佐に事情を話し、まだ会社に残っている数人のカマ係の名前を証人として出した。店員は何も書く必要がなかった。そして少佐はメモを書いて私の護衛の軍曹に渡し、自分の中隊に渡すように言った。すると、少佐が "行ってよい"と言ってくれたんです。

　さて、話は会社に戻ります。早速、「リヒャルトは現役復帰しました。もちろん、まだ体調が悪いのに行ってきました。健康診断では、私が一番になり、医師が診察しようとすると、隣に立っていた軍曹が『リヒャルトだ！』と言うのが聞こえました。だから、現場に戻るより刑務所に行く方がいいということで、罰が当たったんです。でも、どうしたらいいんだろう？他の何千人もの人たちと同じように、私もドイツの中途半端な軍国主義の武器に過ぎなかったのです。これで服装もガラリと変わり、翌朝5時の列車に乗らなければならないので、11時までの猶予が与えられた。今度は酒場に行ってみた。親戚とも連絡がつかないので、財布の中が大変なことになっていました。ノートは全部で5冊ありました。その半分がビールになった。若い兵士たちは大声で歌を歌い、敵をやっつけようと語り合った。私は「待てよ、すぐに機嫌が悪くなる」と自分に言い聞かせた。朝、鉄道に行った。我々1200人は、アルザス人とバーデン人の半々でカールスルーエに行き、兵舎で銃を渡されました。その後、また電車で市内を走ったのだが、私たちアルザス人の雰囲気は良くなかった。という女性の問いかけに、「皆さんはどこに行くのですか？"ミュルーズの男は言った" "地獄に落ちろ、神様..."

GPSデータ 49.00689, 8.40365

　駅ではバーデン大公の演説があり、気勢を上げた。彼は、我々はカルパチアに来ており、まもなくオーストリアの同志とともに、オーストリアからロシア人を追放することになるだろうと言った。彼はしゃべれるんだ！」と思いました。その後、3等車に乗って、6人乗りのベイを走った。カールスルーエからマンハイム、ハイデルベルク、そしてヴュルテンベルク州の美しいネッカー渓谷を通りました。バイエルンの町、ヴュルツブルクでは、コーヒー、ソーセージ、バター、パンがあります。その後、雪に覆われたフランコン・ジュラ、フィヒテルゲビルゲ、ホーフ、ザクセン、ケムニッツ、フライベルク、ドレスデンをドライブしました。とても面白い旅でした。私は窓際に座り、通過する区間を眺めながら、次々とタバコを吸った。

　ドレスデンでは、朝まで列車が止まっていた。それから続けて、目が覚めたら、もうオーストリアのチェコに入っていた。エルベ渓谷に沿って、チェコの首都プラハに行きました。そこでまた何か食べることになった。チェコ人はオーストリア人にもドイツ人にも友好的でないので、プラハの住人は敵意をもって私たちを見ていた。その後、美しい街ブルノを経て、オーストリアの首都ウィーンへ。そこで再び昼食をとった。その後、メンバー2人分の行列ができ、オーストリアの連隊音楽が流れ、オーストリア大公夫妻とその従者が写真付きで記念撮影をしてくれました。こういう儀式は嫌だろうから、あまり楽しめなかった。ウィーンから

ブラチスラバを経て、美しいドナウ川沿いにハンガリーの首都ブダペストへと旅を続けました。ウィーンとブダペストの間のドナウ渓谷はとても美しく、興味深いです。多くの蒸気船が大河に活気を与え、あちこちで人々は喜び、「栄光と勝利！」と叫んだ。"電車が止まると、よく愛のプレゼント、特にタバコの材料をもらいました。ブダペストから2日間、ハンガリーの大平原を旅してきた。この2日間、10メートルの高さの丘を見ることはなかった。テーブルの上と同じです。そして、どこも同じような光景です。村、孤立した団地、どの家も白壁で、藁や瓦で覆われていて、浮き輪の木がいい感じです。一転して、風車はよく切り倒された。10頭ほどの鹿の群れが野原に横たわっているのを何度か見かけた。大きな川であるティサ川の水位が高く、この辺りは水浸しになっていた。

　デブレチンの街では、パイ、肉のフライ、ジャガイモのソース煮など、またまた食べ物があります。しかし、ハンガリーで最もポピュラーな50種類のトウガラシを使った味付けが多すぎて、ほとんど何も楽しめなかった。口の中やのどに火がつくようだった。その後、トカイに行きました。見渡す限り、ブドウ畑が広がっている。そこには、有名なトカイワインが栽培されている。車を走らせていると、遠くに雪をかぶったカルパチア山脈が見えてきた。ハンガリーでは、とてもとても美しい褐色の女の子をたくさん見かけました。女性たちはカラフルなブラウスに短いスカート、膝まであるフッサールブーツを履いていて、私たちにたくさんのキスを吹きかけ、私たちも自然にそれに応えた。汽車がゆっくり走っていると、ジプシーの子供たちが大量にパンをねだりにやってくる。少し投げられたりすることもよくあり、傷がついているのを見るのが好きでした。列車が進むにつれ、遠くに雪をかぶったカルパチア山脈が見えてきた。また、牛や豚の成牛は15センチ以上もある大きな角を持っており、別の意味で驚きました。　私たちの羊のように毛で覆われた豚を見ました。カルパチア山脈のふもとにあるムンカコフという町に着いた。私たちはそこから脱出しなければならなかったのです。7泊7日の列車の旅なので、長時間座っているのはとても辛く、疲れました。若い兵士たちが、寒さに耐えながら高い雪山を見たとき、彼らの情熱のほとんどはすでに消え失せていた。懐かしさとともに、3600キロ以上離れた

故郷の大切な人を思い浮かべました。また会えるだろうか、この先の大山脈で墓穴を掘るのだろうか、と。次の晩はミサで過ごした。翌朝、再び列車に乗り、山間を8キロほど移動してVolotsの村に到着した。

そこで初めてロシア人を見た。

　村には、貧しい小屋がいくつも建っていた。そこで外に出て、次の晩を過ごすために兵舎に来たのだ。暖房用のクッカーがないので、最初の晩はもうとても寒かったです。ヴォロクスの村は、貧しい小屋がいくつも建っていた。壁は松の幹を積み重ねたものである。その間に苔があり、隙間は粘土で覆われていた。屋根は茅葺きでできていた。このような住居がヨーロッパにあるなんて、信じられなかった。私は一度も住人を見たことがなかった。翌朝、私たちは出発した。そのうちの1つに進軍し、高い山をジグザグに登っていった。そこで初めてロシア人を見た。彼らは道路で働く囚人で、みんな屈強な大男だった。被毛は粘土のような色をしていた。頭には毛皮の高い帽子をかぶり、足元は膝まであるブーツに詰め込んでいる。さらに登っていくと、雪が激しく降り始め、50メートルでは視界が利かなくなる。やがて私たちは雪だるまのような姿になりました。ようやく道が下り坂になった。雪が止み、眼下に20軒ほどの惨めな家が深く立ち並んでいるのが見えた。その村はウェレッキと呼ばれていた。ある兵士はこう言った。"死ね！まだ質問なのか！？- 私たちはその中を行進し、すぐに別の同じく惨めな村にたどり着きました。そこには、「Also Veretsky」と書かれた看板があった。と兵士は言った。"私たちにもう救いはないのだろうか？これです。私も死ぬ"　深刻な状況にもかかわらず、私たちは笑ってしまった。私たちは総曲輪で生活していたのです。私は他の仲間とオーストリアの野戦調理場に行き、コックに何か温かいものをと頼んだ。コックは、多民族国家オーストリア・ハンガリーのドイツ語は一言もわからないが、二重君主制のオーストリア部分でも36%程度であったが、ラム酒の入ったとてもおいしい紅茶を一人一人に飲ませてくれた。お礼を

言って、指定された小屋に行った。しかし、その小屋は兵士でいっぱいで、空席は一つも見つからなかった。隣の小屋でも同じような光景が見られた。
　そこで、ここに来たオーストリア兵の一人に、私たち二人のための宿泊施設を知らないかと尋ねてみました。彼の言うとおりにすればいいんだと。25分ほどして、小さなトウヒの林の奥にある小屋に近づいた。雪の中、外で夜を明かすのは嫌なので、中に入ってすぐに目的地に着いた。ドアを開けると、そこは名前の分からない部屋だった。リビングルーム、厩舎、会議室でした。私も、仲間も驚きました。目の前の隅に2頭の牛がいて、その水が土間を伝って玄関まで流れてくる。半裸の子供2人が座り、水に濡れた泥を削り取り、南ドイツでビー玉遊びに使うクリッカーレに似た小さな丸い玉を作ったのです。牛の隣には、地面に立

てられた柱につながれたヤギがいた。ベッドはもちろん、テーブルさえもない。壁には熊手があり、ベンチでトランプをしていた4人のオーストリア兵の寝床になったのだろう。棚の下には、一家に一個のジャガイモが用意されていることに気がつきました。しかし、なんというひどい格好なのだろう。　車の下には、一家に一台のジャガイモのストックがあることに気づきました。しかし、なんというひどい格好なのだろう。男は破れた長靴を履き、全地域で見られるようにズボンの上にシャツを着て、肩に羊の毛皮をかぶっていた。

　兵士も小屋の人もドイツ語は一言も話せず、私たちに場所取りのサインを出してくれた。さて、私はリュックサックを掛け、熱源、調理、焼き物などの役割を果たす、部屋全体の1/4を占めるであろう強力なストーブの横に置いた。　見上げると、梁に釘付けされた棚に12羽の鶏が静かに座っていて、何かに押されると悠々と居間へ降りていくのです。オーブンでコーヒーを入れ、パンを食べました。
　歩き疲れた私たちは、「眠い」と言った。私たちは寝転んで毛布をかぶった。寒さをしのぐために、兵士には毛布が配られた。暗くなると、男がストーブから長い松の木を取り出し、壁の中の2本のモミの幹の間に突き刺して火をつけました。それが光だっ

た。そして、二人のオーストリア人が私たちと一緒に横になり、他の二人は一握りの藁をとって地面に置きました。ここが彼らの寝床だった。さて、家族はどこで寝るのだろうかと。この謎はすぐに解けるだろう。女がストーブの上に乗り、男が二人の子供を渡し、自分も二階に上がっていった。みんな横になって、羊の皮で身を覆った。 ドイツ人2名、オーストリア人4名、ロシア人4名である。しかし、何かが目覚めたのか、危険な敵であるシラミが現れた。

ГПΣデータ　47.43394, 22.20745

現在、すでに出発した部隊に到着しました。今、前方でバンバン砲撃が行われています。歩いているときの渋さでは、決して人に説明することはできません。そこには何が待っていたのか。雪、寒さ、夜道での寝転び、命の危険。野戦病院として使われているバラックをいくつか通り過ぎた。 最初の兵舎は、ドイツ人とオーストリア人が半々で、負傷して半分凍りついたような兵士でいっぱいだった。彼らはほとんど顔が灰色がかった黄色で、とても落ち込んでいた。いろいろなことがあったんだろうなというのが伝わってきますね。今度は先生に報告しました。本当に欲しいものは何なのか、と厳しく問われた。私は、カタルで苦しんでいること、とても弱っていることを告げました。すると、「まあ、君、前に現場に行って、もう十分だろう」と笑われた。もう帰って、自分の部署に戻った方がいいんじゃない？　"どうすればいいん

だ？私は彼らを追いかけ、次の休息地で部隊に合流した。また一日中歩いて、山を登り、下りました。滑りやすい道では、どちらかがよく滑った。弾薬や食料を積んだソリのキャラバン隊が、何台も私たちを追い越していった。空っぽで帰ってきた。個々にソリで負傷者を連れて帰ってきた。夕方にはバラックに戻り、そこで一夜を過ごすことになった。道沿いに村があるのが見えた。家々は焼け落ち、大きなストーブと煙突だけが残っていた。雪の積もった山の斜面には、有刺鉄線が突き刺さっているのが見えます。銃剣も何本か見た。そこで、バラケンヴァッハに所属するドイツ語圏のオーストリア人に、「これはどういうことなのか」と尋ねてみた。その時、彼らは激しく戦っていたそうです。ロシア軍はかなり前進していたので、激しい戦闘の末に退却せざるを得なかった。雪の下には、まだたくさんの扉があった。これで、若い兵士たちの勇姿は終わった。翌朝、彼らはまた戻ってきた。今度は高い山に登った。尾根の頂上で一休み。その時、ハンガリー・ガリシアの国境があった。上空からの眺めは絶景でした。山や雪の渓谷の周辺、斜面には美しいトウヒの森が広がっていることが多い。表側では、はっきりと聞こえる銃声が鳴り響いている。これですべてがジグザグになった。深い渓谷の中に、蓋をした大砲が転がっているのが見えた。一人ずつ山を回り込むように道を歩いていく。 ようやくトゥチョルカ村に到着した。 さて、第41歩兵連隊と第43歩兵連隊の中隊長が到着し、私たちは中隊に配属されることになった。歩兵第41連隊第7中隊に50人の仲間とともに入隊しました。私の住所は、第1カイザーリヒ・ドイツ・シュダルマイヤー軍団第1師団第1旅団第41歩兵連隊第7中隊の銃士リヒャルトです。

カルパチア山脈の戦い、緊張感

　夜には軍曹の指揮の下、戦地に赴いた。日中は、この道路はロシアの砲撃の範囲内であったため、横断することができなかった。20軒ほどの小屋と教会からなるオラヴァの村に到着した。教会はシートで覆われ、塔はドーム状になっていた。上の十字架は3本、下の十字架はギリシャ・カトリックの印である対角線になっていた。村は十字架の頂上にあった。
　バットレスの長さは約8km、高さは1200m。屋根のような形をしていて、場所によってはとても急です。その山はズビニンと呼ばれていた。ロシアのポジションはトップであった。ドイツ軍は、谷底の約1000mの斜面に約200mの深さまで掘り下げた。雪の高さは平均70センチくらいで、隙間や溝には-数メートルもあり、ロシア軍はいくつかの急所からライフルや機関銃で斜面をかき分けるので、斜面を移動することは不可能であった。
　さて、私たちは企業に到着しました。男たちは、理解しがたい方言を話す東プロイセン人が中心で、ドイツ系ポーランド人もい

た。プロイセン人の約10%は少数民族のポーランド人に属しており、差別を受けている。ロシア人、つまりシベリアの狙撃兵が、現れたら誰でも撃つから、誰も雪の上に頭を上げてはいけないと言われた。すると、目の前30メートルくらいのところに、溝から山を下りてくるドイツ人がいた。あそこには、いくつかのショットがあります。男が両手を上げて雪の中に倒れた。彼は、私たちの後任の最初の死者であり、強く、自信に満ちていた。コウノトリはカモノハシ、小さな子供を運んでくるんだよ」と、列車の旅で童話を100回は歌ったであろう少年。でも、彼がいるのは夏だけなんです。冬は誰が面倒を見るのですか？"今、哀れな野郎が歌った" コーヒーを入れるために、やせた松の枝を丘の下に持っていくんだと言っているのが聞こえました。

特に寒い夜には、何人もの兵士の足や鼻先、耳が凍ってしまうこともあった。ある朝、雪の中で2つのリスニングポストが凍っているのを発見した。ある日、ものすごい雪が降ってきた。雪は穀物ではなく、凍ったピンでできていた。やがて堀は吹きさらしになり、常にスコップで雪を投げなければならなくなった。寒さは骨髄や足に染み渡り、スコールで30歩も見えない。丸2日間続いた。逆方向への移動はまったく途切れることなく、今は数日分の食事が済んでいる。3日間、パンは全く食べられず、オーストリアの石餅だけがありました。 その後、数日間、8人だけが店で1日3ポンドのパンを手に入れた。その時、私たちはとてもお腹が空いていて、さらに寒かったのです。

パンの代わりにラードをくれたこともありました。班長のウィル軍曹は生粋の東プロイセン人で、その半分を自分用の缶詰にした。残りの半分を8人にあげたいと。だから、それは無理だ、ベーコンは9等分しなければならない、と言ったのです。唸られると腹が立って、自分の思っていることを話してしまった。それ以来、御曹司は隙あらば私に笑いかけるようになった。

私は彼に対して無力だったので、さらに恥ずかしくなり、ここから出るために自分を傷つけることにしたのです。そのために、手のひらの前に小さな板を結びつけました。この板は火薬の角と火薬のドロドロを受け止めるもので、至近距離で生き物が運ばれてきたことを博士に見破られないようにするためのものだった。その時、私は正しいことをしたいと思いました。装填したライフ

ルを膝に押し当て、銃身の前に結んだ小さな板で手を20センチほど押さえ、右手の親指で引き金を握り、歯を食いしばって、それでも撃たなかったのは、最後の瞬間に勇気が出なかったからだ。みんなシラミに悩まされ、カッコーはどこから来たのかわからない。寒いと服を脱ぐことができないので、シラミは服に怯えることなく巣を作り、繁殖することができるのだ。胸の前から腕の下まで掻いたら、取り出した時に少なくとも4本が腕にぶら下がっている。9等分して。唸られると腹が立って、自分の思っていることを話してしまった。それ以来、御曹司は隙あらば私に笑いかけるようになった。

　負傷者が多く、重病人も多いので、会社は日に日に弱くなっていた。ある夜、第43連隊の大隊の応援を受けた。朝、攻撃命令が出た。私たちのリーダーは狂っている。私たちが半死半生で疲れ果てているのに攻撃しているのだ！」と思いました。10時になると塹壕を掘り始めた。その前にシャベルで仮設の塹壕を掘らなければならなかったのですが、その時に攻撃を受けたのです。脱出する前に、上から殴られ始めた。雪の高いところでも、ずいぶん前に進むことができました。その途端、誰かが転んで雪に巻き込まれた。軽傷を負った男が振り返り、溝の中に逃げ込んだ。すると、まるで命令されたかのように、全員が溝に逃げ込んだ。死者や重傷者はそこに横たわり、中には死ぬ間際の夕方まで泣いている人もいた。

　翌日の夜、ようやくほっとして、オラヴァの村に下りていった。16日間、ほっとする間もなく滞在しました。暖かい部屋で乾いた床に横たわり、以前のように眠りにつくことができるのは、なんと嬉しいことでしょう。翌日、給料が支払われた。1日につき1マルク、つまり1.53マルクの手当が支給されたのです。3日間休んだら元の位置に戻り、3日間休んだらまた3日間休む、といった具合です。ある日、急に雪が解け、山の上から爽やかな風が吹きました。雪が解け始めると、塹壕の中にすごい量の泥ができた。堀は雪が解ければ解けるほど低くなるため、掘る必要があったのです。雪が溶けると、降った雪も位置の間に現れ、多くの人が違う位置で見ていました。

1915年4月9日、ズビニン山征服。

地図上の5番

　朝、夜明け前に陣地に戻りました。43歩兵師団から2個大隊を増援として迎えた。立ち上がる前は、攻撃命令が出たわけではなかったが、疑っていた。頂上まで行くと、出口のサインを掘り出す必要がありました。ポイント8で私たちはスタートしました。"山は何としても取らねばならない"。それが命令だった。私たちが陣取る前に、ロシア軍は頂上までやってきて、速射で私たちに立ち向かった。それでも、すべてが走り、頂点を目指して登っていった。走りながら、見えているロシア人の頭めがけて銃を撃ちました。それが邪魔をして、狙いが定まらなかったのだ。しばらく土塀の後ろに隠れていました。横を見ると、ドイツ軍が丘の上まで攻めてきているのが見えた。すでに頂上まで到達している場所では　怒号と銃撃が飛び交い、操作方法など何もわからない。突然、ロシア軍の機関銃が側面から攻撃してきた。その多くが負傷し、前の攻撃で倒れた死者の中に入ってしまった。特に険しいところでは、殺し屋が転がってきて、ある程度まで山を下っていく。そして、ついにロシア軍の陣地の前に息も絶え絶えに到着したのです。それでも身を守ろうとするロシア人がいて、銃剣で刺し殺された。また、手を挙げるのが怖い、山を駆け下りるのが怖いという人もいました。ロシア軍陣地は、多くのロシア兵が陣地裏の斜面の壕で朝食の準備に追われており、あまり賑やかではなかった。山の端まで行ってみると、下りはすべて斜面を降りてくるロシア人がうじゃうじゃいる。今度は大衆に叩かれた。山の北側が丸裸になっているので、隠れる場所がないのだ。この殺人はひどい発言だ。生きて麓にたどり着いたのは、ほんの数人だった。300mから400mの間で下山した人もいた。まだ、いろいろなところに雪が残っていて、風に吹かれていました。ロシア軍は死体に向かって突っ伏し、すぐには前進できないので、ほとんど全員が撃たれて負傷してしまった。

今度は、避難所での食料探しを始めた。壕の入り口の前に張ってあったテントを撤去して中に入ったが、その中に逃げる勇気のないロシア人が8人いたので、すぐに跳ね返した。すぐに手を挙げてくれた。すぐに手を挙げてくれた。そのうち2人は、私が傷つけないようにお金を渡してほしいと言いました。むしろ、傷つけられずにすんでよかったと思いました。出て行けということを理解させた。他の兵士が出迎えて、山の上まで連れて行くと、そこにはすでに数百人の捕虜が集まっていた。大きな牛肉、スモークベーコン、バターが数球、スライスされた甘いロールケーキがたくさんあったので、おそらくロシアの会社の食料品店のシェルターにいたのだろう。私はすぐにパンの袋を置き、ポケットがすべてパンでいっぱいになり、ベーコン面をポケットナイフで半分に切り、大きな部分をリュックの蓋の下で両端が見えるように縛りました。そして、食器のボタンを外し、オイルを入れた。最後に、袋から砂糖を数握り取り出し、ポケットの空いたスペースをすべて砂糖で埋め尽くした。その間、他の兵士も壕の中に入り、数分後には壕の中はきれいになった。多くの兵士は、パンや小物しか手に入らなかった。リュックの両脇から私のベーコンが出ているのを見て、何人かがポケットナイフで切り刻んだ。やがて、リュックの蓋の下にある1枚を残すのみとなった。まだ10ポンドだったので、親友のバーデン出身のフーベルト・ヴィーラントという男に渡した。彼は戦前に神学を学んでいて、いいところを切り取ってくれたし、アルザスの仲間たちにも小分けにしてくれたんだ。

　さあ、みんな山の頂上に集まれという命令だ。包帯を巻いたドイツ人とロシア人の負傷者は、今度はテントに入れられ、ロシア人捕虜はオラヴァに連行された。ロシア人の分隊が大きな穴を掘って、そこに死者や嵐で倒れた人たちを埋葬してくれることになった。前作はもうひどい有様だった。私たちは、勇気を振り絞って彼らをここに連れてきたのです。今度は、ロシアの陣地にとどまりました。夜のうちに再び大雪が降り出し、朝には山や渓谷、森が再び白い毛布に包まれた。目の前には、家の形をした2つの山があり、狭い側がこちらに向いている。その間にある峡谷の向こうには、谷間の貧しい小屋がいくつか見え、背景には3つか4つ

の山頂があり、そのうちの1つは他よりも高かった。向かいの山にパトロール隊を送り、ロシア軍が撤収したかどうかを確認した。やがて彼らは、ロシア人は行ってしまったと、そこから手を振って見送ってくれた。それからズビニンの北側に下りていったが、見るからにロシア人の死体が転がっていた。山の麓の小川では、水の中にたくさんの死体があり、その多くはまだ土手に寄りかかっていた。悲しい写真でした。ロシアは我々よりはるかに防寒対策がしっかりしていた。厚手の毛織のコートにボンネット、頭には大きな毛皮の帽子をかぶり、脚は主にフェルトのブーツ、ズボンとウエストコートは綿の裏地をつけていました。

　二つの山に挟まれた渓谷に入り、夜を待った。夜、右手の山に登り、半分まで塹壕を掘った。寒い夜だった。同志の一人、ミュールハウゼン出身のブラニングも動揺して、手に弾丸を入れてくれと言ってきた。木の切り株に手を当てようとしたのだ。それは無理だと言ったんです。　無理だと言ったんです。木の切り株に手を当てようとしたのだ。無理だと言ったんです。朝、日が昇り、周囲何キロにもわたってロシア軍から何も見えなくなると、溝の奥で鞍馬に座り、みんなで持ち寄ったものを食べました。突然のハム音と同時に、ものすごい音がする。泥、雪、煙、すべてがくるくる回っていた。ロシアの大型手榴弾が堀の30フィート（約15メートル）以内に落ちたんだ。急いで塹壕の中に飛び込んだ。もう一人の男が入った。2人の男が殺された。3発目は塹壕のすぐ後ろで、4発目は私から3メートルほど離れた真ん中で発射された。私は溝から飛び出し、斜面を駆け下りて、ほとんどがハシバミの木である低地に出た。やがて、溝には出会った人たち以外、誰もいなくなった。しばらくすると、撮影が止まりました。今、私たちは慎重に溝に戻り、負傷者の手当てをしています。やがて二人の男がブラニンを連れてきた。彼は死んだように青ざめ、腕を伸ばし、息を詰まらせながら動いた。彼にダメージは見られなかった。突然、彼の口と鼻から血が流れ出た。彼は倒れ、数回揺さぶられた後、死んでしまった。近くで破裂した手榴弾の気圧が肺を引き裂いたのだ。7人の死者は、まだ溝の中に横たわっており、中には見分けがつかないほど引き裂かれている者もいた。手榴弾の弾丸でできた大きな穴のひとつに全部入れて、土で覆ったんです。そして、柳で十字架の形をした2本の棒を固定し、お墓の上

に置きました。

　二つの山に挟まれた渓谷に行き、夜を待った。夜、右手の山に登り、半分まで塹壕を掘った。寒い夜だった。同志の一人、ミュールハウゼン出身のブラニングも動揺して、手に弾丸を入れてくれと言ってきた。木の切り株に手を当てようとしたのだ。それは無理だと言ったんです。　無理だと言ったんです。木の切り株に手を当てようとしたのだ。無理だと言ったんです。朝、日が昇り、周囲何キロにもわたってロシア軍から何も見えなくなると、溝の奥で鞍馬に座り、みんなで持ち寄ったものを食べました。突然のハム音と同時に、ものすごい音がする。泥、雪、煙、すべてがくるくる回っていた。ロシアの大型手榴弾が堀の30フィート（約15メートル）以内に落ちたんだ。急いで塹壕の中に飛び込んだ。もう一人の男が入った。2人の男が殺された。3発目は塹壕のすぐ後ろで、4発目は私から3メートルほど離れた真ん中で発射された。私は溝から飛び出し、斜面を駆け下りて、ほとんどがハシバミの木である低地に出た。やがて、溝には出会った人たち以外、誰もいなくなった。しばらくすると、撮影が止まりました。今、私た

ちは慎重に溝に戻り、負傷者の手当てをしています。やがて二人の男がブラニンを連れてきた。彼は死んだように青ざめ、腕を伸ばし、息を詰まらせながら動いた。彼にダメージは見られなかった。突然、彼の口と鼻から血が流れ出た。彼は倒れ、数回揺さぶられた後、死んでしまった。近くで破裂した手榴弾の気圧が肺を引き裂いたのだ。7人の死者は、まだ溝の中に横たわっており、中には見分けがつかないほど引き裂かれている者もいた。手榴弾の弾丸でできた大きな

穴のひとつに全部入れて、土で覆ったんです。そして、柳で十字架の形をした2本の棒を固定し、お墓の上に置きました。その溝にはあと2日ほど滞在したが、誰もあえて出てこないので、火はなかった。3日目の夜、山を出て、狭い谷を渡り、掘った。ロシア軍は我々の上にある長い山の上で、我々の反対側にいる。日中は、ロシア軍に上から溝へ押し込まれる可能性があるので、常に座るか横になるしかなかった。目の前の斜面は高い茂みに覆われていた。ある日の夕暮れ時、私は見張りをしていたのですが、注意を怠り、仲間とのコミュニケーションもとれませんでした。突然、目の前の溝の縁に、ライフル銃を手にしたロシア人が立っていた。他にも大勢来ると思ったので、ライフルを向けてみた。そして、両手を上げて、溝からこちらに向かって飛び降りた。彼は、戦争に飽きた脱走兵だったのだ。タバコをプレゼントしました。彼が安全な生活を手に入れることができたのは、なんと幸運なことでしょう。その日の夕方、ドイツから新しい交換品が届きました。その夜、同じく中隊に加わっていた軍曹が殺された。3週間ほどこの状態が続きました。毎日、ロシアから砲撃を受けたが、それ以外は特に何もなかった。

5月2日、遠くから砲声の鈍い轟音が聞こえてきた。ゴーリス・タルノフ付近のロシア軍陣地をドイツ軍が突破したのである。5月4日は私の誕生日で、22歳でした。午後になると、ロシア軍は我々の塹壕に榴弾を撃ち込んでくるようになった。塹壕の上に板を敷き、上から土をかぶせて榴散弾から身を守りました。私たちは5人でした。突然、ブーンという音と閃光、爆発音がして、私は頭を殴られ、意識を失いました。意識が戻ると、すべてがぐるぐると回っていた。私は、木片と土で半分覆われた墓の中に横た

わっていた。頭に大きなしこりができて、右目の下の顔の皮が削れてしまったんです。4人の仲間のうち1人は、溝の中で死んでいた。もう一人は、溝の壁に寄りかかり、頭を前に折り曲げて、静かにうめき声をあげていた。見ると、背中に爆発物が当たっている。私は大声で助けを求めたが、みんな溝の隅に潜ってしまって誰も来なかった。しばらくしてもう一度見ると、彼は死んでいた。他の二人の姿は見えなかったので、逃げたのだろう。後で知ったことだが、メガネをかけていた親友のウェイランドが軽傷を負ったそうだ。土のかけらで割れたレンズが目の下に張り付いていた。

5月攻勢

地図上の6番。

1915年5月5日、私たちは自分の陣地を離れ、東の前線後方の小さな谷に移動した。新しく到着したオーストリアの軍隊でいっぱいだった。ここではロシア戦線が躍進していると言われている。ロシア軍は、ここでも山の尾根に沿って陣地をとっていた。しかし、今回は運がよくて、なんとか持ちこたえた。トウヒの林の中のシクタを背にした壕の中で、5月7日の朝、踊りが始まったのです。オーストリアの山砲は、ロシア軍の陣地に発砲していたのですか？やがてドイツとオーストリアの歩兵が突撃してきた。歩兵と機銃掃射がひどかった。一方、榴散弾や砲弾の音も聞こえてきた。丘を登る途中、ドイツ軍とオーストリア軍に見捨てられた多くの負傷者を見ることができました。それでも頂上に着くと、間もなくロシア兵捕虜の大軍が丘を下りてきた。しかし、闘争は続き、山側でロシア軍がまだ抵抗しているのが見えた。 今、「倒れなさい、行きなさい」と言われましたが……。私たちは、森の端に集まっていた。突然、ロシアの重い手榴弾が兵士の山の真ん中に命中し、40人以上が死傷した。みんな恐る恐る逃げ出した。さらに砲弾が来たが、すべて我々の上を飛んでいった。ドイツ軍の隊列と山頂の間で、こちら側に多くの死傷者が出た。負傷者が助

けを求めてきたのだ。しかし、私たちは続けなければならなかった。ドイツ人医師は、ロシア人捕虜の助けを借りて、負傷者に包帯を巻き、連れて行こうとした。

ロシア側の陣地には多くのロシア人の死体があり、そのほとんどがナイフによる傷であった。また、丘の中腹、後方には倒れたロシア人が散乱し、その間に数人のドイツ人がいた。ある時、ロシア軍の砲兵の死体がずらりと並んでいるのを見た。ある者はスコップを持って自らを掘り起こし、ある者は銃を構えたまま横たわっていた。機関銃から切り出したものだろう。彼らの陣地の裏側は、トイレがどこにもない、本当にひどい状態だった。だから、人間の排泄物を踏まずに通り抜けることはほとんどできない。

次の山頂まで追わないという部隊にたどり着いた。ロシア軍もそこに強力な予備陣地を構築しているが、もう抵抗する時間はない。今、追及が始まったのです。一日中、ロシア軍の後ろをついて山を登った。何度も何度も、個人で、あるいは小グループで、ロシア人たちは進んであきらめようとやってきました。また、戦争に疲れていたのでしょう。

暑いときには、きれいな湧き水でのどを潤す、これが多かったですね。食料は、誰もが1ポンドの缶詰の肉と1袋のドライフルーツを待っているだけで、貧しかった。中隊長が命令するまで攻撃することはできない。山の上で一夜を過ごし、お腹が空いた。夜が明けてからも、私たちは活動を続けました。それ以前は、肉とパン粉の瓶半分を食べることが許されていたのです。

昼頃、私を含む20人ほどが先に山に登り、見回りをさせられた。先発隊が山頂に着く前に、すぐに銃撃戦が始まり、早く上がらせろと叫んでいるのだ。山頂から眼下に深い渓谷が見えた。撤退してきたロシア人でいっぱいだった。今度はライフルから出るものを撃ち、何人かのロシア人が地面に倒れました。すると、みんなライフルを捨てて、両手を上げたままだった。弱さを見せたくなかったので、カバーをして大隊の到着を待ちました。ロシア人が集まって帰ってきたのでしょう。700人以上いた。さて、次の屋根付き山に登った。モミの木の幹は、下の方は腐り、上の方は硬く、樹皮もないものがたくさん転がっていた。場所によっては

、ほとんど通れないほどでした。ここの山はとても荒れていて、ボロボロになっていました。人の住むところはおろか、道も歩道橋もどこにもない。登り下りが大変なのと、食料がないのとで、かなり疲れ、体力が落ちたが、日暮れまで続けた。さて、残りの食料を食べ、森の中で寝ました。翌朝も空腹で前進した。坂を下っていると、突然、前方の山から激しい歩兵の砲火を受けた。幸いなことに、大きな岩がいくつかあって、その後ろに避難することができた。

　おそらく、ロシア軍の後衛は、自軍の退却を援護することになっていたのだろう。やがてドイツ軍師団の銃撃が激しくなり、ロシア軍は後退した。ロシア人のいる山に登ると、驚いたことに、鉄道と道路と小さな川が横切る美しい谷が見えてきた。谷間にはいくつかの小さな村と孤立した農場がある。遠くには、ロシア軍が去っていくのが肉眼で確認できた。道路は、見渡す限り、彼らの隊列で埋め尽くされていた。その後、谷に下り、道なりに進んでいくと、すぐにスコールの小さな町に着いた。お腹が空いていたので、食べ物を探しに行きました。やがて、泉は発見された。道端には、ロシアのパンとサーモンでいっぱいのバラックが2棟あった。今、彼らは乗っ取られてしまった。入り口にはすごい人だかりが出来ていた。やがて、あちこちで兵士たちが、座ったり寝転んだりしながら、大きな魚やロシアパンを食べ、勇ましく咀嚼している姿を見ることができるようになりました。次の晩はスコーレで過ごした。朝、私たちは旅を続けた。ある時、道路が川を横切った。靴を脱いだら、太ももまでびしょ濡れ。バーデンから来たマイヤーという男は、ズボンを脱いで乾いた状態で水から上がってきた。と笑われました。反対側に着くと、マイヤーは自分だけリュックを忘れてきて、そこに置いてきていた。今度は戻って、滑らかな岩の上を滑り、水を縦に支えなければならない。濡れながら、リュックサックを持って戻ってきた。嘲笑を恐れる必要はなかったのだ。翌朝、行軍を続けていると、さっそく障害物に遭遇した。ロシア軍は丘の上の大木を切り倒して、道路に投げ捨てた。

　栄養が偏っていたため、他の人と同じように急性の下痢に悩まされた。東プロイセン人の規律は、逆境と苦難にもかかわらず、

上官を帰らせなければならないほどであった。課長のウィル軍曹に許可をもらった。それでも嫌われたので、中隊長のところに行かされて、「聞いてこい」と言われました。しかし、彼は大隊の責任者であった。私は再びウィル軍曹に許可を求めた。そして、待つことができないので、コロニーを出て、ゲートとライフルと家畜小屋を道端に置き、道の近くの茂みに入りました。同時に、コロニーはまたもや障害物があったため、停止せざるを得なかった。中隊長はひどく無礼な男で、前線から中隊にやってきて、道端に転がっている私の荷物を見て、「これは誰のものだ」とまくしたてたのだ。私は茂みの中から「私、三銃士リヒャルト！」と叫んだ。"そして、ここに来て "。私は服をきれいにして、あそこへ行き、彼の前に立ちました。"退去の許可を得ましたか？"-"はい、ウィル軍曹 "と私は答えました。- ウィル伍長、こっちへ」と中尉は言った。「ウィル伍長は、私を地球上から消し去るチャンスとばかりに、「いいえ、中尉！」と嘘をつきました。"この横柄な小悪党が！"...中尉は私に怒鳴った。"上官に嘘をついた罰として 5日間の 拘置所生活 "だ！"ウィル伍長に許可を求めた時" "少なくとも20人はいたはずだと" "中尉に言おうとした" 鞭を持った手を振り上げ、「黙れ！」と叫んだ時、私はやっと口を開きました。「怒りが爆発しそうになったが、無力であった。2年近い兵役生活の中で、最も厳しい罰だった。私は何日も動揺し、しぶしぶ奉仕するのみでした。

　さらに進むと、山の中に出て、目の前には広大なガリシア平原が広がっていた。すべてが緑と花で覆われ、あの恐ろしい山がようやく去ったのだと、私たちはとても嬉しくなりました。広大な平原を眺めながら、誰もが「どこかに自分の墓があれば」と思った。残念ながら、私たちの多くはそうでした。いくつかの村を通り抜けたが、ロシア人には一度も会わなかった。家の造りは、カルパチア山脈より少しましだった。農民はズボンの上にシャツを着て歩き、この地の女性も不潔であった。おそらく初めて見るドイツ人であろう彼らは、私たちを驚きの目で見ていた。現地ではポーランド語が通じるので、話が通じない。ある日、私は卵を買いに家に入りました。女性に6本の指を見せると、鶏のように鳴いた。女性は私の話を理解しないふりをした。そして、白く塗られたリビングの壁に鉛筆で卵を描きました。何も役に立ちません

でした。彼女は私を理解していない。何をやってもダメで、私のことを理解しようとしないんです。最後の手段として、私はチケットを入れた財布を見せた。それは助かりました。女性は隅からカゴを取り出し、私に6個の卵をくれた。彼女は「1クラウン」、つまり80セントのオーストリアの王冠1個を要求したのだ。

　翌日、左側から絶えず砲声が聞こえてきたので、ロシア軍が我々の攻勢を止めようとしているのだと理解した。煙が立ちこめ、村が燃えている。夜、この辺りの空は血のように真っ赤だった。翌日も続けた。走り続けて疲れたので、休みたかったんです。突然、目の前で銃声が鳴り響いた。騎兵隊が帰ってきて、ロシアの小部隊と遭遇したとの報告を受けた。今、再び本気になりそうな気配がした。中尉と一緒に20人ほどを前方に送り込み、前方の森を探させた。しかし、ロシア人は一人も見つからなかった。森の向こう側に、村が見えてきた。レンガで覆われた家もあれば、板金やこけら板で覆われた家もあった。森の端に、深さ5メートルほどの谷があった。渓谷の端に寝そべって、村を眺めた。しかし、どこにもロシア人はいなかった。突然、峡谷の曲がり角に馬を伸ばしたロシア人が現れました。すぐにライフルで殴った。槍を投げ、両手を挙げ、手綱を持たずにジャンプした。私たちは、この馬術の偉業に感嘆せざるを得ませんでした。ロシア人に「一緒にいてください」と言うと、かなり満足したようだ。

　そんな時、村から畑仕事をしたいという農夫がやってきた。私たちは、「パンゲ、モスカリ？」と叫びました。それは、「先生、ロシア人は残っていますか」というようなものだった。「いや、最後の一人は30分前に出て行ったよ」と、男は簡単な英語で答えた。「昨夜は村にロシア人が溢れていて、どう理解してもこの地域で自衛しようとしているのだ、と言っていました。私たちにとって不愉快な報告であった。この村はベルガースドルフと呼ばれ、ドイツ人だけが住んでいた。中尉が何人か大隊に送って報告した後、村に行くと、村人たちが喜んで迎えてくれた。みんな疲れ切っていて、具合が悪そうだったので、みんなが寄ってきて、ミルクやパンなど、持っているものをあげてくれました。村の反対側、ジャガイモ畑の真ん中に塹壕を作ることになった。村人たちは、共同体の費用で豚を屠殺し、それを料理した。なんておいしいんでしょう。それは、永遠に続く単調な田舎料理とはまた違

うものでした。"明日は休養日 "と言われた。

　納屋で寝ました。朝、オーナーの娘さん2人が沸騰した牛乳を持って来てくれた。2人はとても気さくないい子で、昼間はよく話をした。午後になると軍曹がやってきて、30分後に庭のリンゴの木に自分を縛りつけるように言われた。自分でロープを取りに行くしかなかった。怒りで世界を壊していたかもしれない。約30分後、リュックのトランクを掃除するために編んだ鎖の紐を持ち出し、下士官に報告しようと思った。すると、中隊のランナーが村に駆け込んできて、『今行くぞ、準備しろ！』と叫んだ。「ロシアとの対決も近いと思われたが、今回は拘束される恥ずかしさから解放され、ほっとしている。

　森の中を数キロ歩き、森の反対側へ。そこで一夜を明かした。夜になると、目の前で歩兵が発砲する音がずっと聞こえていた。単発の弾丸が飛んでくる。5月の夜はとても過ごしやすく穏やかで、外で眠るのも悪くなかった。午前中は、ヘザーが完全に生い茂った広大な土地を横断しなければならない。オーストリア軍は、私たちが今陣取っている墓をそこに上げていた。夜が明けると、800メートルほど離れた目の前に、半円形でヘザーに縁取られたトウヒの若木で覆われた森があった。我々の右側で突然、歩兵の激しい砲撃があった。そこではすでに戦いが繰り広げられていたのだ。日中は溝の中で静かに横になっていました。夕方、中隊長は下士官たちに正気に戻るように言い、2人組のパトロール隊（これまでの作戦に参加していたため、おそらく現役であろう）がロシア軍の位置を確認するために前進するようにと言った。軍曹の報告によると、そのような男が自分のパーティにいたそうだ。それで、私とバーデンからブレンナイゼンという男が派遣された。リスニングポストの前を通ったので、「戻ってきたら撃たれるんじゃないのか」と、パスワードを知っているかどうか聞いてみました。その日、パスワードかヘレナだった。私たちはゆっくりと忍び込み、横になって夜の音に耳を傾けた。といった具合に、ゆっくりと。方角を知るために、先が光るコンパスを持っていたのです。ブレナイセンは先に進もうとしたが、私は彼をヒースの中で私の隣に寝かせ、"お前、勇気を忘れるな "と言った。私の前に何を見つけることができますか？"少なくとも死だ！" しかし、ロシア人の居場所を報告しなければならない！」と冷静に答え

ました。"それは私に任せてください。ロシア人がいることを確認する。「では、ここで静かに横になりましょう。突然、左側からヒースのざわめきが聞こえ、その直後、やわらかなささやきが聞こえてきた。私たちは静かにライフルを地面に置き、耳元で「できれば撃つな」とささやいた。すると、8人のロシア人が私たちの横についてきた。よく見ると、20歩ほど前に出ただけで、私たちの姿は見えませんでした。私たちは息を止めましたが、心を静めることはできませんでした。静かに休んで、夜の音に耳を傾ける。すると、森の中ではっきりとした銃声が聞こえ、次に斧の音が聞こえてきた。ロシア軍が、自分たちの陣地の前の森の端に鉄条網を作っていることは、もはや疑いようもない。約2時間後、私たちは慎重に戻り、すぐに「Halt Wer da? 私たちは「ヘレン」と言った。

　注意！2時間くらいで戻ってきます。やがて「ストップ」という声が聞こえてきました。そこにいるのは誰ですか？"オーディション・ステーション "で ヘレン」と言ったので、通過できたのです。ドブに落ちたと思ったら、すぐに出発！

　中隊長は隅っこで寝ていた。起こして、"パトロールバック！"と言ったんです。立ち上がり、「さて、目の前にある新しいものは何だろう？私は、「この先の森の端に忍び寄ったんだ。8人のロシア人パトロール隊に出くわしそうになったが、見つからなかった。私たちは横になって、ロシア人が木を切り、電柱を研ぎ、地面に打ち込む音を聞いていました。また、ワイヤーコイルのきしむ音が聞こえたが、これはロシア軍が自分たちの陣地の前にワイヤーで障害物を作っている証拠である。私たちはロシア人のすぐそばまで忍び寄り、彼らの話し声をはっきりと聞いた。帰り道、私は自分たちの位置から森の端までの距離、約800メートルを歩いた。報告書の最後の部分で、私は中隊長に嘘をついて、5日間の休暇を与えてもらうことを希望していた。報告をすると、『颯爽とパトロールを撮ってくれたね』と背中を叩いてくれました。とてもうれしいです。あなたのお名前は？私たちは自分の名前を名乗った。"リヒャルト"？ローエ？あなたは私が5日間の懲役を科した男ではありませんか？はい、中尉」と私は答えた。「哨戒の颯爽とした実行のために、あなたはもう罰せられないのです」。欲しいものが手に入った。その夜、中尉は中隊長を自宅に呼び

、私とブレナイゼンが巡回している勇姿を中隊の全兵士に伝えるよう命じた。その夜以来、少尉は私をとても気に入ってくれた。そうでなければ、彼は非常に危険な男で、無作法で社会から恐れられていた。一度だけ、兵士（老人）の顔を殴って、鼻血を出したのを見たことがあります。またある時は、痛みにうめく負傷者、「ベビーフェイス」、「ルーズボロ」についてわめき散らしているのを聞いた。

朝、溝を出て、そのまま湿原の向こうの森に入りました。森の端に、住居と厩舎からなる林業家の家があった。家の隣やその周辺には、前日ロシア軍との衝突で倒れたドイツ兵がたくさんいた。一日中、森の中にいました。6人のロシア人パトロール隊が走ってきて、降伏せざるを得なかった。黄褐色で、目が少し曲がっていて、頬骨が出ている（モンゴル系）ので、おそらくシベリア南東部の強者たちであろう。

1915年5月26日

夜中になると、「火を焚くまで静かに森を抜けろ」という命令が出た。そして、横になって埋める。夜は暗く、時には木にぶつかることもあった。50～300メートル進んだところで、目の前に閃光が走り、撃墜された。寝転んだり、ラインを作ったり、掘ったりしていました。夜の暗い畑で、根の張った土の中で、簡単な仕事ではありませんでした。やっとの思いで穴を開け、ベッドに入り、眠りにつきました。特に、墓のように涼しい穴の中に横たわるのは、いつも不愉快でした。目が覚めたら、もう明るくなっていた。そして、「準備しろ、横枝を植えろ、行け！」と、いつも恐怖を覚えるような命令が下るのです。"かばんをつけ、ライフルに銃剣をつけ、セルには5発、銃身には1発の弾丸を入れた"恐怖と震えに耐えながら、前に進み、前方に目を凝らしても、何も見えない。すると、ちょうど木から木へと伝っていく電線に出くわした。簡単に渡れました。この森はブナやカシの大木が中心で、地面には低い桑の木が茂っていた。前方を見ても、ロシアの陣地は何も見えない。突然、50メートル前方で砲撃が行われた。機関銃がカチカチと音を立てて、要するに絶え間なく砲撃が行わ

れていたのだ。距離が短いだけに、この火災の影響は凄まじかった。最初の一斉射撃で、約半数が死傷した。怪我をしていない人も駆けつけ、全員が一刻も早く掘り起こそうとした。しかし、多くの人がその作品に驚きました。すると、ほとんどすべてが凍りついてしまい、ロシア軍はほとんど発砲をやめてしまった。負傷した人たちのうめき声が恐ろしかった。私も、最初の一撃で地面に身を投げ、樫の木の幹を這い上がった。3メートルほど離れたところに倒れていたバーデン出身の男性は、左の頬を斜めに撃たれていた。彼は樫の木の陰から這って私のところに来て、立ち上がり、ガラスの鏡を手に取り、自分の傷口を見た。"大したことはない。"彼は私に言った。"銃声は私の家から聞こえた。"軽傷"と呼ばれるものです。

　突然、彼はまっすぐ前を見つめ、両手をあげて、よろめきながら言った。口と鼻から血が噴き出し、私の目の前で仰向けに倒れ、私に血しぶきを浴びせた。私は彼を助け出した。彼はほとんど動かなかったので、また撃たれたのか、それとも顔の傷のために倒れたのか、分からなかった。気がつくと、私のすぐ上の横を数発の弾丸が通り過ぎていた。少し顔を上げると、ロシアのポジションが傾いていた。今になって、その巧みな造りを目の当たりにした。溝には板が敷かれ、その上にまた葉っぱが敷き詰められている。また、ロシア側は上に低木を植えて、ほとんど位置を分からなくしている。その袂には、森のゴミの上に小さな丸い穴が開いているだけである。今度は弾丸がハバーサックの蓋を突き破って、ランドリーバッグを貫通した。今にも銃弾に貫かれるかと思い、天国よりも聖人の名を連ねた。樫の木の陰で横になれなくなったのを見て、リュックを背中から下ろし、少し見上げると、右側に3メートルほど、深さ20センチほどの小さな足跡があった。私は地面に平らに寄りかかりながら、低い位置にあるブラックベリーの揺れを注意深く避けながら、非常にゆっくりと窪地を這うように通り過ぎました。私はリュックを紐で引っ張り出した。濡れて腐った葉っぱや土で落ち込んでいた。今度は横向きに寝て、手で穴から掻き出し、スコップを出して寝転びながら深く掘った。桑の木の下に身を投げると、もう弾丸が真上でビュンビュン飛んでいる。やがて、私は完全に覆い尽くされるほど深くなった。今、私は濡れた穴の中で静かに横たわっている。右側には、死人

が足を穴の中に突き出していた。いつも長靴ではなく、レースアップシューズやウォーターシューズを履いているジンク上等兵だったのだ。その左側では、極が痛みに耐えかねて転がり、ひどい泣き声をあげている。最初のバーストで、彼は胃にしこりを作った。そして、地面の上で痛みで腐っていると、十字砲火で右手の指を4本取られ、さらに弾丸で顎を骨折させられた。50人が何かしているのを見るのは恐ろしいことだった。ひどい傷にもかかわらず、この惨めな男は午後3時頃までうめき続け、死が彼を苦痛から解放した。後方から軽傷の男が這い上がってきて、頭がおかしくなったのかと思った。すると、傷を追って這うように戻る前に脱いだリュックサックを取りたがっているのがわかった。リュックサックに手を伸ばしたとき、弾丸が額に当たった。溺れて動かなくなった。

　今は一日中、穴の中で一人で横になっています。生きているのか死んでいるのか、わからなかった。ロシア人がやってきて刺されるんじゃないかと、とても怖かったです。しかし、幸いなことに彼らは溝の中にとどまっていた。　今、私はとてもお腹が空いていたので、自分の分を取り、全部食べました。今夜も来て、死者の袋から分を取ろうと思った。この日が終わることはないと思っていた。夕方、「ハップ、ハップ、誰もいなくなったか」と半ば大声で叫ぶ声が聞こえた。"声"は3メートルほど右側に聞こえた。私は静かに『はい、ここにいます』と答えました。"私たちはひざまずいて小さな溝を掘って共同作業を始め、1時間もしないうちに一緒になった。"　また男性との付き合いもだいぶ楽になりました。次第に他の人たちもそれに気づき始め、みんなで小さな溝を掘ってそのつながりを確かめようとした。

　上司の耳には入らないし、気づかれないように、夜には帰ることにした。逃げ出そうとしたとき、背後で枯葉がざわざわと音を立てた。バックアップとして第222歩兵連隊があります。できるだけ静かに、小さく、深く溝を掘っていく。しかし、ロシア人に仕事を取られ、陽気に叩かれたので、よくひるんだ。トレンチがようやく完成しました。乾いた枝を折って、土の山に塹壕を作り、それを前に投げ出して、何かあったら隠れて撃てるようにしたのです。

8人と下士官1人のグループから、連隊に入ったばかりのウェストファーレン人のペーターゼンとニーダーフェルマン、そして私だけが残った。私を含む残りの半数は、冷たく濡れた溝に座ったり、横になったりして眠った。突然、銃撃戦が始まり、「ロシアが来るぞ！」と。"私は急いで立ち上がり、ライフルを玄関に押し込んで暗闇の中で発砲したが、何も見えなかった。ロシア人も、おそらく我々が攻撃してくると思っていたのだろう、銃を撃ってきたのだ。手榴弾も投げてきて、塹壕の手前で大きな音を立てて爆発した。抱きつかなかったピーターセンは、今度は土の山をめがけて撃った。突然、彼が私のそばにいなくなったのがわかった。振り向くと、彼の姿が溝に落ちていた。私は叫んだ。「ピーターセン、お前、ペテン師だ！」。ピーターセンが立ち上がらないので、銃弾がビュンビュン飛んでくるので、撃つのが怖いのだろうと思った。私は彼の頭を手で殴り、もう一度撃つように頼んだ。呆れたことに、私の手は彼の出血した頭部にくっついた。ポケットに手を入れ、トーチを取り出した。弾丸は額を貫通し、顔や胸から血が流れ落ちていた。しばらくして銃声が止んだので、ニーダーフェルマンと私は死んだペ　ターゼンを溝から取り出し、溝の奥にある木のベッドに寝かせた。静かな夜だったので、溝の底に腰を下ろして寝た。「溝の裏の林床に寝よう。土塀の上に十分な避難場所があるんです。「明け方、ニーダーフェルマンはパイプをくわえたまま眠っていた。　私は彼を起こして、今すぐ溝へ来いと言いたかった。結局、ロシア人が彼を見るかもしれない。私が叫んでも、震えても、彼は動かなかった。よく見ると、亡くなっていた。墳丘の頂上を通過した弾丸は、脇腹と心臓に命中していた。痛みを感じることなく、眠るように死んでいった。今、彼の苦しみはすべて終わり、私はほとんど彼を羨ましく思っていました。

　グループから一人取り残された。私は、今までに経験したことのない恐ろしい出来事に、とても落ち込んでいたのです。

1945年5月27日

　明るくなると、ロシア陣地の前に大きなプレートが見えた。ド

イツ語で「バカなドイツの豚め、イタリアも一緒に来るぞ!」と書かれていた。"イタリアが参戦した翌日のことである。昼間はとても暑く、誰も一緒に飲まなかったので、とても喉が渇きました。すると、右側の兵士に一杯の水が配られるのが見えた。私たちの溝から100メートルほど右側に窪みがあり、そこに戻って満タンにし、森林官の家の近くにある井戸から水を汲むことができるという。今度は調理器具を持ってきました。林務官の家の前には、炎天下にさらされた重傷の者が何人もいた。長い間、貧乏だった人たち。救急隊員は、一人ずつ担架で運び出すのに精一杯だった。その時、私の名前を呼ぶ柔らかな声がかすかに聞こえた。周りを見渡すと、ウィル伍長の姿が見えた。彼のせいで、私は5日間も無邪気に逮捕されてしまったのだ。"判事、頼むから水をくれ!"うめき声"をあげた。井戸に行きました。深層抽出井戸で、その中の水抽出装置が破壊されたのだ。そこで、隣にあった、すでに水を汲むのに使っていた長い針金を取り出し、それに調理器具を取り付け、井戸に下ろして、再び水を入れて取り出したのです。水は非常に魅力的でなく、不快な味がした。おそらくロシア人は、この井戸で調理器具を洗い、その水を井戸に流していたのだろう。私はウィルのところへ行き、彼のそばにひざまずき、手で頭を上げて、彼に飲み物を飲ませた。少なくとも1リットルのまずい水を飲んだ。胸を撃たれているのが見えた。"リヒャルト"さん、ありがとうございます 彼は多くを語らなかったので、私は彼の頭をまっすぐにした。私は、声を大にして言うことができなかった。そこで、調理器具を詰めて、くぼみに覆われた溝に戻りました。みんな水を欲しがっていた。でも、左右の塹壕を取った兵隊さんにしかあげなかったんです。

　翌朝、41連隊に属する者は全員、隙間から撤退し、林務官の家に集合するようにとの命令が下された。今、私たちはまだ埋葬されていない溝と死んだ馬を森に残してきました。30人の会社を集めて、126人が残った。2kmほど戻って、小さな村に着くと、そこには畑の台所が待っていた。ベルガースドルフの近くで捕まえたロシア人ライダーは、フィールドキッチンの手伝いをすることになっていたが、私たちの溶け合う仲間を見て、思わず微笑んでしまった。食料もくれたし、休息日だとも言ってくれた。食事の後

、点呼が行われた。軍曹が6～10人の名前を読み上げても、誰も答えてくれないこともあり、とても悲しかった。残った者は、軍曹に他の者の運命、死傷者の有無について知っていることを話した。不明者は行方不明者として登録された。30日間で、46マルクと、先に捕獲したロシアの武器や機関銃の戦利品から、さらに20マルクの銀貨をもらったのです。

　私はくつろいで、ブーツとストッキングを脱ぎ、足と手と頭を洗い、納屋で藁の波を受け、日向に寝転がった。しかし、シラミが私を苦しめ、ひどく噛むので、じっとしていられなくなったのです。今度はシャツを脱いで、狩りが始まった。大きさは2種類あって、大きなものと、赤い点のような非常に小さなものがあり、これが一番危険なのです。　そして、ベッドに戻り、眠りにつきました。日暮れになると、「今すぐ準備しろ、整列しろ」という命令が来た。"静寂"は終わったのだ。出発して、夜に小さな村に着き、納屋で一夜を明かした。翌朝、フィールドサービスがあった。万感の思いで赦免を受け、また新たな戦いが始まることを確信した。数時間にわたって政府の音楽が演奏され、午後にはわが中隊がドイツチームから100人以上の兵士を迎え入れたが、みな戦場に出たことのない若い兵士たちであった。夜はまた納屋で寝ました。真夜中、私たちは目を覚ました。郵便物が来た。私はカードとトーチを取り、こう読んだ。『あなたの古い軍人の同志アウグスト・ツァンガーに代わって、彼がロレットの高台で手榴弾によって負傷し、今この病院で負傷して死んでいることをお知らせします。ナース・タック；リザーブ・ザレス・シュラーデルンとジーク（ラインランド）」。私はこのニュースに打ちのめされました。親族を除けば、西部戦線で出会って以来、オーガストは世界で一番大切な人でした。このような忠実な仲間を見つけるのに、時間はかかりませんでした。

　夜中、私たちはうなっていた。前方、かなり離れたところで、砲声が聞こえてきた。時折、非常に重い銃声が聞こえた。数キロ先にはオーストリアの30センチ砲があり、強力な砲弾がクレーンで装填されていた。非常に短い距離のショットは、地面に落ちそうになるくらいにクラッシュした。夜明けとともに村に到着すると、多くのドイツ軍の砲台が発射の準備をしていた。村の手前で、麦畑の中をくぐり抜けることになった。突然、ドイツ軍の砲台

から凄まじい砲撃が始まり、ドラム缶での戦いになった。ものすごい音がして、悲鳴が響く。前方から、砲弾の爆発音が後ろから聞こえてくる。すぐにロシアの榴弾が飛んできて、何人かが負傷した。私たちは頭に刺し傷を負って鎖につながれていた。ここで洗礼を受けた若い兵士たちは木の葉のように震えていた。命令が来たのだ。ロシアの砲撃が止んだ。ローエに到着すると、約600mの距離の森の端にロシアの陣地が見えた。私たちは射線まで進みました。ロシア軍の陣地は、砲弾と榴散弾の煙の中でほとんど見えない。突然、ロシアの陣地で活気づいた。最初は一人ずつ、そしてどんどん増えて、ついには群れをなして、ロシア軍の歩兵が両手を挙げて並んだ。ひどい砲撃に耐えながら、みんな激しく震えていた。今、我々の砲兵隊は森に火を移し、犠牲者を出すことなくロシア軍陣地に到達した。溝周辺の地面は砲弾で焼けており、ロシア兵は定位置に横たわっていた。

　そして、「歩兵41は待機せよ！」という命令が出た。他の大隊も前進し、やがて前方から激しい歩兵の砲撃が聞こえ、徐々に後退していった」。今度は一歩下がって、斜面に伸びる反対側の森の端にたどり着かなければならない。目の前にはストリジャの平原が広がっていた。一帯には、ドイツとオーストリアの狙撃兵の列が点在していた。その間にロシア人捕虜の隊列が見えた。榴散弾や爆発した砲弾があちこちに見える。背景はストライの町並みです。砲撃の結果、何度も火災が発生し、大きな煙が空に舞い上がった。ストライの右側では、ロシア軍が抵抗した。町を出て、村を占領し、ここも勇敢に守った。砲兵は右往左往してロシア軍の側面を捕らえた。我が連隊はその穴を埋めるべく、町に対して直接行動を起こすことになった。いくつかの工場では、銃で撃たれたこともあった。いくつかの砲台が工場に火を放ち、ロシア軍は退却した。私は8人のパトロール隊と一緒に、ロシア軍が町を撤収したかどうかを見に行くことになった。オーストリア・チェコ・フサールのパトロール隊が街中で私たちを追い越した。やが

て数発の銃声が響いた。私たちの少し前に、一人のフサールが撃たれ、頭を路上に打ち付けた。住人がロールパンやタバコなどを持ってきてくれた。老ユダヤ人が私の前に立ち、「我々は正義の神にドイツ軍が勝利するよう祈った」「買ってください、親切なドイツ紳士よ、ロシアの良い、とても良いタバコを、安く、安く」と言ったのだ。"ほとんど吸ってない"と言ったんです。しかし、彼はずっと私の後をついてきて、いつもタバコを買えとせがんできた。そのガリシアやポーランドのユダヤ人たちは、町に来るたびに私たちを不快にさせた。

その変遷と底辺での葛藤。

　幅100メートルほどのドニエステルは、ズラウノで木製の橋を渡っていたが、ロシア軍に燃やされてしまった。対岸には、幅200メートルほどの草原が広がっていた。ロシア軍はそこに3つの塹壕を掘った。1つは頂上、もう1つは岩に食い込んだ斜面、そして3つ目は麓である。
　生け垣の陰に隠れて、軍曹の眼鏡でロシアの陣地を観察した。私には、この通路が莫大な損失なしに作られることは不可能に思えた。溺れるなど、待望の英雄的な死に方をする気は全くなかったので、逃げることにした。ラインラントの仲間であるノルテと一緒に、会社を抜け出した。私たちは、家の裏にある木波の山に隠れて、何が起こるか待っていました。朝、8時頃、ドイツ軍の大砲が突然、あらゆる口径の砲弾と榴散弾をロシア軍の塹壕に注ぎ込み始めた。家の隅を見ると、ロシア人が占拠している岩山が火山のように見えた。あちこちで稲妻が光り、煙が立ち込めている。やがて丘全体が黒い手榴弾の煙に包まれた。隣に突き刺さったロシアの破片で、私は観測所を離れ、家の裏に避難せざるを得ませんでした。約1時間後、大砲の音に混じって、歩兵が攻撃を開始したことを告げる雷鳴が響いた。ロシア軍の大砲が小さな町ズラヴノに絶え間なく撃ち込まれていたので、私はあえて隠れ家

を出て戦闘を見ようとはしなかった。1時間ほどで火が消え、ロシア兵の捕虜が隊列をなして戻ってきた。一日中、町にいて、家に残っていた数少ない住民から食べ物を買い求めた。この日、ドイツ軍はかなり前進したのだろう、夕方には砲の雷鳴がわずかに聞こえる程度になった。ユダヤ人の家族と一夜を共にし、キッチンで寝ました。

　翌朝、私たちは仲間を捜しに出かけた。ドイツの開拓者たちは、ドニエステルに橋を架け直している。どんな攻撃にも耐えられるような強固な橋だ。対岸の草原には、死んだドイツ兵の歩兵が横たわっていた。葬儀で忙しかっただけだ。通常、前の歩兵が掘った塹壕に入れ、土で覆った。"どうだ、リヒャルト。"同志が言った。"もし、我々がひやひやしていなかったら、巻き込まれていたかもしれない！"と。橋から先は、岩山に深く切れ込んだ草原を横切るように道が続いている。道路の右側には、十数人のドイツ兵の死体があった。そのうちの何人かは、ひどく視界が歪んでいて、死闘の末に根こそぎにした草や土を、まだ硬い手で掴んでいた。倒れている人の中に、私の会社の友人がいるような気がしたんです。念のため、彼のところに行き、ポケットから有料の本を取り出してみると、それが間違いであることがわかった。本をポケットに戻そうと再び屈むと、冷たい死体から飛び出したシラミが服に群がって日向ぼっこをしていた。倒れた人が全員横たわっていても、同じように見ることができました。私たちは続けた。岩山の上に建てられたロシア陣地では、これまたひどい有様だった。花崗岩に引き裂かれたロシア兵が横たわり、壊れた茂み、岩や土の破片が地面を覆っている。また、ある部屋の床には、オーストリアの30センチ機関砲の砲撃による穴が開いていた。さらに数キロ先まで行った。すると、バイパス道路で、中尉に率いられた30人ほどの小隊がこちらに向かって歩いてくるのが見えた。"ちょっと待った"！「と呼びかけた。私たちは立ち止まりました。中尉は、どこからどこまでと聞いた。私たちは、会社を辞めて同じ会社に戻ることを告げました。"前にも見たことがある "と、私たちを非難した。"お前らもこの辞めた奴らと同じ数だけいるんだぞ！"隊列を組むことになり、出発しました。" その夜、中尉の案内で、森の端で塹壕を掘っている中隊に行きました。いい戦いができると思っていたが、今回は比較的ラッキーだった。塹

壕の中で一夜を明かした。2時間、他の2人とは違う目立ち方をしなければならなかった。仲間から、ドニエステルの戦いで中隊は30人ほどを失ったと聞いた。夜が明けて、300メートル先に村が見えた。塹壕はあまり混んでいなかったので、オーストリアの戦闘機をもらって補強しました。コーヒーやパンを買いに、野戦炊事場に戻される男たちもいた。彼らが帰ってきた直後、コーヒーを飲んだりパンを食べたりして忙しくしていたら、突然、ロシアの激しい砲撃があったんです。狙いは我々の塹壕で、よく撃ってくれました。私たちは完全に不意をつかれ、調理器具を落とし、銃をつかんで、塹壕の底に横たわりました。

　塹壕の近くに落ちた砲弾で、何人も埋まってしまった。あまり大きなダメージもなく、再び地面から放たれた。隣に寝ていたオーストリアのファイターが起き上がって前を向いた。塹壕の上に頭を出す前に、「ロシアが来るぞ」と叫んだ。"すべてがジャンプした"のです。すぐにロシア軍のライフルの列が何列もこちらに向かって走ってくるのが見えた。すぐに砲撃を開始し、彼らを打ち破った。何人かが倒れるのを見た。しかし、新たな射線が現れた。圧倒的な戦力に遭遇した。ロシア軍の大砲は、激しい榴散弾で私たちの塹壕を覆った。もはや、多くの人が発砲して塹壕に飛び込む勇気はなかった。その他にも負傷者が出た。隣にいたオーストリアの兵士も負傷した。頭部と胸部に榴散弾を一杯受けて即死した。まだジャンプを急いでいるロシア人は、すでにかなり近づいてきていた。すると、すでに後方の塹壕から出てきて救いを求めていた人たちが、逃げていくのが見えたんです。ロシア軍は大量の弾丸を飛ばしてきたが、数回のジャンプで藪に覆われ、彼らの視界から消えてしまった。幸いなことに森の中だったので、木々の間をすり抜けてくる歩兵の弾丸に覆われることになった。森の中に落ちている榴散弾の方が、私たちには危険だった。周りを見渡すと、ガータークル―全員が私たちを見ていることに気がついた。歩けなくなった負傷者は、ロシアで捕虜になった。森の奥にある野戦砲台を通り過ぎた。砲兵隊長は、何事かと叫んでいた。"ロシア軍"突破!"と答えました。そして、人目につかないところに砲台を移動して、再び砲撃を開始した。歩兵の叫び声は我々の後ろで完全に止まり、ロシア軍が我々に直接ついてきていないことを示すもので、戦闘は我々の右側で続いていた。村から

は、歩兵と機銃掃射の轟音が絶え間なく聞こえてくる。少し先のズラウノで、ドニエステル橋に沿って数キロ戻る道に出た。やがて、道路全体がドイツ軍の帰還兵で埋め尽くされた。今度はロシア軍の大砲が道路に出てきて砲撃されたので、野原を横切って戻らねばならなかった

　それで、疲れて、息を切らして、汗をかきながら、ロシア軍の陣地があったドニエステル川の岩山に戻りました。私の計画は、できるだけ早くドニエステル橋を渡り、ロシア軍との間にある川を渡ることでした。しかし、兵士は考え、将校は支配する！　数人の警官が私たちを呼び止め、停止して準備するように指示を出した。私は橋を渡って安全なところに行きたかったので、聞こえないふりをしていたが、警官が銃を持って止めろと叫んだので、仕方なく集まった集団の中に入っていった。急いで防衛ラインを作り、掘り進まなければならなかった。ロシア人がそこまで行ったら、最後の一人が橋を渡るまで引き留めなければならなかった。"仲間のために自分を犠牲にする "必要があるのです "命令 "がうるさかった。隣ではバイエルンの人が「神の神秘」と言っていた。"私たちにとって、すべてがうまくいっていない！"　目の前には500メートルほど離れたところに森があった。そこから退却する部隊も、我々の右側に退却しなければならなかった。数人の兵士が負傷した仲間を背負っていた。また、ハンガリー兵が重傷を負ったドイツ兵の歩兵を馬に乗せて持ち上げ、捕虜になるのを防いでいるのも見たことがある。

　約1時間後、軽傷を負った人を中心に数人だけが森から出てきて、私たちとすれ違った。ロシア軍の歩兵はそう遠くないというのだ。ロシア人の姿はまだ見えない。突然、目の前の森の端で息を吹き返したのだ。銃声が響き、銃弾が耳元で不気味に鳴り響く。ロシア軍は森から出てきて、まだ我々を撃っている。銃から出るものに反応したのです。そして、「下がれ、行進しろ」という命令が下った。"2度言う　"ことは許されなかった。咄嗟にみんな穴から飛び出して斜面の陰に隠れた。前を走っていた兵士が悲鳴を上げて倒れましたが、誰も探す余裕もなく、ましてや助けることもできませんでした。誰もが、橋を渡ってレスキューバンクに行くことしか考えていなかった。そこで、急斜面を登ったり、這ったり、ジャンプしたりして、橋の先の草原を全速力で横断しま

した。橋はグラナテンに半分ほど壊されていたが、ほぼ全員が無事に渡れた。ロシア軍の歩兵が岩山の頂上に達したとき、我々はすでにヅラウノ隊員の後ろに隠れていた。今、橋は私たち開拓者によって破壊された。夜、町を出て、5キロほど離れた村に行った。ヅラウノからの避難民も多く、必要なものだけを持って同行した。村の手前には、空腹を癒すための特徴的なキッチンがあった。

　ドイツから新しい交代要員が到着し、今度は中隊に配属された。この後、戦時中の条文が読まれ、それぞれは次のように終わった。"禁固刑に処する。死によって罰せられる。「罰を受け、また罰を受けるだけのこと。これらの戦争に関する記事は、兵士が上官の前で優柔不断で無力であることを示すためにだけ読まれた。その後、村の前の未舗装の道に出て、人を挟んで火線を組み、自分たちを埋めた。そして、濡れた穴の中で横になって寝ました。何人かの兵士が、村に藁を取りに行きたいと言ってきた。しかし、中隊長はそれを禁じた。小春日和の夜にもかかわらず、汗ばんだシャツを着たままでは寒い。私は何も変えることができませんでした。翌日も同じ場所に立ち寄った。兵士たちの間では、ロシア人がこの海岸に誘い込まれているという噂が流れていた。ドイツの飛行機と大砲がロシア人の背後の通路を破壊し、それを我々が攻撃して占領することになっていた。しかし、ロシア軍はあまりに巧妙で、わずかな部隊しか川を渡れなかった。本隊は再び川を挟んだ岩山の上に3つの陣地を構えた。私たちのパトロール隊が庭を渉猟して、何人ものロシア人捕虜を捕らえた。彼らは衛兵連隊に所属していた。みんな背が高く、体格も良いので、彼らにとって私たちはほとんど男の子にしか見えませんでした。日中は、パトロール隊がライフルで何発か撃つ以外は、静かなものであった。夕刻になると、我が砲兵隊はヅラウノを砲撃下においた。やがて、何本もの煙が立ちこめ、火災が発生したことがわかる。夜になると、町は火の海になった。それは、ひどく美しい光景だった。空は真っ赤に染まっていた。その夜と翌日は同じ場所に泊まりました。

1915年6月中旬、2回目のドニエステルの横断。

地図上の6番

　日暮れになると、「すぐに準備しろ」という命令が来た。10分もしないうちに我々の大隊は移動の準備を整えた。弾薬はすぐに補充された。また、万が一連絡が取れなくなったときのために、一人一人に肉の缶詰とパン粉の袋が配られた。"行け！行け！"そして、出発した。Zuravnoまでの5キロはすぐにカバーできた。町はほとんど焼けてしまった。瓦礫の下にはまだ火が残っていて、嫌な焦げ臭さを撒き散らしている。ドニエステルの土手にたどり着き、川に隣接した菜園に身を埋めた。そこで彼は、川の上で私たちの前に姿を現したのです。あまり見えませんでしたが、大きな音と漕ぎ手が聞こえました。開拓者たちは、無垢の板を支柱とワイヤーでつないで、川に2木の歩道橋を架けたのです。両側の土手に杭を打ち、ポンツーンが大きく揺れないようにワイヤーでつないだ。午前0時、移行が始まった。　揺れる歩道橋に負担をかけないよう、4歩分のスペースで一人から一人へしか通れないようにしたのです。今はまだ雨が降っていて、前方の人の形がほとんど見えないほど暗い。歩道橋に近づきすぎて川に落ちないよう、一歩一歩、足裏の感覚を確かめながら歩きました。途中、歩道橋が私たちの体重で水中に下ろされ、靴の上に落ちてきました。対岸に足元の固い地面を見つけると、みんなほっと一息ついた。軍曹が立っていて、みんなに「右へ行け、列を作れ」と言った。今、私たちは川の砂利の上に横たわって、次の命令を待っているところです。ロシア軍は、最初の峠と全く同じ岩山に陣取って、夜通し川に向かって攻撃してきた。しかし、彼らの弾はほとんど私たちの上に飛んできた。　私たちが歩いていた草地は、川とロシア軍陣地の間の幅が200mほどしかなかったので、ロシア軍はすぐに私たちに気づき、一斉に発砲してきたのです。私はすぐに地面に駆け寄り、スコップで自分を掘り起こした。暗闇の中、隣の人の姿も見えない。すると、「リヒャルト、こっちへ来い、一緒に埋めよう」と部下が静かに叫ぶのが聞こえた。-　電話をかけてき

たのは、友人のラインランドだった。3歩も歩かないうちに、暗闇にぽっかりと穴が開いてしまった。手でつかんでみると、おそらく最初の交差点にあるトレンチの穴であることがわかった。今、私はラインラントと呼んでいます。ロシアが猛烈に撃ってきたので、ピットに援軍が来てくれてお互い助かった。悲鳴とうめき声が聞こえたので、隣で人が負傷していることがわかった。衛生兵は左へ！」と、マンツーマンの命令が下った。- やがて2人が通り過ぎた。 もう死んでいるのだから、包帯を巻く必要はないのだ。東プロイセンから来た若い志願兵だ。今、彼は苦しんでいた。

　そして、一人がもう一人に「準備しろ、銃を持て」と命令したのである。いつものように、ハンドルに小さなスコップを入れて、ハンドルを前にして保護します。ドイツ軍の大砲はさらに砲撃を進めた。"ゴー！ゴー！ゴー！" と すべてが井戸から落ち、熱狂的な群衆と一緒に走って、すべてがロシアの塹壕に突入したのである。しかし、主な仕事は我々の砲兵が行い、抵抗はほとんどなく、下の塹壕では死傷者が出ただけであった。中段の塹壕から何発か発砲があり、一発の弾丸で中尉の膝が折れた。かつて、傷つき、うめき声をあげ、「赤ん坊の頭」「ゆるんだボロ布」と叱った男が、今は取りつかれたように叫び、泣いているのである。

私は、世界一良い意志を持ってしても、彼を憐れむことができなかった。今度は急な坂を登る。中溝のロシア人の中には、全力で走り、登りたいと思う人もいた。しかし、ウサギのように被弾して塹壕に墜落してしまった。溝まで行くと、生身の人間がみんな手をつないでいた。すでに捕らえられていた人たちのところへ、草原に送られたのだ。頂上では、何人かが降伏していった。あっさり逃げられた！？しかし、戦争に参加すればするほど、捕虜になることを好んだ。ギザギザの茂みや穴を通って、連隊が集まっている頂上にたどり着いた。そこから、ちょうど後ろ向きに川を渡ってきた捕虜のロシア人たちを見たんだ。とにかく、彼らの背後では殺人事件が起きていたのだから、私たちよりも幸せだったのだろう。

さらなる攻防の行方は。

地図上の7番

第2大隊は現在、ゆっくりと戦線に移動している。事前に別々のパトロール隊を出動させた。第1大隊と第3大隊は後方にいた。我々の左右では他の連隊が先陣を切った。一日中、何の抵抗もなかった。あちこちの茂みからロシア人が出てきて、そこで身を隠して降伏した。最後の攻防でロシア軍に追い出された村で一夜を明かした。それから3日間、ロシア人とはまったく会わなかった。地図によると、ロハティンという小さな町に差し掛かった。ある朝、小麦が植わっている丘の中腹で、下の谷にある水車を占拠するよう命じられました。左手に2キロほど行くと、ロハティンという小さな町があった。戦列の中で、私たちは工場に近づいた。榴散弾が飛んできて、すぐに負傷者が出た。今、みんながデスクを探している。私は他の仲間と一緒に薪小屋に飛び込んで、彼を探しました。ロシアの砲兵隊は工場に砲撃を加えた。4つの榴散弾が同時にやってきた。彼らは皆、ミルの周りで、ミルの上ではじけた。藁で覆われた木造の建物が、ちょっとしたシェルターになっていた。小屋の上から炸裂した榴散弾で4人が負傷し、私

の友人のラインランダーも上から太ももをやられました。ズボンを切り、傷口に包帯を2本巻いた。そして、仲間の助けを借りて、もっと避難所のあるラウンジに連れて行った。部屋には、壁に沿ってリュックサックを背負った兵士がたくさん横たわっていた。誰が次の砲撃のターゲットになるのか、誰にも分からないからだ。今、空中で炸裂した2発の榴弾と、地上に落ちて死んだ2発の手榴弾は、まだ一緒に飛んでいる。サロンの前の隅に寝ていたシュピーゲルという兵士が立ち上がって、廊下を横切ってドアに向かった。同時に、サーロンの手前の角の手榴弾が死んで、壁に大きな穴が開いた。破片、木片、兵士の背負い鏡が天井に飛んできた。部屋中が臭い火薬の煙で充満していた。鏡やリュック、台所用品は完全に破れ、千切れていた。最後の一人は、到着して自分の持ち物を見ると、死にそうなほど青ざめ、兵士の一人が「自分の命は幸せな偶然のおかげだ」と言うと、「家には毎日祈ってくれている母親がいる」と答えた。同時に、さらに4発の弾丸が飛んできた。一人は庭で破裂し、他の者は粉砕機の邪魔をした。私たちは皆、とても悔やんでいました。 突然、ものすごい音がした。割れた窓から飛び出して、外を見た。すると、納屋の後ろに大きな煙が立ち昇り、草ぶきの屋根、土の破片が飛び交っているのが見えました。2人目が近づいてきた。それが工場の上空を飛んで、工場の上の池で爆発したのだ。水が空中に投げ出されたのです。誰も安全な場所などないのだ。そして、「すぐに工場を掃除しろ」という命令が下った。「ハンノキと柳に覆われた小さな小川に沿って、数百メートル下にある村まで歩かなければならないのだ。 ロシア軍は夕方まで工場を砲撃し、一人もいなくなったが、火事になった。藁の上で寝ました。夜明け前に、右手に3kmほど離れた村に行った。

　村の空き地には、たくさんの箱が置かれていました。ロシア歩兵はそこで弾薬を受け取った。小屋に卵を買いに行った。半端ないって、ラッキーでしたね。牛乳がまだあったので、そこのおばさんが、もちろん有料で1リットル炊いてくれたのです。その直後、海兵隊の人たちが走って戻ってくるのが見えた。私は窓から声をかけ、何が起こっているのか尋ねた。彼らは何も知らずに走り続けていた。早速牛乳を飲み、残りの卵をパンの袋に入れた。

兵士がどんどん戻ってくるので、私もそれに加わりました。何が起こっているのかわからなかった。

　村の空き地には、たくさんの箱が置かれていました。ロシア歩兵はここで弾薬を受け取った。小屋に卵を買いに行った。半端ないって、ラッキーでしたね。牛乳がまだあったので、そこのおばさんが、もちろん有料で1リットル炊いてくれたのです。その直後、海兵隊の人たちが走って戻ってくるのが見えた。私は窓から声をかけ、何が起こっているのか尋ねた。彼らは何も知らずに走り続けていた。早速牛乳を飲み、残りの卵をパンの袋に入れた。兵士がどんどん戻ってくるので、私もそれに加わりました。何が起こっているのかわからなかった。

　そして、草原の谷間を歩いて沢に向かった。乾いた小川の底で、私たちは再び場所を確保した。しばらくすると、会社全体が集まってきた。男性が行方不明になった。村の中で殺傷されたのだろう。正午頃、村の端でロシア軍を見かけた。私たちが撃ち始めると、彼らは家の後ろに姿を消した。午後には、右側から激しい砲撃が聞こえてきた。やがて同じように歩兵と機関銃の音で中断された。夕方、仲間がロシア戦線を突破したとの知らせがあった。乾いた川床で一夜を明かした。フィールドキッチンの気配を感じないまま、空腹を我慢して続行。パンの袋に卵があと3つ入っていてラッキーでした！　数キロ進むと、広い平坦な谷に出た。谷の真ん中には高さ500メートルほどの葦に覆われている。谷のこちら側には、別々のエリアがありました。最初の1台に近づくと、頭上で榴散弾が炸裂した。私は柳の木の幹を飛び越え、他の兵士たちは家々の裏に逃げ込みました。榴散弾で後ろにいた柳の木の枝がすぐにちぎれてしまい、とても汚れた感じがしました。そして、「第2小隊は左の民家の裏に次々と飛び込め！」という命令が聞こえました。最初の人が飛び降りた時、谷の反対側から歩兵の砲撃を受けた。振り返ると、麦畑の手前に長い土壁があり、葦の上にロシア軍の歩兵陣地がなだらかにそびえ立っていた。私は柳の幹の陰に隠れて、ここに身を埋めることにした。私がシャベルを何本か持ち出す前に、家の裏にいた私を見て、軍曹が「リヒャルト、早く小隊に戻れ！」と怒鳴ったのです。"私は畑の向こうの2軒の家まで全速力で走りました。やがて、弾丸が私の耳元で鳴り響くようになった。弾が目の前で当たったので、思わず

飛び上がった。無事に帰宅しました。ロシア軍の弾丸が木造の壁や藁葺き屋根をジュワッと貫通するので、そこに身を埋めるしかなかったのです。暗くなるまで穴の中で寝ていました。一日中日が照っていたので、とても喉が渇いていたのです。100mも行かないうちに沢があった。しかし、水の摂取が命にかかわるため、誰もその勇気を持てなかった。暗くなるまで穴の中にいました。

夜には小川に歩道橋を作り、葦で渡り、ロシア歩兵の陣地の200mほど手前で掘ることになった。これは、言うは易く行うは難しであった。水が出ると同時に、掘るのをやめました。丸太をたくさん倒した。にもかかわらず、私は眠ってしまったのだ。今朝は寒くて目が覚めました。私は水の中に座っていた。ほとんどすべての兵士が同じ気持ちだった。ロシア軍は下の流れを塞いで、我々を水中に閉じ込めた。一晩中、ロシア軍の塹壕はライフル銃一丁で攻撃された。朝方、同志が「ロシアが降参のサインを出している」と叫んでいるのが聞こえた。"葦の上"を見上げておしっこをした。確かに、ロシア人が白い帽子やスカーフを振っているのを見たよ。しかし、その話を信用していないため、何人かが前倒しで送り込まれた。ロシア軍の基地の前に出た時、20人ぐらいいたロシア軍は塹壕の中に入って諦めてしまった。

その後、何度かパトロールを行い、周辺にもっとロシア人がいないかどうかを確認した。私自身は、2人の部下と一緒に、1マイルほど右の村に派遣され、ロシア人がいないことを確認した。慎重に身をかがめながら、麦畑の中を村に向かって歩いていく。エーカーや茎から垂れ下がる露を浴びて、すっかり濡れてしまったのだ。麦畑の端に寝転んで、200メートルほど離れたところにある村を探した。いくつかの煙突から煙が上がっている。ロシア人は見かけなかった。咄嗟に隣の家まで走って行って、汚い村の通りの家の角を覗き込んだ。ロシア人の気配はない。玄関のドアが開き、女性が出てきた。肩から下げた棒には、木製の水入れが2つぶら下がっている。妻壁にもたれて、水を上げるときだけ私たちを見ることができるのです。彼女はひどく怯えて、まるでもう銃剣に捕まってしまったかのように叫び、すべてを投げ捨てて玄関に駆け込み、すぐに鍵をかけた。今、村にロシア人が残っているかどうか、その女性に聞くのが好きだったので、私は家の裏口

から入りました。取っ手に手をかけると、ドアが開いた。女性は明らかに小さな子供を抱いて裏口から飛び出そうとした。彼女は私を見るなり、恐怖のあまり膝をついて、自分の子供を私に押し付けた。彼女は赤ん坊のために惜しむのか、彼女の言葉で何か言っていた。彼女を落ち着かせるために、私は彼女の肩をたたき、赤ちゃんを撫で、祝福の言葉をかけて、私が彼女と同じカトリック教徒であることがわかるようにしたのです。そして、私は銃を彼女に向け、頭を振って、彼女を傷つけないことを示しました。今、彼女はどんなに幸せだったことだろう。私が理解できないことをたくさん教えてくれました。同志の2人を呼ぶためにモーニングをした。ゆでた牛乳とバターとパンをくれた。どうだったかな？私は、「モスカルス？「と言って、窓から見える村のほうを指さした。そして、リビングにある時計のところへ行き、そこで12時を指差して手を振っていた。ロシア人が夜中に村を出たことが分かった。

　家の裏に回って、そこにあった土の山に登り、銃剣にヘルメットをかぶせて、中隊にここに来るように合図したんです。一緒に村に入りました。そこで車を止め、銃のパッキングをして、野戦炊事を待った。四方八方から少女や女性がやってきて、煮えたぎった牛乳やパンなどの食料を運んできた。また、銃やヘルメットに花を結びつけてくれました。ガリシアの村に到着したとき、そうでなければフレンドリーな顔をほとんど見なかったので、とても驚きました。そして、私たちが出発する前に、ロシア人が村の女性や少女を何人もレイプしていたことを知りました。だから、彼らは私たちを解放者として見ていたのです。そして、ついにカントリーキッチンが登場した。美味しいお米や牛肉、そして鶏も作ってくれました。

　午後には、ロレーヌを中心とした交換品が届きました。西部戦線でロレーヌ人が脱走したため、捕まったのだ。東方から来たプロイセン人もいた。また、神学者のフーベルト・ヴィーラントは、5月4日にカルパチア山脈で軽傷を負い、現在は軍病院を出て自分の部隊に復帰しています。会社のかつての仲間とは数人しか会わないので、二人で再会を喜んだ。そのほとんどが、倒れたり、傷を負ったり、病気になったりしている。中隊が再編成されたとき、軍曹に頼んで自分と同じ班に配属された。一行は、東プロイ

セン出身の若い教師と、領主の息子で金持ちの学生であった。私たち4人は、すぐにとても仲良しになりました。一行は、ロレーヌのヒラー軍曹が率いる。 夜明けに出発した。夕方からは森に泊まり、2日間を過ごした。そこで少しは休めたかもしれない。

　6月30日の朝、再び続行した。ロシアの弱小部署に出くわしたが、すぐに退散した。負傷者の何人かは、われわれが捕らえた。1915年7月1日の朝、私たちは高台に到着した。丘の上に行くことは禁じられていた。この先どうなっているのか、とても気になったので、這い上がって、そこに立っている強大なゾウムシの幹の後ろに立ち、酒を飲んで前方を眺めた。眼下には、細長い村と小川と線路が走る谷が広がっていた。谷の反対側の斜面には、500mほど左側に前者から分岐して横の谷に続く鉄道の線路もあった。名刺を取った。すぐに自分がどこにいるのかがわかった。目の前の村は、ズロタ・リパの流れであるリブティラ・コーンと呼ばれていた。斜面の反対側には麦畑があり、その間に灌木が生い茂った斜面がある。茂みに覆われた土壁のようなものを発見し、恐ろしくなった。もちろん、また嵐になるようなこともあったし、死ぬには最高のチャンスだ。私は退却し、仲間にこの発見を告げた。特に、まだ戦場に出ていない若い兵士は、皆、とても落ち込んでいた。毎日読む新聞や本には、勇気や勇敢さなど微塵も書かれていない。

ズローティーライムの下での戦い 1915年7月半。

　7月1日の午後、準備の指令が届いた。谷に忍び込み、可能なら隠れて、高い鉄道の堤防の後ろに集合しなければならなかった。幸いなことに、この谷間には何もなく、うっそうとした茂みに覆われていた。そのおかげで、ロシア軍には見えないように、鉄道の堤防をこっそりと歩くことができた。左側の堤防を占拠する中隊は、畑に覆われた斜面を下っていかなければならないので、我々のようにうまくたどり着けなかったのだ。みんな思い思いに走った。最初のロシア人が上部に現れると、すぐに短銃で発砲した

。やがて斜面一面に兵士が点在し、急ピッチで駆け下りてくる。歩兵の砲弾がロシア軍に当たるたびに土煙が立ち込め、その衝撃がよくわかりました。しかし、負傷したのは3個中隊の10名程度であった。ロシア軍は鉄道の堤防を榴散弾で覆ってしまったので、ヴァイルはより良い隠れ場所を求めてホームに穴を掘らねばならなかった。ウェイランドと私は今、家へのハガキを書いているところです。しかし、その日のうちに現場の厨房に渡すことはできなかった。夕方には、斜面に張り出した鉄道の堤防の裏側の軌道を舗装しなければならなかった。ここでも運が良かった。プラットフォームへ続く小さな小川沿いの茂みに覆われ、無事にたどり着くことができたのだ。もう太陽が地平線から消えた頃、鉄道の堤防の裏で一夜を過ごし、攻撃は翌朝になると思ったのだ。しかし、私は変わらなければならなかった。背後では砲弾がけたたましく鳴り響き、頭上では砲弾が飛び交い、ロシア軍の陣地で爆発した。多くの爆薬が私たちの上で爆発した。移動の準備をしよう！ 「と、鉄道の堤防の陰から連隊長が叫んでいた。その言葉に、私は震え上がりました。それがある種の死刑宣告であったことは、誰もが知っている。私はほとんど胃に弾丸を撃ち込まれることを恐れていた。哀れな者たちは通常、最悪の痛みで最後のため息をつく前に、さらに1～3日生きるからだ。"ラテラルデバイス "展開！嵐に向かって進撃せよ！ すべてが上昇していた。遠くから見ると、茂みに覆われている。しかし、防護のための茂みを突破したとき、急速に響くような砲火に見舞われた。あちこちで叫び声が上がる。前を走っていた兵士が突然両手を上げて、ふらふらと後ずさりする。手で受け止めようとしたら、引きずり下ろされそうになった。負傷者の悲鳴はすさまじかった。 軽傷者は、鉄道の防護堤防の陰に隠れて、全力疾走していた。でも、そんなことがあったにもかかわらず 歩兵の叫び声が、ロシア軍の機関銃の音と混じり合って、カタカタと音を立てている。榴散弾は私たちの頭上を割っていった。興奮のあまり、自分が何をしているのかわからなくなりました。素早く、むちゃくちゃに、ロシアの陣地に到着した。今度はロシア軍が溝から出てきて、近くの森に向かって坂を駆け上がっていった。しかし、そのほとんどは森に着く前に撃たれてしまった。さらに進んで森の端まで行き、そこで寝そべって息を整えた。

夜は徐々に落ち着きを取り戻し、撮影はほとんど行われなくなった。ドイツ軍の手榴弾が数発飛んできて、森で爆発しただけだ。突然、左の森の出っ張りから歩兵の砲撃があった。チーン、チーンと頭上で弾丸が飛び交う。暗闇の中で、銃剣を切ったロシア兵が森からこちらに向かってくるのがまだ見えた。側面から攻めてくるので、ほとんどの人がすぐには撃てない。何人かは退散した。何発か撃った後、忍び込んだ。ロシア人が倒れ、双方が至近距離から発砲した。堤防の陰に隠れながら、何かが起こるのを待っていた。同時に、暗いが、周囲がよく見える。何人かの兵士が私を追い越して姿を消した。爆発は続くが、だんだん弱くなってきた。その時、目の前で足音がした。兵士が海岸に滑り落ち、私の横に座ってうめき声をあげていたのだ。"同志よ、怪我はないか？"と尋ねました。そう、腕と胸が痛くてたまらないんです」と、うめき声のような返事が返ってきた。"懐中電灯を点けると、首のあたりが深くえぐられていて、血が流れていた" "大したことないですよ "と言ったら、"首に傷がついただけです "と。"首には何も感じない ...右手と胸だけだ" 救急箱で首に包帯を巻いてから、坂道を下っていこうとしたんです。歩く力もなかった。その時初めて、彼の右手がぐにゃぐにゃになっていることに気がついた...。すると、右手の甲に弾丸の穴が開いているのが見えた。腕は貫通し、弾丸は肋骨の間から胸に入った。と同時に、数人の兵士が再び私たちのそばを通り過ぎた。私は彼らを呼んで、負傷者を運ぶのを手伝わせた。でも、みんな走り続けていた。数分後、もう一人やってきて、すぐに手伝ってくれることになった。負傷者を私のライフルに乗せ、一人が銃身を、もう一人が尻を持った。首を怪我していたため、斜面を下ることになった。

　でも、なかなかうまくいかなかった。急な坂道で二人とも足を滑らせ、怪我人とともに地面に倒れこんでしまったのだ。私は兵士にライフルとリュックを持つように言い、そのリュックで負傷者を背負い、できる限り長く運んだ。その後、交代で行いました。その時、村に到着したのです。私は、暗闇にもかかわらず、腕の白い包帯で見分けた救急車の運転手に尋ねました。"左側3軒目が救急車乗り場"　私たちは現地に赴き、負傷者を届けた。二人とも長居はしなかった。「どこに行くんだ？」と友人のPが聞いて

きた。納屋で一晩過ごそうと思ったが、心休まることがない。東プロイセンから来たヴァイランドと他の2人の同志の運命については、何も知らなかった。そこで、会社を探すことにしたのです。道端に座っていると、一人の兵士に出会いました。出血と痛みと疲労で動けなくなるまで、ここまで引きずってきたのだ。二人でロッジまで連れて行った。そこに連れてきた負傷者は、藁の上に意識を失って横たわっており、死期が近いと思われた。もう真夜中だ。さて、これから会社を探します。私たちは、攻撃した鉄道の堤防の裏で彼らに会った。兵士たちはそこに横たわったりしゃがんだりして、ある者は眠り、ある者は夜を見ていた。堤防を歩きながら、みんなに「ウェイランドはいるのか？それで、隣の会社に行ったんです。でも、ウェイランドは見つからなかった ... 兵士は、彼がふらふらと倒れるのを見たと言った。死んだのか、大怪我をしたのか、わからなかった。打ちのめされたメッセージ探しに行きたいが、暗い夜ではまず役に立たないし、パトロール隊が発見したように、ロシア軍が陣地に戻ってしまったので、危険すぎる。死者と重傷者は山頂に残り、ロシアの手中にあった。もう一人の同志、東プロイセンからの留学生に会った。班長のヒラー軍曹も行方不明だ。同社は大きな打撃を受けた。

　中隊長は私の隣に座り、その夜、中隊に入ることを命じられたばかりの若い中尉と話をしていた。小隊が前進するはずの明日の朝、嵐で倒れる可能性が高いので、最後の夜だろうと中尉が言っているのを聞いたことがある。中隊長である若干19歳の制服姿の少年もため息をついた。彼もまた、その日を恐れていたのだ。できれば攻撃には一切参加したくないと固く決意した。

　ゆっくりと、朝が明けていく。フィールドキッチンに派遣された男性もいた。食べ物やコーヒー、パンを持ってきてくれた。もう一人、負傷者がいる」と仲間の呼ぶ声が聞こえた。　歩兵から砲撃を受け、三枚に裂かれた。兵士たちが飛び込んできて、彼を防護壁の上に引きずり出した。なんという恐ろしい光景でしょう。傷の熱で唇が乾き、裂けた。彼は何度も飲みたいと言い、少なくとも2リットルのコーヒーを飲んだ。

二人の男がR・ゴールデン・リンデンを襲撃した。1915年7月2日。

　私たちは皆、嵐のような命令を恐る恐る待っていた。その後、ドイツ軍の砲撃が始まったが、あまりに弱く、ロシア軍の陣地を揺るがすことはできなかった。兵士たちの気分の悪さは筆舌に尽くしがたい。まるで死刑囚が足場まで案内してくれるのを待っているような気分だった。敵に従わない者は死罪だ！」という戦時中の条文が鳴り響いているのだから、参加を拒否することはできない。"だから、参加するか、見えないところに隠れるか、どちらかしかなかった。" "準備 "だ！鉄道の堤防の後ろに並ばなければならないのだ。ロシアの反撃に備え、鉄道の堤防で待機することになった。"行くぞ！前へ、進もう...鉄道を渡る。まだ発砲はしていない。まだ茂みに覆われている状態でした。私はわざと少し後ろに下がり、不自由な樫の木の下を電光石火で這い、最初のホームに立ちました。さて、歓声と歓喜の声はトップから始まった。攻撃がどうなるのか、とても気になりました。やがて発砲が止むと確信した。多くのロシア人捕虜が、我が軍の兵士を伴って、斜面を下りてきた。攻撃は成功した。驚いたのは、やはり避けていた中隊長が、両手に弾薬袋を持って下から上がってきたことだ。彼が中尉の月給280マルクで暮らせるなら、私は1日53ペニー、月16マルクで暮らせないわけがない、と私は思った。私自身、弾薬の袋を数袋、鉄道の堤防の裏に持っていき、坂を登って会社に戻り、弾薬を取りに行ったように見せかけました。私の留守番は気づかれなかった。途中、死者の中を探したが、半分くらいはうつぶせに倒れていただろうが、彼の姿は見つからなかった。救急隊員が重傷者を避難させるところだった。

　森の端には、絨毯のような美しい花で覆われた場所がいくつかあり、その中には飛行中に倒れたロシア人が何人もいた。ヨーロッパの軍国主義の犠牲となり、祖国から切り離された哀れで無垢な人々の間の、なんというコントラスト、なんという美しい自然だろうか。
　会社は自己評価に上がっていた。私は中隊長のところに行き、

同志ウェイランドに何かあったら親族に知らせるようにとの命令を受けていたので、捜索の許可をもらった。私は、許可を得て、仲間の行った場所に戻り、哀れな死者の間を見回した。仰向けで寝ている人が多いので、ひっくり返さないといけない。そこで見つけたのが、みんなに大人気のビジェラ。彼はラインランダー出身で、荒っぽく理不尽な男で、よく悪態をつく鉱山労働者で、強い体質をとても気に入っていて、両親のことを話すときだけ「老いぼれ」と呼んでいた

　一人からは砂糖一袋と茶色のパン一個を、もう一人からは砂糖一袋と新しいシャツを取り上げた。すぐにそれを着て、汚れとシラミだらけの古いシャツを取って捨てました。そうこうしているうちに、私の会社は発展していった。私は、ロシア軍が放棄した4門の砲台で彼らと出会った。次の晩はそこで過ごした。
　朝早く、他の連隊が彼らを追った。我々の師団は、戦線の別の場所に配置されるため、リブティラゴルナで集合しなければならなかった。行進していると、後ろからかすかなすすり泣きが聞こえたような気がした。周りを見渡すと、兵士がくぐもった声で泣いている。二人は兄弟で、一人は現役、もう一人は18歳の時に志願兵として入社していた。後者は、みんなに愛される元気な子で、会社では「ブビ」としか呼ばれなかった。ブビも倒れていた。弟から聞いた話ですが、自分で埋めたそうです。

　正午頃、私は中隊長に帰るよう頼んだ。師団全体が行進すると

き、私はゆっくりついて行った。近くの村では、私の大隊の兵士が、もうたくさんだと言って数日帰りたがっているのに会いました。村でパンや牛乳、卵を買い、納屋で一夜を明かした。そこで、数日間、納屋に通うことになった。何度か警官に呼び止められ、どこから来たのか、どこへ行くのか、と聞かれた。部隊にマークされているので、訪問すると言ったのです。7日間も会社を休めば、脱走兵と認定され、厳しい処分を受けることは重々承知していた。そこで、村々に陣取るオーストリアのいくつかの修道院を訪ね、ある中隊の隊長に報告し、再びドイツ軍に出会うまで、彼の分隊に参加させてくれるように頼みました。その後、フィールドキッチンで食事をいただきました。そして、留守中の自分の居場所を会社に示すために、身分証明書の発行を中隊長に依頼した。このIDカードを手にすると、次の機会にはすぐに姿を消した。

　ガリシアの北東にある小さな町ベレズハニに向かって、また少しずつ戦線に近づいていった。前方では、それほど遠くないところで激しい戦闘が行われていた。一日中、前方から砲の雷鳴、機関銃の音、歩兵の砲撃が聞こえてきた。戦いの中を歩くのではなく、遠くから戦いの様子を聞くことができるなんて、なんと素晴らしいことでしょう。夕方には、火は消えていた。腕や手に銃弾を受けた軽傷者が大勢通ってきた。彼らは私の師団の兵士で、多くのオーストリア人と同じでした。しばらくすると、数人のドイツ兵に率いられたロシア人捕虜の大きな車列が、私たちの横を通り過ぎた。

　先日の続きです。渓流に架かる橋。夏の間、泳ぐ機会がなかったこともあり、泳ぎたいという気持ちが強くなっていました。二人とも服を脱いで、しっかりクリーニングしてもらいました。自分の裸体を見ながら震えた。黄色と灰色で、骨格が痩せていた。特に足首は、シラミで皮膚があちこち引っ掻かれていた。 毛糸の靴下については、擦り切れたような跡がいくつかありました。仲間の体も同じように苦しんでいるのがわかる。風呂上りに日向ぼっこをしていると、シャツやワンピースにシラミがつく。それぞれ数百匹ずつ捕獲した。その後、また同じことが繰り返された。道の左右に柳がたくさんあって、その間にたくさんの塹壕が見えたのですが……。藪の中から出てくると、そこは前日の戦いの場

所だった。柳の茂みから、ドイツ・オーストリアの歩兵が攻めてきた。ロシア軍の陣地は小高い丘の上にあった。溝の手前にワイヤーを部分的に編み込んだものが張られていた。そこには、ドイツ人とオーストリア人の死体がたくさん転がっていた。二人でよく見ようと通りから下りてきたのです。葬儀の時にやられたのか、まだ手にスコップを持っている人が多かった。ドイツ軍は第43歩兵連隊で、我々の師団である。その多くは、新しい服装と装備で臨んでいた。明らかに、数日前にドイツからやってきて、ここで死んだのだ。いずれにせよ、何年も貧乏暮らしをして、落ちぶれた人たちよりも幸運であった。ある時、高台に続く道があり、その奥で15～20人が次々と倒れていった。この同じ人たちは、おそらくロシアの機関銃で殺されたのだろう、なんとか上側側面に斜めに置いておいた。私はバッグから新しい食器セットを取り出し、古くて錆びた、魅力のない食器を捨てました。そして、続けた。ロシア側の陣地では、倒れた兵士をほとんど見かけなかった。

　ドイツ軍の大砲で半焼けになった村に到着。どこもかしこも、村人たちは焼け残った家を囲んで、うめき声をあげていた。ドイツ人入植者のほとんどがこの村に住んでいた。焼けた家の横に立っていた女性は、「去年の秋、ロシア軍が進攻してきたときに、すでに家が焼けてしまったと言った」。春には修復され、今はまたホームレスになっている。彼女は心の底から泣いた。プシェミスル要塞にいる夫とは、ロシア軍が要塞を制圧して以来、音信不通だった。戦争が人類に苦しみと悲しみをもたらすとは何事だ！？
　2日後、私たちは会社に戻ってきた。静かに参加したかったのだが、すぐに中隊の軍曹に見つかってしまった。また知らない中隊長が出てきた。軍曹に案内された。鞭打ちにされ、当然ながら会社の良い面は終わった。もうどうでもよくなって、無関心になった。"模範的な処罰を受けるべきだ！"と譫言のように言う軍曹。そこで、ポケットから財布を取り出し、証明書を取り出して巡査部長に手渡した。"その紙切れは何ですか？" - と叫んだ。「退社後の住民票」と答えた。これを全部読んだ巡査部長は、"お前は賢い野郎に見えるが、もっと捕まえてやる"と言ったそうです

。私の視界から消えろ!

　さらに2日ほど歩いて、ベレズハニという小さな町に近づいた。7月18日の夕方、麦が植わっている丘の陰に隠れて一晩待機した。日中は常に大砲の音が聞こえていた。夜になって降りてみると、高台では空が血のように赤く染まっていて、大火災が起きているようだった。丘を占拠せよとの命令が下った。通りすがりに、どうしたのか聞いてみたが、オーストリア人は誰もドイツ語を理解しないので、答えは返ってこなかった。丘を越えると、背景にはいくつかの村が見え、いくつかの団地が明るく燃えているのが見えた。わざと火事を起こしているようにしか見えない。前傾姿勢の麦畑の真ん中で、10メートルほど離れたところに男同士で埋まることになった。夜明けに顔を出すのは厳禁だ。ロシア人は、私たちがどこに寝ているのか簡単に見ることができるからだ。それで、一日中、穴の中に横たわって、それぞれが自分のために寝たんです。一日中、容赦なく照りつける太陽に、誰もが夕方には涼しくなりたいと願い、せめて水だけでもと、フィールドキッチンでコーヒーを飲むことにしたのだ。

　穴の中で寝ていたら、突然大きな音がして怖くなった。上空には、悪臭を放つ黒い手榴弾の煙が立ち込めていた。手榴弾は私の目の前に落ちてきた。ロシア人が小麦の中から私たちを見つけたのでしょう。今度は手榴弾が次から次へと飛んできて、私の背中や脇腹で部分的に爆発したのです。かなり怖い思いをしたし、耐え難い喉の渇きも忘れてしまった。やがて銃撃戦は止み、夜は徐々に落ち着いてきた。草や葦に露が宿る。口の中に爽やかさと潤いを与えるために、露を舐めたのです。夕方には片付けようと思っていたのですが、翌朝までいることになりました。そして、ロシアが撤退したという。立ち上がり、目の前のエリアを眺める。銃撃戦もなく、ロシア人の気配もない。フィールドキッチンが到着し、コーヒー、パン、喫煙具を食べさせられた。そして、ロシア人が意図的に焼いた焼け野原を再び通り過ぎた。

　午後には、再びロシア軍の後衛に遭遇した。私たちは戦列を離れて、ロシア軍に対して行動しなければならなかったのです。やがて彼らは退却していった。前方約1500mの円形丘陵からしか、

側面から本格的な歩兵の砲撃を受けなかった。遠距離のため、火はほとんど効かなかった。突然、私は武器を捨て、両手を顔に押し当て、心の底から叫びました。私は彼の方に飛びついたが、彼の指から血が流れているのが見えた。"どうした、同志よ "目だ！目だ！" 泣いていた。"何も見えない　弾丸で両目を潰されたので、逃げ出したのです。それは、今までほとんど見たことのない苦しみの絵だった。どんなに頑張ってもサイレンが鳴り響き、涙さえ流れてしまうほどでした。"ああ、弾丸が私を殺していたら "と。- と呻いた。まだ弾丸が飛び交う中、私は彼を地面に降ろし、頭に包帯を2本巻き、精一杯なだめすかして、「火が消えたらすぐに連れてくる」と約束しました。しばらくすると、担架を持った2人の兵士がやってきて、彼を連れ戻した。

　私たちは丘の上で休んだが、そこからは前線が広く見渡せた。退却していくロシアの隊列を肉眼で見ることができた。浅い谷間に、目の前に村があった。同じ場所を取らなければならなかった。住民たちは、村が焼け落ちたときのために、窓やドアだけでなく、小屋から家具をいくつか取り出していた。通りすがりの女性が大きなパンをくれた。3人で2軒の家の間を通って外に出た。すると、右側の道から馬の声が聞こえてきた。その時、3人のコサックが、わずか5メートルほどの距離で我々の前を歩いていた。私たちに気がつくと、3人とも馬の右側に振りかぶった。馬の首に巻いた手綱を持つ左手だけが見えていた。当時はサーカスにでも来たのかと思ったほど、3人は驚き、誰も最初は撮ろうとは思わなかった。それから何発か撃ったが、失敗して、次の角を曲がって消えてしまった。村の中で一夜を明かした。翌朝、連隊は再集結しなければならなかった。ある者はイタリアに、ある者はフランスに、ある者はセルビアにと、別の戦線に異動させられると言われました。一番やってみたいことは、フランスに行くことです。

ロシア領ポーランドへの進軍

　翌日は、前線を追って西へ。夕方、Przemyslanyという小さな町に到着した。そこに立ち寄ったのです。オーストリアの将軍数名の前でパレードがあり、その際に立ち寄ることになった。それだけで十分なのです　疲れた骨と一緒に！　私自身は、現役の軍人だったので、集団の右翼に立つことになり、パレードの行進を覚えました。オーストリア連隊の音楽が流れ始めた。"さあ、行進だ！"　将軍たちの30歩先には、飛ぶための足があっただけだ。宝石を持った二人のメダリストが、この世で一番冷たい表情で通り過ぎるのを見たとき、私は激怒し、一歩も動けなくなったのです。すると、第3小隊の先頭で私の後ろに立っていた軍曹が、「さて、判事、なぜ行かなかったのですか」と言った。"疲れすぎていた"と答えた。"戦時中にこんなくだらないことは必要ない"というのは、全くその通りだった。"村"で一夜を明かした。ある者は家に物資を届け、ある者は路上にいた。翌日も村に泊まりました。

　普通の休息どころか、接待の訓練、二人一組での行進、個人行進、要するに兵舎の庭のような不条理な練習ばかりをさせられたのです。
　ロシアの飛行機が部隊の動きを観察できないように、夜間のみ行軍しなければならなくなったのだ。暗くなっても、行進は続いた。広くて良い道を歩き、大きな白い石で何キロ歩いたか数えることができました。15キロほど歩いたところで、石に書いてあることをコラムに読みに行った。"ルアウ、6マイル"と読みます。"ライオンズ"とは、ガリシア州の州都であるライオンズのこと。この街を見てみたい：きっといろいろな買い物ができるだろう、と。あなたが大都会にいるはずがないことは重々承知していましたから、自分で行くしかなかったんです。
　隊列から降りて、攻撃していた中隊長に頼んで出してもらった。でも、できるだけ早く穴蔵に帰してあげてね。 -　はい、中尉」と答え、堀を飛び越えて茂みの奥に入り、荷物を地面に置き、その上に座った。ディビジョンの過去の行進に終わりはない。リュ

ックサックの下で汗をかきながら、夜の冷え込みに背中を凍らせた。約2時間後、ようやく最後の荷物車両が通過した。バッグをつけ、首に銃をかけ、タバコに火をつけて、彼らの後ろでくつろいでいた。

　30分ほどで、人里離れた農家に到着した。　納屋の扉が開いていた。私は中に入って藁を這うようにして、すぐに眠った。瓦屋根の穴から顔に当たる太陽で目が覚めた。庭で鶏に餌をやっていた女性は、納屋からドイツ兵が出てくるのを見て驚いた。私は彼女に近づき、ポーランド語で「それはいいことだ！」と挨拶した。という問いかけに、「チェン・ビエン、フライパン！」と答えています。マドカ！これは、「妻よ、おはよう！」という意味です。おはようございます。ミルカ」「卵」「バター」「パン」を頼み、財布を見せて「ピヌンツェ」と言うと、おばさんは手を振って、頼んだものをすぐにテーブルに置いてくれました。私の食べっぷりを見て、彼女は微笑んでいたに違いない。お腹がいっぱいになると、パンと卵をパンの袋に入れ、お金を払ってお礼を言い、昨夜来た方角から荷馬車の音が聞こえたので外に出た。汽車杜が近づいてきた。　中尉は前に乗っていた。元気ではあったが、足を引きずりながら近くの道路まで行き、中尉に「足が痛くてチームについていけないから、一緒に乗せてくれ」と頼んだ。その警部補は、気のよさそうな人で、私に車の席を譲るようにと叫び返した。列目の車に乗り込み、テントのアーチ型屋根の下の車の後ろに荷物をいくつか置く。私たちは少し話をした。気さくなトレインソルジャーは、私にコニャックのボトルを一杯飲ませてくれた。この機会を楽しめました。そして、眠りにつきました。

ラーヴァ＝ルーシカ
ウクライナ
リヴィウ州

　ブーンという変な音で目が覚めました。テントの屋根の下から這い出てみると、そこは街中だった。その音は、ちょうど通り過

ぎた路面電車の中から聞こえてきた。また、ちょうどいろいろなものが売られているマーケットを通りかかったところでした。彼はすぐに鉄道員に別れを告げ、車内に降りていった。今度は買い物に行きました。チョコレート、ソーセージ、パン屋さんのお菓子など。その後、ホテルに行って、おいしい昼食をとった。昼食後、私は街を訪れました。ガリシアにはない、美しい街並みやとても素敵な建物がありました。たまたま、軍事案内所に行って、中に入って、歩兵第41連隊第2大隊はどこですかと聞いた。リヴィウの北にある最初の村「レンベルグ」の名前を教えてくれ、事務所を通る道はそこへ行く道だった。途中、農作業用のカートに出会ったので、それに乗ってみた。私は、彼らが退社する準備をしているときに、ちょうど会社に到着しました。自分のグループに参加したことがバレバレです。「今夜は35krnのラワ・ルスカという小さな町へ行くんだ」と彼らは言った。村の外で、行進は止まった。ここでもドイツやオーストリアの将官や上級将校のパレードとすれ違うことになった。後ろから「右！」と鈴の音が聞こえた。- 目の前を車列がゆっくりと通過していく。"どこへ行くんだ？後ろの兵士が運転手に尋ねるのが聞こえた。

　という答えが返ってきました。将校や下士官の怒号をよそに、何人もの兵士がトラックに乗り込み、私も乗り込んだ。1時間半ほどでラヴァ・ルスカに到着した。まだ寝ていない住人も多かった。パン屋に行ってミルクロールをたくさん買い、牛乳を沸かして、夕食後は藁の上で横になり、仲間は夜の闇の中を忍び足で歩きました。朝、果樹園で寝ている同志を探した。各自が自分のグループで寝転がる。夕方、彼女はまたやってくれた。ラヴァ・ルスカは苦しい戦いを強いられたようだ。いたるところに塹壕やグレネードランチャー、兵士の墓があった。ロシア人捕虜のグループにもよく会いましたが、彼らは捕虜になったことをとても喜んでいるように見えました。行軍は6日間続いたが、前方から大砲の音が聞こえてきた。再び前線に近づいた。私たちは今、ロシアのポーランド、ブグの左側にいた。村も農場もほとんど焼けてしまい、レンガ造りのストーブや煙突が残っているだけだ。ここは、ほぼ平坦な場所である。日中、私たちの近くの空中で光と雲の断片を見ました。"明日の朝、我々はロシアの強固な防衛力を突破するために配備される！"と言われました。美しい光景です

リヴィウ州
ウクライナ

1915年7月末、ロシア領ポーランドでの戦闘。

　その夜、私たちは前に進むことになった。多くのドイツ軍の砲台を通り過ぎたが、そのほとんどが森の端にあった。広いジャガイモ畑に身を埋めることになった。歩兵の砲撃がさらに大きくなったので、攻撃中は控えに徹することを希望した。1時間後、戦場全体が火の海となり、突然前方で歩兵や機関銃が爆音を立てている。ドイツ軍の歩兵が攻勢に出たのだ。頭上で多くの弾丸が飛び交うので、私たちはピットに潜り込み、ロシアの大砲は私たちの周りに散らばりました。小銃による銃撃が長く続いたので、戦闘がどのように終わったのか分からなかった。やがて多くのロシア人捕虜が、両手を挙げて私たちの前を通り過ぎた。中には、かなり腰を曲げた状態で、両手でお腹を押さえながら、うめき声を上げながら到着している人も見かけました。赤痢や胃腸カタルにかかった病人たちである。"準備"をして、フロントパックを装着し、先に進みました。やがて私たちは、ロシアの陣地と向き合うことになる。なんと、その姿は！　多くのドイツ兵が砲弾で吹き飛ばされた。　数日前、ドイツ軍の攻撃は失敗したようだ。多くの死体がすでに腐敗し始め、ひどい悪臭を放っていた。制服のボタンに描かれた獅子を見ると、バイエルン人であることがわかる。

　頭の傷はひどく腐っていて、すでにミミズや蛆虫が這っている死体も見た。皆、すぐに穴や絡まった配線を突破して、匂いゾーンから脱出した。ロシア軍の陣地の横で、ロシア人が倒れているのが見えた。片足をくっつけた芋袋のような姿だった。頭、両腕

、片足がちぎれ、傷口には蛆虫も湧いていた。ロシア側の陣地は非常に整備されていて、梁で覆われ、その上に板が敷かれ、さらにその上に土がかぶせられている状態だった。地上に出ている前面だけが開口した庇（ひさし）を持っていた。ロシア軍の死傷者はほとんどなく、位置的にブルズアイでノックアウトされた者もいた。射線では、再びそれが続いた。目の前にグルベショフという小さな町が見えてきた。そこで抵抗を受けると思ったが、戦わずに占領することができた。ロシアの榴弾が届くまで、そう時間はかからなかった。私たちは家々の裏に避難した。難民と思われる女性2人が大きな子牛を飼おうとしていたのだが、その騒ぎでおかしくなってしまったのだ。 私たちは大声で叫び、手招きして、一緒に避難するよう呼びかけましたが、何の役にも立ちませんでした。悲鳴が上がり、片方の手がちぎれました。別の女性は、大きなジャンプの後に走る子牛を手放した。 私はもう一人の仲間と一緒にその女性に飛びつきました。私たち二人は、彼女をデカン市の家々に連れて行き、そこで医師の治療を受けた。夕方になると、火は止まっていた。

ポーランド

　今、家の隅を見ると、麦畑の端にロシア軍の歩兵の陣地が700メートルほど離れているのが見える。ロシアとの間に隙間ができてしまったのだ。ここで、とにかくもう一度攻めるべきだ、と思った。夜になって雨が降ってきたので、家の中で叫びました。兵士でごった返していたので、仕方なく壁の向こうで寝ているユダヤ人難民と一緒に手前のベッドに寝た。明日の攻撃時にロザリオが無事であるように静かに祈りました。

1915年7月30日の攻撃。

　というのは、ロシア軍との間を流れる小川には深い流砂があり、渡れないことが夜になってパトロール隊に発見されたからだ。翌朝、私たちは家の裏にいくつかの狭い可動式の橋をかけなければならなかった。こんな開けた場所への攻撃で、小川まで橋を運び、一列になって渡るとなると話は別だ！」と思ったのです。無謀な運動に思えた。しかし、意外なことにそこからの発砲はなかった。ロシアが撤退したのか、それとも接近して速攻で破壊したかったのか、どちらかだと思いました。橋を渡っているとき、目の前に何発か落ちてきた。ある兵士は倒れて額を打ち、別の兵士

は顎を骨折した。その時は、もう撮影はしていない。逃げながら、応援の叫びとともにロシア軍陣地への攻撃を開始した。何も動かなかった。突然、ロシア帽や白いスカーフを付けた銃剣付きのライフルの群れが前後に揺れているのが見えた。塹壕の中を覗くと、壁にライフル銃が置いてある。ロシア人は唖然としていた。トレンチを呼び出した。眼下には怯えた顔があった。前線では、足元に洞窟があり、ロシア人は恐る恐る忍び込んできた。私はそのロシア人を見て笑い、「出てこなければならない」と言った。今度は、一人ずつ出てきた。

　ある人はお金を、ある人はバターやパンを、私たちが傷つけないようにと、渡そうとしました。しかし、私たちは彼らにとても感謝しています。彼らの行動によって、私たちの何人かは、いわば命を救われたようなものですから。今、彼らは配置され、支払われた。450人、5人の将校と4丁の機関銃があった。もし、彼らが反撃していたら、誰も彼らの塹壕にたどり着けなかっただろう。ロシアの陣地で一夜を明かした。フィールドガードや前哨部隊が設置され、私たちを守ってくれた。しかし、すべてが静かだった。

　朝方になると、私と東プロイセンからの留学生ともう一人の兵士が、同じものを探すために1キロほど離れた森の一角に送り込まれた。何も気づかないまま、森の中に入っていく。このとき、学生は最も大胆不敵な態度を示した。ライフル銃を手に、まるでウサギを狩るかのように私たちの前を歩いていくのだ。森の向こう側の茂みを覗くと、約1500mの距離でロシア軍の歩兵が塹壕に入っているのが見えた。"なんと、目の前にもう一つ前線がある！"。ロシア人だけが、すべての兵士を連れて行っている場所！?"私たちは考えました。私と学生は森の端に残り、別の兵士は報告書をもって中隊に戻らなかった。私のグラスで交互にロシア人を眺めた。多くの人が燕麦や草をちぎって、投げられたばかりの地面に撒いて、状況を見えなくしていた。そして、その兵士が戻ってきて、部隊が交代するまで森の端にいるようにと命令した。正午には、予備歩兵連隊が森を占拠した。午後には数個中隊が右手の窪地に陣取ることになったが、そこは茂みで覆われていた。ロシアの榴弾はすぐに届いた。雷に打たれたように、森のすぐ裏で兵士が地面に倒れるのが見えた。樫の木の陰に、中尉とその

従者がいた。右側では、遠くから大きな砲弾が飛んできていた。そのうちの1本が、彼が立っていた樫の木の横に当たった。投げ捨てられ、死刑にされたのだ。今は3人で時々幹の陰に隠れながら後ろ向きに走っています。中隊長は銃を私たちに向け、「一歩でも後ろに下がったら、絶対に手を出さない」と怒鳴った。私たちを連隊の兵士と勘違いしたのだ。私は彼のもとに駆けつけ、当社から受けた注文のことを話した。その後、ロシアの陣地に戻って、そこで中隊と別れたのですが、中隊は動きました。どこかは、わからない。グラブショフに戻り、食料を買ってユダヤ人の家に泊まり、2階の部屋で寝ました。

丸2日かけて、この会社にたどり着いたのです。大隊の3個中隊は女中と一緒に陣を張り、4個中隊は100メートルほど離れた野原に陣取った。その理由はすぐにわかった。この会社でコレラが2件登録され、死者が出ています。下痢をした兵士の多くは、疫病病院へ送られて観察された。この一連の苦しみに終止符を打ったのが、コレラだったのだ。この流行は、カバーがない分、ロシアの弾丸より危険だった。何度かワクチン接種をしました。その夜と翌日は、ポーランドの貧しくて汚い村で休んだ。卵を買いに家に帰りました。を見たとき

丸2日かけて、この会社にたどり着いたのです。大隊の3個中隊は女中と一緒に陣を張り、4個中隊は100メートルほど離れた野原に陣取った。その理由はすぐにわかった。この会社でコレラが2件登録され、死者が出ています。下痢をした兵士の多くは、疫病病院へ送られて観察された。この一連の苦しみに終止符を打ったのが、コレラだったのだ。この流行は、カバーがない分、ロシアの弾丸より危険だった。何度かワクチン接種をしました。その夜と翌日は、ポーランドの貧しくて汚い村で休んだ。卵を買いに家に帰りました。

寝室のドアが開いたとき、私は衝撃を受けて戻ってきた。居間の床には、コレラの犠牲者であろう2人の女性の死体が横たわっていた。フィールドキッチンの2人のコックのうち1人は、朝もコーヒーを出してくれていたのだが、昼食に出かけたら納屋で亡くなっていた。また、同じ日に2人の兵士がコレラで死亡している。ひどい死に様で、地面を転げ回り、ミミズのようにかじりながら、いつも両手を体にしっかり押し付けている。まだ吐いていた

のだ。貧乏人がまだ普通の状態なのに、彼らの目はすでに死の色に染まっていた。夕方には行列ができた。連隊長の男爵が馬上で演説した。「同志よ、私は少し不快である。明日から数日間、軍の病院で休養を取らなければならない。私が帰国する時には、皆さんに元気な姿でお会いできるよう、願っています。解散！" 今朝早く、連隊長がコレラで死亡したとの報告があった。みんなとても嫌な思いをした。私たちの多くはお腹を壊し、下痢をすることが多かったので、自分たちもこの病気にかかるのではないかといつも心配していました。煮沸していない水を飲むことは厳禁だった。

1915年8月上旬のヘルムの戦い（ロシアン・ポラック）。

　早朝、私たちはコレラに感染した村を後にした。花火が始まると2kmほど歩きました。前衛がロシア軍に出くわした。寝転がって待つしかなかった。どうやらロシアは思ったより強かったようで、突然「解散、退去せよ」という命令が出た。「ここまではまだ、麦が植えられたなだらかな丘に覆われていた。頂上まで登ると、目の前にはなだらかな丘陵が広がり、そのほとんどが麦畑で、その間に村が点在しているのが見えた。歩兵の砲弾がすぐに私たちを取り囲んだが、ロシア人の姿は何も見えなかった。「伏せろ！掘れ！最初のシャベルで土を回す暇もなく、何人かが負傷したが、重傷者は一人もいなかった」。全員、介助なしで乗り込むことができた。砲台は少なくとも20発は発射したが、我々のはるか上空にいた。一刻も早くカバーできるように、みんな全力で取り組んでいました。そして、毛皮に容赦なく照りつける太陽の下で、私たちは笑って座っていました。"ベッカー　何か飲めるものは？「1.5メートルほど離れたところで、穴を掘っていた仲間に声をかけた。回答はありません。寝てしまったのかと思い、這うようにして彼の元へ。でも、なんとなくイメージしていたんです。ベッカーは自分の穴に座り、私をじっと見ていた。何か言いたい

ことがあるのだろうと思ったが、声が出ない。嘔吐していた。ロックもボーズもいっぱいいっぱいだった。診察したところ、首に銃弾の傷があった。ロシア歩兵の弾丸が荒地を通り抜け、首に刺さり、そこに喉が詰まっているのだろう。首に包帯を巻いたが、もうどうにもならない。彼はマットのバンドを掴んで、懇願するように私を見た。私はそのジェスチャーを理解し、「はい、ベッカー、一緒にいてあげます」と答えました。私は左右のハンドガンを地面に置き、彼のリュックサックのコートを縛ってハンドガンの上に引き寄せ、炎天下から彼を保護しました。

　左側では、「準備しろ！」という指令が出た。3人の仲間は、今夜ベックエルを運ぶためにここに残るように言われた。私と同じように、前に進むよりも穴の中で横になっている方が好きなので、すぐに満足したようです。リーダーは榴散弾で負傷し、後方に逃げたので、誰も押してくれない。"進撃"だ！"その後、チームが到着した。兵士たちは穴から飛び出し、ロシア軍は狂ったように撃ち始めた。多くの弾丸が私たちの上を通過し、麦の中に飛び込んだ。私たちは何が起こるかわからなかった。4人とも、麦の上に頭を出して見る勇気はなかった。だから、夜遅くまでピットにいた。そして、ベッカーのテントを地面に張り、彼を上に乗せました。2人は前に、2人は後ろに退いた。それが輸送だったのです！ そして、苦労して汗をかきながら、ようやく直立歩行が可能な高さまでたどり着いたのです。ベッカーにとっては、まさに岐路に立たされたわけです。両手を振って、歩きたいという意思表示をしている。私は片方を彼に、もう片方を同志につかまえた。抱きかかえて連れて行くと、またベルトを締め始めた。彼をテントに戻し、村に連れ帰って大隊の医師に診せた。すでに多くの負傷者が出ていたリビングで、ベッカーをストローに乗せてみました。私は大隊の医師に彼の世話をするように頼みました。

　彼はやって来て、傷口を見て、一目で「ここではどんな助けも無駄だ」と言った。そして、もう一人の負傷者のもとへ。ベッカーから離れました。じっと横になっているので、半分くらいは意識があるようだ。
　家を出ると、捕虜になったロシア人の部隊が帰ってくるところだった。二人とも銃剣をライフル銃につけて、護衛と一緒に出発した。もう暗くなっていたので、他の部屋を探し、空いた部屋に

藁を引きずり込んでその上に寝転んだ。しかし、お腹が鳴り始め、噛むものがない。私は立ち上がって家の裏へ行き、庭で月明かりの中、鍋から皿を取り出した。あとは、洗ったり、調理したりするための水が必要です。道端の井戸に行った。しかし、取水装置は破壊されてしまった。井戸のところで、ロープに引っかかってしまったんです。私はそれに従い、空になった調理器具を一端に縛り付け、水を用意した。すると、兵士がやってきて、「同志よ、ここの水はコレラの疑いがあるから飲んではいけない」と言った。ほら、吊り井戸の禁止令があるじゃないですか。"兵士"の訛りが聞こえた。アルザスだったんですね。聞き覚えのある声だった。 月明かりに照らされた彼の顔を見ると、それは本当にザビエル・スロール、私の隣村フューラーレンのザビエルだったのです。「ザビエル・スロールはフラーレンの出身ですか」私は彼の方を向いた。そのスピーチを聞いたとき、彼は底なしに落ちそうになった。"はい、あなたは誰ですか？"松明"を顔に当てました。でも、私が痩せていたから見えなかったんです。そして、まだ髭を剃っていなかった。一緒に宿舎に行きました。シュロルは軍曹でMG中隊の荷馬車を動かしていたので、戦う必要はなく、食料はいつも十分あった。宿舎には、パンとミックス、肉の缶詰、砂糖とパン粉の入った袋を持参していた。食後はストローに寝そべって、故郷の話をした。その少し前に、戦線が近いにもかかわらず、フュラーレンの人たちはまだ家にいるという手紙が家から届いた。長い間、祖国から何の知らせもなかっただけに、ショールは大変喜んだ。窓から新しい日が差し込むまで、私たちは語り合った。

スロールはこれから任務を果たさなければならないので、私たちは休暇を取った。昼まで一人で寝てました。そして、私と同志が会社に戻るために出発しました。前日に戦闘が行われた場所を通りました。最初はドイツ人、次にロシア人と、いたるところで死傷者が出ている。目の前の麦畑には、たくさんの銃眼があった。ロシアは降伏するとき、銃剣を地面に突き立てた。当社と再会するまでに2日かかりました。じっくりと時間をかけました。

1915年8月上旬のヴォロダフの戦い。

　翌日の夜も、数時間かけて行軍した。そして、なだらかな丘の上に、一列ずつ掘ることになったのです。暗闇の中、いくつかの大隊が静かに移動していった。誰も何が起こっているのかわからない。夜が明けると、背後からいくつかの砲台が発砲してきた。砲弾の衝撃は、かなり先まで伝わっていた。それで、また予備になったんです。歩兵の戦闘は前線から始まった。しかし、それも束の間、ロシア軍は少し抵抗しただけで降参してしまった。彼らの大砲は小口径のものを散布していた。突然、目の前300メートルほどのところに大きな砲弾が落ちた。2発目はすぐに現れ、私たちの前方約200メートルに、3発目は100メートル、3発とも同じ方向に命中した。「私は、同じ穴の中で一緒に寝ていた東プロイセンの学生に、「お前、次の仲間に気をつけろよ！」と言いました。"とても嫌な思いをしました。私たちは、できるだけ深く穴の中に身を乗り出しました。そして、4人目が登場した。彼女は、私たちの目の前3メートルほどのところに穴を開け、そこに第1小隊の兵士2人が横たわっていた。煙が晴れると、手足がばらばらになり、腸の一部が近くの茂みにぶら下がっているのが見えた。次の手榴弾は私たちの上に飛んできた。すると、重砲の発射が止まった。小口径の破片が何度か行き来しただけだ。すると、その学生は「小便に行ってくる」と言って、近くの茂みの奥へ入っていった。そして、より高い位置で炸裂する榴散弾がやってきた。弾丸はこめかみから頭に入った。即死だった。私は仲間の助けを借りて彼を抱きかかえ、大きな手榴弾が当たる穴の中に入れました。拾われた他の2人の兵士の体の一部はすでにそこにあった。カバーされるようになったのだ。

　すでに何人もの被害者が出ています。50歩ほどしか離れていない。私は諦めてライフルを投げ捨てようとした。刺されるか刺されないか誰にも分からない恐ろしい瞬間、背後から歓喜の声が響き、連隊の2個中隊がどこからともなく出てきたのである。すぐ

に私たちの頭上からロシア軍に発砲した。前線のロシア軍に撃墜されたのだ。この時、彼らは新しい攻撃者がどれほど強いか知らなかった。何人かは後ろを向いて、他の人たちを連れて行った。数分後、全員が逃げ出した。銃から出るものなら何でも使って殺した。彼らの犠牲者はひどいものだった。麦畑を過ぎると、死者があちこちに、ほとんど地面に倒れていた。生き残った人たちは、何もない野原に消えていった。両者の負傷者は包帯を巻いて道路に運ばれた。私たちは前に進まなければならなかった。火の玉の中で、私たちは森に近づいた。銃声が響いた。突然、右ひじにムチが入ったかと思った。私は銃と並走し、左手で銃をつかむと、弾丸がスカートを貫いているのが見えた。肘のあたりが強く焼けるような感覚を覚えました。まず思ったのは、「よかった！」ということ。そして、これから病院へ！ ロシアにゴールを奪われないために、自分が地面に倒れるのを許したんだ！」。もっと提供しようと、袖にしたところ、大きな失望を味わいました。低いショットしかなかった：ボールはリンスを破っただけ。左手を歯でつないで、伏せたまま。目の前で銃撃が止んだので、引き返してそのまま大隊の医師のところへ行った。続けて通り過ぎようとしたら、「さあ、どうしたんだ」と声をかけられた。こっちへ来い！"私は彼のところに行き、包帯を巻いた。"病院には行けない！同志のフィールドキッチンに2日間滞在している限り。終わったら、報告してね。"そう、フィールドキッチン "です。どこにいるんだ？夕方彼女が来たので、ライフルとバッグを積んでから迎えに行った。次の停車駅では、夕食とコーヒーを飲んだ。

　2日後、私は再び大隊の医師のもとに身を寄せた。"だから、会社に帰れるんだ！"と。夕方まで待って、食缶を積んで会社に戻りました」。翌日、ブレスト・リトフスクの町を過ぎ、ロキティ湿原を東に進み、ピンスクに向かった。数日後、私は再び腹痛と下痢に悩まされた。そのため、私はほとんどついていけないほど弱ってしまったのです。今度は鬱蒼とした林の中に入り、我が社は悪路の林道を行くことになった。パンッパンッ、前方で銃声がする。歓声が上がった！ 一人の兵士が膝に靴をはさんできた。横になるしかなかった。ロシアの前哨部隊は逃げ出した。大隊長からの命令を待っているところだった。来ないので、中尉は私を連れてもう一人、自分で大隊の司令部に行き、命令を受けるように

言いました。小さな道を歩いていくと、標識があった。この地図を見たとき あらゆる道、あらゆる些細なことが地図に記されていたのです。森の中には、そんな道がいくつもあった。ただ、どれがどれだかわからなかったんです。"以前、地図上でこのような三角形があることに気づきました。「中尉、ここがどこだかわかりましたよ」と私は言った。"そうか "と驚きの声を上げた。私は地図を要求し、自分たちのいる場所を示した。大隊の司令部に向かう途中だった。中尉が命令を受け、私たちは中隊に戻りました。森に埋もれて待つしかなかった。朝は「アクション！」。

　またとても暑いです。森の端の小屋にいたロシア人の中には、あきらめてしまった人もいる。他の人たちは後ろを向いた。今日も一日中、彼らを追いかけた。今回もとても暑かったです。汗が体を小川のように流れ、リュックサックは圧迫される。長靴の足が火のように燃えている。一人300発の弾丸を持たなければならない決まりがあった。私には重すぎました。200個捨てたところで、腹痛が激しくなり、もう我慢できなくなった。次の停車駅で、私は病欠の電話をした。野戦炊事場でライフルとバッグの装填を許可されたが、手紙の郵送は続けた。森の中で一夜を過ごしました。そこで、大隊の医者が、私を胃と腸のカタルという病気で発見した。なんということでしょう、私はどれほど嬉しかったことでしょう。誰にも説明できない！？前線から軍の病院に送られることは、もう分かっていた。翌朝、大隊の医者が、私一人のために救急車を送り返すことはできないというので、私も行進に同行しなければならず、傷病者が何人か集まるまでそこにいなければならなかった。今度は大隊の荷物を持って出発しました。ほとんど通れない林道で、難民の車列に出会った。ロシア人は、この貧しい人々を最高の方法で扱った。私たちなら、到着と同時に大虐殺を行うところだ。頭から、足から、食べ物や生活必需品を荷車に放り込んで逃げました。この森で追いついたのです。ほとんど人が住んでいない、寂しい地域だった。バガッジの馬は、これ以上道を間違えようがないくらいだ。この壁と貧しい人々の訴えは、私の心にとても響きました。中には、兵士の前でひざまずいて、「馬を置いていってください」と懇願する女性もいた。全ては無駄だったのだ。中には、避難民の荷車に登って食料を盗むような粗暴な兵士もいた。そして今、再びそれが起こっている。

前方のパトロール隊から発砲があった。ある兵士が手に銃弾を受けて大隊の医師のところに来た。夕方には、他の2人の患者さんが見つかりました。一人は私と同じ病気で、もう一人は血を吐いていた。翌日、前線での最後の夜は、4人でテントで寝た。朝早く、この地方で使われていた2頭の馬に軽快な荷車をつないだ医者がやってきた。その上に座ったり寝転んだりするのですが、帰ってくるとお腹が痛いのに体調を崩すことがありました。これでしばらくは撃たれることはないだろうと思った。また、自分のベッドで眠れることを楽しみにしていました。そんな状態にもかかわらず、私の3輪のラクダはとても元気だった。一日中、砂漠を走った。沼地、茂み、あちこちに人里がある。家屋は非常に低く、町を除いてはすべてカルパチアやカリシアのように、壁は木で、屋根は藁であった。
　昼になると、医者からパンと肉の缶詰をもらったが、胃痛を恐れてあえて食べず、後で復活した。夕方には、医療会社のある村に到着した。夜は村で寝て、翌朝、赤痢患者を中心に総勢15人ほどの救急車を運転して、その夜到着したグルベショフに向かったのです。グルベショフの真新しいロシア歩兵兵舎は、野戦病院と化していた。寝ている先生にお世話になりました。みんなにお茶を飲ませ、兵舎の習慣でベッド、兵士用のベッドを与えられた。疲れて横になり、白い毛布をかぶると、すぐに眠ってしまった。目が覚めたんだ。全身がかゆくてかじかんで、どうしたらいいのかわからなかった。そのうちの1つはシラミに使うものだったが、こんなものはほとんど耐えられない。しかし、朝になると、また寝てしまった。目が覚めると、すでに晴れ間が広がっていた。私は毛布に目をやった。なんと、シラミがいっぱいだったのです。少なくとも20個はあった、五徳の大きさだ。もっと長くいたいと思ったが、そうもいかず、起きて服を着て、ベッドから出て、バスルームへ行った。2月（1915年）以来、ほぼ半年間、服を着ないで一晩寝たことがなかったので、私も慣れない仕事をしながら起き上がり、服を着た。

フルビエシュフ
Hrubieszów
ポーランド

　医者役のロシア人捕虜が、売店からお茶やパンを持ってきてくれた。見てみようと思って出かけたんです。兵舎のすぐ裏には、新しく建てられた軍の墓地があった。10人ほどのロシア人が墓穴を掘るのに夢中になっていた。コレラ患者のための軍事病院と化した古いパレードハウスから、ロシア人が歌ったり騒いだりすることなく、2体の死体を取り出して埋葬したところだったのだ。すべての墓に、美しい黒い十字架があり、そこには死者の名前、連隊、口が白く書かれていた。ロシア人の十字架には、埋葬されている兵士の数に応じて、「ここに勇敢なロシア人が眠っている」とだけ書かれたり、「ここに3人の勇敢なロシア人が眠っている」とも書かれたりした。十字架には「銃士シュナイトマドル、第1連隊第7中隊、41」と書かれていた。仲の良かった兵隊さん。気がつけば、数日前から社会から姿を消していた。だから、私は彼を見つけなければならなかった。野戦病院では、病気のために非常にまずい食料を与えられた。彼はまだきちんとした装備を持っていなかった。午後、私は仲間と一緒にグラブ・ショーという小さな町へ車を走らせた。ラッキーでした。少なくとも胃の調子が悪い私たちには、コンビにパンよりおいしい白いパンを買うことができました。　帰り道、ドアの前に立っていたユダヤ人に呼び

止められた。"慈悲深いご主人様、どうぞ、お茶をどうぞ、しーんとしてください…。「好きなだけ娘と2マルクで "同志が怒りの拳で彼の顔を殴り、私たちは病院へ戻りました。このポーランド系ユダヤ人の多くは、あらゆる方法でお金を稼ごうとしており、彼らにとっては難しいことは何もなかった。ただ、お金、お金、それしか知らないようです。

ラーヴァ＝ルーシカ
Рава-Руська
ウクライナ
リヴィウ州

　毎日、新しい傷病者が軍病院にやってきて、中には死にかけた人もいる。隣には兵士が寝ていて、日向ぼっこの虫のように痛みをかじっていた。彼の名はシモン・ドゥーカ、オーバーシレジア出身である。医者は彼を診察すると、警備員に言った。「この男をC病棟に連れて行け！」。"あれはコレラ患者が収容されていた表屋だ" 2日後、墓地の前を通りかかりました。とても新鮮な墓の上に立っている十字架に、シモン・ドゥーカという名前を読みました。コレラでまた犠牲者が出たのだ。私の願いはただ一つ、一刻も早くここから逃げ出したいということだった。6日間グラブショーに滞在し、全員医師の診察を受けた。動かせるものは、翌日も動かさなければならない。注文しておいた農耕用貨車で半日ほど走り、軽便鉄道に到着した。狭軌で、小さなプラットホーム貨車からなる列車は馬に引かれていた。ワゴンに登ったり、寝転んだりして、さらに進んでいく。この地域は非常に殺風景で、人もまばらで、農家や村はほとんど焼かれてしまった。夜はテントで過ごした。夜、ロシアの飛行機がレジェに爆弾を落としている。しかし、誰も怪我をしなかった。翌朝、夜明けとともに、私たちは作業を続行した。　翌朝、ロシアとガリシアの国境を越えた。ウノフ駅で列車に乗り、ラブ・ルスカ経由でリヴィウに行き、夜には到着した。

リヴィウ
Львів
ウクライナ
リヴィウ州

レンベルグの軍事病院にて。

　私たちが収容されたレンベルグの軍事病院は、元は学校だったという大きな建物だった。私の部屋には、赤痢、胃腸カタル、腸チフスにかかった兵士がずらりと並んでいた。庭に座っているしかないような貧しい人たちばかりです。地面に敷いた藁袋がキャンプになった。配給が悪かったんです。秩序がなく、オーストリアの状況は徐々に熱を帯びてきていた。ほとんどの人がひどい腹痛に見舞われ、ほとんど何も言えなかった。あまりに文句を言うので、看守がなでたり、腕に体温計を挟んで体温を計ったりした。　ある兵士は怒って体温計を壁に投げつけ、小さく割ってしまった。そのことについて医師が面談したところ、兵士は「人間として扱ってほしい」と言ったそうです。私たちは皆、移動する日を待ち望んでいたに違いありません。

クラクフ
Kraków
ポーランド

そして6日後、ついに電車に乗った。ガリシアを通り、プルゼニスル城、ハインゼンベルク、タルナウ、クラクフを経て、今回の旅に至った。複線の鉄道を利用した。5分おきにドイツからの列車が通過し、乗組員や軍備、弾薬、食料を積んでいた。撤退の際、ロシア軍は橋をすべて破壊してしまったので、いたるところに木製の非常用橋が架けられた。雷雨が発生し、今まで経験したことのないような雨が降り出した。さらに旅を続け、ガリシアとドイツの国境を越えた。ドイツで最初に訪れたのは、アナベルク駅。みんな降りて、並んで、デリカテッセンに行ったんです。小さな村のような大きさだった。まず、大きな暖房の効いた部屋に入り、服を脱ぐことになった。みんなアダムのスーツを着ていて、ほとんどの兵士は痩せていて、まるで骸骨のようでした。でも、みんな故郷に帰ってきて、素敵なもてなしができる見込みがあるので、幸せそうでした。今度はお風呂に行きました。上部には200以上のジェット機があり、お湯が飛び散ります。皆、シャワーに入った。お湯が体に流れ込んでいくときの気持ちよさ。石鹸は十分な量があり、すぐに泡が立ちました。再びシャワーを浴びてから、楽屋へ。全員に新しいシャツ、ブリーチズ、ソックスが配られた。私たちの制服は、90度に加熱された大きな鉄パイプの中で組み立てられました。熱で服についたシラミやダニを退治してくれたのです。服自体もかなりシワシワになり、黄ばんできました。しかし、私たちはそんなことは気にも留めませんでした。今、私たちは電車に戻ってきました。シラミがいないことがどれだけ快適かは、すでにこの害虫に悩まされた人にしかわからない。

　駅でビールを飲み、女性からもらったリンゴも食べた。死に直結するような大きな過失であった。お腹が痛くて、コンパートメントの中で転げ回りました。徐々に良くなっていきました。夜は更けていった。その夜、私たちはどこに行くのかわからなかった。翌朝、列車はすべての町に停車した。毎回、病人や負傷者は列車から降りなければならない。軍の病院には空席があるからだ。

フスホバ
Wschowa
ポーランド

　私を含む最後の一人は、ヴショワ（ポズナン県）で列車を降りた。降りられない人は車で連れて行かれた。歩兵部隊の兵舎にあった軍事病院には、2000人以上の負傷者や病人がいた。胃腸カタル、赤痢、腸チフスなどの患者は、ブーロフスカヤ兵舎にあった疫病課に連れて行かれた。広々としたフロントハウスは、いくつかの大きな部屋に分かれていて、清潔感のある白いベッドが置かれていた。各ベッドの横にはベッドサイドテーブルがあり、中央には長テーブルにさまざまな本や新聞、雑誌が並べられていた。すべてが妙にピュアに保たれていた。ここなら我慢できるだろう、と。ベッドに横たわる患者さんたちは、不思議そうに私たちを見ていた。

　私たちはそれぞれベッドを与えられた。その後、先生が再び診察に来られました。すぐに寝なければならなかった。清潔なベッドで服を脱いで横になるのは、なんと気持ちのいいことだろう。しかし、トイレに行く回数がとても多くなりました。腸が痛くて何度も失神した。オートミールやライススープ以外のものを食べてはいけなかったのです。そうでなければ何も保証できないから、何か他のことを楽しんだほうがいいというのが先生のアドバイスでした。

　治療は、看護師、医師、ガードマンがとても親切で、とてもよかったです。毎朝起きると、枕元にきれいな花束が置いてあり、その横には口を洗うための何かが入った水の入ったグラスが置いてありました。毎日2回、先生が来てくれた。だんだん弱ってきて、立っていられなくなったんです。毎週土曜日は体重測定でした。一回目はスカートとズボンでブーツなしで118キロ、二回目はシャツで115キロ、三回目は114キロでした。椅子からほとんど血が出なくなった。何時間もおまるの上でベッドに横になっていることもよくありました。胃の痛みはこれからも続くし、続く。私の仲間は、あまり良くなかった。もっとひどいのもあった。親族に会いに来る患者さんも多かった。また、親戚にも会いたいです。しかし、私と彼らの間には西部戦線があり、それは不可能だ

った。

　ある朝、隣の家のベッドが空っぽになっていた。そこに横たわる病身の父親は、数日前から衰弱し、ほとんど話すことができない。今、彼は夜のうちに死んだ。翌日の夜には、同じ部屋で赤痢にかかった別の男が死んだ。看守が彼の遺体を運んでいるところで目が覚めた。　もう飽きた！って感じでした。看護師が付き添っているのを見るたびに、最後は嫌な気持ちになった。ある日、回診の時に寝たふりをして、「あの、先生、リッチーのことどう思います？」と看護師は静かに尋ねた。「という期待もあります。彼は非常に厳しい生活をしているんです」と、医師は控えめに答えた。この言葉がどれほど嬉しかったことか。22歳で死ぬのはいつだって辛いから、新しい希望が湧いてきたんだ。少しずつ強くなって、ベッドで一人で起きられるようになりました。最悪の事態は脱した。順調な様子を見て、永遠の粘液スープ以外の私の希望を知っていた看護婦は、まだ医師が許可していないのに、よくベッドカバーの下に最高の小麦粉で作ったビスケットを入れてくれた。やっと他のことを楽しめるようになった。子供のように、また食べることに慣れる。　やっと他のことを楽しめるようになった。まず牛乳に微粉末を入れ、次にライスプディングやアップルソース、すりおろしたジャガイモや肉など、胃に負担をかけないものなら何でもいいのだそうです。何度も何度も食べないといけないなんて、信じられないくらいです。食べさせてもらった最初の1週間で、体重が2.5kg増えました。すぐに体力が回復し、立ち上がることができるようになりました。外の快適な椅子に座り、秋の日差しを浴びることもしばしばでした。戦争が始まって以来

　の快感を覚えた。私たちの部屋には他に重病人がいなかったので、時々うるさかったです。トランプやチェッカーなど、いろいろなゲームをして時間をつぶしました。大好きな作品でしたが、栄光は突然終わってしまうと思うことが多々ありました。

フスホバ
Wschowa
ポーランド

病院から元気に退院してきた者は、たいてい短期間予備隊に送られ、その後戦線に戻される。私が常に活発な文通をしていた同志ツァンゲル・アウグストは、すぐに回復したが、彼は再び兵士として働くには不適当だった。彼はまだラインラントの軍の予備病院にいた。地元の軍病院の入院証明書を送ってくれたのです。復縁できて嬉しかったです。私は先生に入院票を見せ、退院させてくれるように頼みました。しかし、彼は、私の所属する第41歩兵連隊の予備大隊は、東プロイセンのケーニヒスベルク近くのシュパイエルスドルフにあるから無理だと言ったのです。すると、医

師が「リヒャルト、4週間休ませてやってくれ。「それは無理です、先生」と私は答えました。「私の親族や、フランスに占領されたアルザス地方の人たちが-だから私はそこに行くことができない-、リヒャルト君のことをとても心配している」と医師は言い、私が家から何か知らせを受けているかどうか尋ねると、私は自分の道を歩いた。翌日、私は医師に「4週間、療養型病院に入院させてください」と頼みました。「と言って、ヴショヴァのカトリックのグレイ修道女がいる療養施設の入所証明書を持って来てくれた。先生、看護婦さん、看守さんに良くしてもらったとお礼を言い、廊下に残っていた友人たちと別れを告げました。そして、私は帰りました。

　素晴らしい時間でしたが、あっという間に日が暮れて4週間が過ぎました。街のお金持ちのお嬢さんや若い女の子が愛のこもった贈り物をもってきて、話しかけてくれることもよくありました。姉妹でドミノやチェッカーなどでよく遊びました。病院の小さなチャペルでよくミサに与り、あちこちで聖なる秘跡を受ける若い兵士たちは、特にシスターたちに歓迎された。
　週に一度、お医者さんが来てくれるんです。そのたびに、兵士たちは健康であると宣言され、私たちを置いて予備隊に行くことになった。これで私の4週間も終わりです。明日、医者が来るから」と言われた。その日の朝は何も食べず、葉巻を立て続けに吸い、胃から冷たい水を飲み、回診の直前にトイレに猛ダッシュし、診察に臨みました。医師は、彼の心臓が活発になりすぎていることを発見した。また、タバコを吸ったり、空腹時に水を飲んだりして、顔色が悪くなっていました。"もう1週間ここにいてもらう。先生から言われました。これで欲しかったものが手に入ったので、あと7日間、同じような格好で過ごせそうです。先週は、またまたウハウハでした。シャツとズボンで157キロだった。それで43キロも太ってしまったんです。その週の終わりに、私は健康であると宣言され、ケーニヒスベルクの近くにあるシュパイヤーズドルフへのパスをもらった。昨夜は、バラックでの訓練や前線での生活の夢を見て、ひどく眠った。1915年10月28日　その夜、初雪が降った1915年10月28日朝、私を愛し、私を見送ろうとする

仲の良い姉妹に別れを告げて、私は出発の準備をしました。最後に握手をして、私は帰りました。駅ではケーニヒスベルク行きの列車に乗った。寒くて、すべてが雪に覆われているので、旅は退屈だった。一日中、そして翌日の夜もずっと車を走らせた。翌朝、列車はケーニヒスベルクに到着した。食事をして、街に出て、ホテルで熱いコーヒーを何杯か飲んだ。そして、「スピアスドルフは本当はどこにいるのか？ホテルのオーナーがルートを説明してくれても、大都会では正しい道を尋ねなければならないことがよくありました。ようやく町はずれの古い城壁を通り過ぎた。25分後、私はスペイエルスドルフにいた。

　翌日、オーバードルフのアントン・シュミットに会った。彼は、3発の砲弾で負傷したとき、現場で治療することができたのだ。手は治ったものの、固定された電撃的で巨大な腕のために、毎日ケーニヒスベルクに通わなければならなかった（完全に回復した後、倒れた現場に来た）。
　また、1915年7月1日のリブティラ・ゴルヌ襲撃の際、死体を塀の上に引きずり出した東プロイセン出身の若い教師に会ったこともある。両頬に赤い斑点があり、弾丸の出入り口になっていた。舌を傷つけられたため、以前のようにうまくしゃべれなくなった。2等軍曹になったのは、1年前だからだ。すぐに中尉になった。ケーニヒスベルクで一晩一緒に過ごさないかと誘われた。楽しい時間を過ごすことができました。でも、私にとっては最初で最後のことでした。私の給料は1日33フェニッヒ以下だった。だから、祖国に縁のある他の兵士がお金や食料の入った小包を受け取り、劇場や映画やパブを楽しむのを見ながら、自分は兵士のこってりした食事に頼り、空っぽのポケットで月を見ることができたのです。しかし、自分の生活を戦線にたとえると幸運なことで、戦争が終わるまでそうしていたいと思っていました。

クライペダ
Klaipėda

リトアニア
　私がシュパイヤースドルフにいたのは、予備役の大隊が全部鉄道に積み込まれた1週間ほど前でした。チェルニャホフスク、シアウリャイ、シアウリャイを経て、歩兵第41連隊の兵舎のあるクライペダへ。バラックよりも快適な生活だった。バラックの方が暖かいし、掃除もしやすい。
　クライペダは、ドイツの北東端、バルト海に面した港湾都市です。大海原を見たことがない私には、ぜひとも見てみたいという思いがありました。翌朝、兵舎に上がると、町家の上にある天窓から海の水平線が見えた。しかし、これだけでは物足りない。私は、港に向かう城門の守衛の前を落ち着きなく通り過ぎた。桟橋自体は幅4mほどの壁で、海に突き出して防波堤の役割を果たし、港を波から守っていた。天候は荒れ模様、想像していたイメージとは違いました。数メートルの高さの波が押し寄せ、桟橋で砕け、桟橋の一部が水しぶきを上げている。まるで、ひとつの波がもうひとつの波を追いかけているような感じです。まるで底に水が混ざっているような感じでした。突然、シャワーを浴びることになったので、速攻で桟橋を降りた。また、港には何艘もの船が停泊しており、それを見ていた。そのうちの1台は、燕麦を満載しており、ちょうど荷揚げされたところだった。袋や荷物は小型のクレーンで持ち上げられ、港湾労働者はすぐに隣の鉄道貨車に運ばれていった。そして、兵舎に戻った。

チェルニャホフスク
Черняховск
ロシア
カリーニングラード

　次の日、軍曹が走ってきて私を呼んだ。開戦からずっと現場で働いているのに、まだ休日がないことを給与台帳で見ていたので

す。14日間の休暇があると言われました。"受けられないんです "と答えると、"行くところがないから "と、軍曹に事情を説明した。"血まみれ "だ！「と言っています。"大丈夫 "です。さて、どうでしょう。私たちもここに住めるのよ！恩に着るわ！" この軍曹は、ドイツ軍では他に類を見ない人

　物であった。その後、医師の指示による10連休が終わったにもかかわらず、ほとんどやることがない日々が続いた。ある日、8人の部下を引き連れて、24時間体制の宿直をすることになった。夜中から朝2時まで、再び私の番が回ってきた。ゆっくりと上り下りしてウォーミングアップをしました。突然、ものすごい爆発音がした。警備員も鉄道員もみんな走ってきて、「これは何だ？自分でもわからなかったのですが、本当にそうなんだと思いました。自分ではわからなかったのですが、きっと港のどこかにあるのだろうと思っていました。翌朝、私たちはこの事件の事実を聞いた。錨の地雷が嵐の中で飛ばされて桟橋に投げ込まれ、爆発して石垣に大きな穴が開いたのだ。またある時は、港で護衛の指揮をとっていた。
　私は、港に出入りする人たちが通るゲートの警備をしなければならなかった。港全体がフェンスで囲まれていた。港湾労働者が昼食に出かけると、すべてのパスをチェックする作業があった。出勤時も同じだった。彼らはたいてい、悪魔には理解できない方言を話す、とても意地悪で失礼な人たちだった。中には、「1時間前に夕食に出たばかりなのに」と、パスポートを要求したら追い返された人もいた。しかし、パスポートのない人は通してはい

けないと厳命された。私ならまったく無関心だが、上司が見ているかどうかはわからない。私なら、すぐに3日間の空白をなくしますね。一人を除いて、全員を何とか落ち着かせたが、その一人はとても意地悪そうな男だった。パスポートを見せることを拒否された。そこで私は2歩ほど下がって、彼の頬にライフル銃を突きつけ、もう一度パスポートを見せるか、出て行くようにと言った。今度は諦めて、パスポートを見せてハイになった。夕方になると、奔放な娼婦たちが、船に乗っている船員を見に行きたいと言い出した。でも、スルーしたんです。戻ってきたのです。でも、後で見たら、とにかく柵を乗り越えてボートに行っていたんです。私は何がしたかったのだろう。私は何も見ていないふりをした。

　翌朝、17歳くらいの男の子がやってきて、私に話しかけ始めたのです。彼は兵役に志願しようとしたが、私はやめたほうがいいと忠告し、彼の額に髪の毛が逆立つように生命を描いてやった。"いや、それなら徴兵を待ったほうが……。"それでは早すぎるだろう"と私は言った。彼は私に礼を言って去っていった。いいことをしたと思っています。翌日、給料の呼び出しがあり、クライペダでは33ペニーではなく、53ペニーで軍人の給料を受け取った。すべての支払いが終わると、中尉は叫んだ：「リヒャルト三銃士は話せ！」。"理由がわからず、一歩踏み出し、立ちすくんでしまった"「そして、「あなた方の勇気ある精力的な活動ぶりを社内に伝えるのが私の務めです」と言い出した。感謝の気持ちを伝えたいと思います。あの無礼なバカにパスポートを見せさせた時、あなたは監視の役人に見張られていたんですよ。"とても驚きました。まあ、いわゆる目上の人と仲良くするのは悪いことではないんですけどね。

　は、非常に家庭的で、頭の中にたくさんのジョークがある人です。上司としてではなく、同志として行動してくれたのです。私たちの仕事は、居酒屋で警察に時間外の閉店時間を提案することと、帰れない兵士を記録して報告することだった。20軒以上の居酒屋を回った。パブでヘルメットが破裂する前に、宿の主人がバーに呼んでくれて、ブランデーのカップやグラスを顔に投げつけ

て、飲むように勧めてくれたのだ。だんだん酔いが回ってきた。街で出会った休日許可証を持っていない兵隊には、軍曹が「兵舎の裏の塀を乗り越えて、捕まらないようにしろ」と命令した。兵士たちは、私たちが止めたとき、ピットから盗んだと思ったに違いないから、とても喜んでいた。こうすれば、コミュニティハウスに入ることができる。なんと、あの半裸の娼婦たちは、私たちが到着したとき、どうなっていたことでしょう。なぜなら、1時間の警察活動でドアを閉めずに捕まったら、その家は閉ざされてしまうことが分かっていたからだ。軍曹は報告書を書くふりをした。娼婦たちは、私たちにお世辞を言ったり、キスをしたり、いろいろと懇願していました。軍曹は彼らを死ぬほど怖がらせた。結局、彼は笑って、始めた報告書を破り捨てて、何も恐れることはないと言って、とても喜んで、テーブルにビールを2本置くはずだったのだ。しかし、もう十分飲んだので、兵舎で酔いを覚ました。

　翌日、予備大隊がロシア戦線に予備隊を派遣すると言われた。まるで爆弾のようだった。みんな前線に送られることを恐れていた。誰もがロシアの冬に神聖な敬意を抱いていた。まだ11月末のことである。元気だったからこそ、自分の出番だと思った。

　すると突然、「全員整列！」という号令がかかった。第1大隊から20名がバルティスクに派遣されることになり、第1機関銃中隊、第1軍団。"機関銃に志願する者は報告せよ！" 　私は、いち早く名乗りを上げました。どうせなら、前よりいいものを、と思ったからです。それに、機関銃隊は銃剣攻撃に参加する必要がない、これは価値があることだ だから、バルティスクの後に決意したのです。

バルティスク
Балтийск
ロシア
カリーニングラード

翌日、20人の隊員を列車でケーニヒスベルクに送り、そこからバルティスクに向かった。頂上には長さ5km、幅1kmの小さな町がある。バルティスクは、北西にバルト海、南西にヴィスワ湾の入り口、東にヴィスワ湾と、三方を水に囲まれた都市である。ピロそのものは湖の要塞である。街を出て、小高い丘の上にあるのがフォートスタイルです。バルト海の海岸、海の向こうの砂丘には、最も重い砲を積んだ砲台がいくつもある。砲は回転式で、その横にはサービスクルー用の防爆ケーセメートがあった。
　駅から会社まで歩くこと約25分。同じようにレンガ造りの平屋建ての小屋に住んでいた人たちがいた。それ以前は行列が出来ていた。ホフマンという中隊の軍曹が、力強い体格と雄々しい目つきで歓迎の演説をしたのだが、その演説がなんということだろう。ガイアナで最も有名なフランス人受刑者の島、カイエンヌ1852-1938の後、カイエンヌに連れて来られた犯罪者が、このような理不尽な言葉で受け入れられるとは思えないのです。その後、部屋割りを行い、ロッカーとベッドが与えられました。すべてが丁寧に掃除され、整頓されていた。戦前のバラックのような、極めて厳しい規律の場であることは明らかだ。翌日からは、機関銃の扱い方の指導が始まった。すべての部品や要素の名前を知っている人が、撮影時のすべてのパーツの連携を理解し、それを自分でプレゼンできるまでは、そう簡単なことではありませんでした。雪の中の屋外訓練はもっと不快で、潰れた弾薬箱は運ぶのがとても大変だった。

　まだ駐屯地にいて、兵士を引きずって拷問していた下士官たちよりも、すでに戦地にいた下士たちの方がずっとよくしてくれました。しばらくはアルトロク伍長のグループにいた。彼女はバカな女だが、私たちをいじめるのは上手だった。嫌になることもあったが、「やっぱりここは撃たれていない」と自分を慰める。時には、雪の中を数百メートルも這うようにしてMGを引きずり、雪が腕に落ちてくることもありました。ブーツもそうでした。手が冷たくて、アイロンを触るのも、銃に当てるのも、ほとんど不可能な状態でした。バルト海を渡る風が一番寒く、砂浜でトレーニングしました。
　食事はかなり美味しく、クライペダより美味しかった。昼食は

ジャガイモのソース煮とケーニヒスベルガー・クロプセ（ミートボール）2個がよく出てきて、私はそれを好んで食べていました。みんな1人前しか食べられない。でも、ミートボールは夜、コンビネーションパンと一緒に食べるとおいしいので、何度か2人前をいただくことができました。私は、いち早く食べ物を手に入れるのを確認し、自分の分を素早く食べて、列に加わった。ある日、食料品係の軍曹に捕まり、ホフマン軍曹の怪物に報告された。私は『リヒテルに言ってくれ！』と言いました。「と言われた。それで行ってみたんです。　鉱山に行きたいんだろう？"壁が揺れるほど大きな口調で言われた...。私は、フランスに占領されたアルザス地方を離れるので、故郷とは縁がなく、兵舎で配給される食料だけが頼りであることを話した。"そうすれば、2回分取れる"。"ホフマンはやはり人間的な感覚を残しているようだ! だから、1日2回に分けて飲んでも大丈夫だったんです。普段は夜用に1回分残しておいて、ストーブで温めています。

　かつて、私を悩ませた映画があった。フランケティアーズ」と呼ばれていた。フランスの民間人が1人または複数のドイツ兵をおびき寄せ、それを殺害するなどのトリックが描かれていた。ディーゼルの映画は、フランス人への憎悪をさらに煽るような内容になっていた。そして、その戦争にフランシスコ会員がいなかったことも知っています。天気がいいときは海に行って、波のセットを眺めた。水中から砂浜に琥珀のかけらが投げ込まれることも

よくあった。嵐の日曜日、私は友人たちと桟橋に立ち、波が遊ぶのを眺めていました。風が直接ラグーンのドライブウェイに吹き付けるので、波がドライブウェイ全体を埋め尽くす。船のサイレンの音が沖合に聞こえた。大きな蒸気貨物船がサイレンを鳴らしながら、ゆっくりと近づいてきた。サイレンがパイロットを呼び、パイロットがいなければ船は航路に入れない。サイレンが水先案内人を呼ぶ。水先案内人がいなければ、船は路地にも港にも入れない。何人かのパイロットが小さな汽船で船に近づいた。 …小さな船は木の葉のように波で揺れた。小さな汽船は何度も大きな船に近づき、波にさらわれて100〜200メートルも後ろに投げ出された。とても興味深く拝見しました。つまり、面白いものを見るための巧みな操作だったのです。そしてついに、巧みな操作で小さな汽船が大きな船に近づいた。猫のように大きな汽船の縄ばしごを登る2人のパイロット。縄梯子に引っ掛けた途端、小さな汽船は再び流されてしまった。 ケーニヒスベルク方面の視界から消えるまで、目で追っていたのだ。バルティスクでは、完成したばかりの補助巡洋艦を収容しています。コロッサス」なので、「こんな怪物を水が運んでくれるんだ」と驚きました。傷ついた魚雷艇もここで修理された。港の反対側には、戦争が始まったころに停泊していたイギリスの汽船が何隻かあった。

　クリスマスが近づいてきました。本堂には美しいクリスマスツリーが飾られ、まずクリスマスキャロルが流れ、次に「Deutschland, Deutschland über alles」、「Heil dir im Siegerkranz」が演奏されます。こんなのでたらめだ！アルザス人のグロッセ大尉は、戦時中ならともかく、クリスマスにはふさわしくない演説をした。そして、みんなにちょっとしたプレゼントが。今は完全にマシンガンの訓練を受けているし、サービスもそれほど厳しくはない。機関銃で狙撃されることもありました。最初はガラケーが始まったので、ちょっと興奮しました。機関銃がうまく機能していれば、ベルトショットを2発、1分間に500発は撃てただろう。標的はバルト海の縁に固定され、弾丸が水面に当たるようになっていた。

　私の居間では、兵士たちの間に良い意味での仲間意識があった。親が大きな農業をやっていて、よく小包をもらっていたのだが、その中からいつも何かくれるのだ。1916年1月中旬のある日、

私たちは行列に並ぶことになった。ロシアの北部戦線、ダウガフピルス要塞の前にいた歩兵第44連隊第1連隊の「MG」中隊は、16名の補充を要請した。指名されていない友人が、軍曹を前線に同行させるよう頼み、それも実現した。

ダウガフピルス
ラトビア
Daugavpils pilsēta
1916年1月中旬、ロシア北方戦線に赴いた。

旅客列車でバルスキに行き、ケーニヒスベルクに行きました。そこで列車を降り、ロシア戦線のダウガフピルス方面への列車の発車時刻を聞いた。昼まで待たされたあげく、始まってしまった。旅はインスターブルグ、グセフ、あるいは "Eydtkuhnen "を経由していた。チェルヌイシェフスキーでロシアとプロイセンの国境を越えた。ロシアに入ると、また家造りが貧弱になった。茅葺き屋根ではなく、藁葺き屋根ばかりが目につく。旅は退屈だった。雪、雪と暗いトウヒの森しかない。その間に、半分雪に覆われた

家、小屋、村があった。完全に流氷に覆われたネマン川のほとりにある要塞「コウノ」を横切った。ラドビリシュキス、ロキシュキス、アベリを通ってジェロブカに向かい、夕方には到着した。他の多くの兵士と一緒に兵舎で眠ることもできたが、そのほとんどは休んでいた。暖房がないので、毛布にくるまりながらも凍えてしまったが、それぞれの駐屯地が持っていたものである。朝、44連隊のルートを尋ねると、ルートを知っている連隊の行楽客が一緒に来てくれた。

　雪の高いところでは、ゆっくり下へ下へと進むしかない。2時間ほどの行軍で、ようやくノイグリューンヴァルトの荘園に到着した。前方から孤立した銃声が聞こえた。中隊の軍曹に報告し、バルティスクから16名の補充要員が到着したことを伝えた。カミンスキーという中隊長は、私に親しみやすい良い印象を与えてくれた。まあ、ここが気に入るだろう」と彼は言った。"彼は私と出かけ、私は16人を規定通りに静止させた。"　巡査部長は一人一人名前を呼んで、どこから来たのか、などと尋ねた。そして、ストーブと針金製の兵隊さんのベッドがある部屋を与えてくれた。

　3日目の夜、暗くなってから、戦線の後方で任務を遂行することになった。暗いトウヒの林の中を1時間近くも道は続く。森の端にある小さなくぼみで待つことになった。ここではまだ、最初の弾丸の音が聞こえていた。"さて、マックス、この音楽はどうだ？「と、畑の経験がない友人のマックス・ルーダットに聞いてみた。「正直言って、ちょっと怖いです」と答えました。"30分ほど待っていると、軍曹に率いられた数人が雪の中を正面から入ってきた。"　今度は、長さ2メートル、幅1メートルの重い鉄板を移動させなければならないのです。皿を肩に乗せるまでは大変な作業だった。距離が近いので、ごく短い距離しか歩けない。塹壕まで野外を歩かなければならなかった。雪は膝まで積もっていた。ロシアがミサイルを撃ち込んできたときは、見えないように止まらなければならなかった。塹壕の後ろに近づき、プレートを下げた。8台を前方に発射した。最後の皿でロシア軍に気づかれたのでしょう、銃撃戦が繰り広げられ、弾丸は私たちのそばをビュンビュン飛んでいきます。そして、「危ない、捨てなさい！」と叫びました。「皿は地面に向かって飛び、みんなは右へ左へと少し跳んでいる。そして、お皿を持ち上げて、その後ろにひざまづ

くのです。クラップ、プレート前方で歩兵の弾丸に被弾。なんという音だろう。しばらくして撮影が止んだので、ディスクを前に進めた。そして、みんな足が濡れて冷たくなっていて、温かいコーヒーが飲みたいので、すぐにノア・グランバルトに戻りました。医師は彼をノイグリューンヴァルトに連れて行った。私は、彼の代わりにフロントに立つために、荷物をまとめなければなりませんでした。森のはずれで、先生と二人で塹壕を越えて前線に出た。昼間にその位置を見て驚きました。本当に、こんなの見たことない! 塹壕の両側にはモミの木の柱があり、地面には長靴を汚さないように屋根の板で作った格子が置いてあった。 塹壕の前壁には弾薬箱と手榴弾が置かれていた

　3日目は、12時間から14時間の勤務でした。時間をつぶすために、家のことなどを考えた。すべてが静かだった。撮影はしていない。突然、今まで聞いたことのないような爆発的な力が聞こえた。大地が揺れ、私は恐怖で地面に倒れそうになった。私の左側500メートルほど、ドイツ軍の陣地の前で、煙が100メートル以上も立ちのぼり、大量の陸戦隊が飛来するのを見た。ロシア軍はドイツ軍陣地を爆破するため、地下の坑道に飛び込んでいたのだ。すぐ目の前にある金網に、ロシアの重い手榴弾が4発炸裂して、金網に大きな穴が開いている。この後、砲撃があり、その間に視界と聴覚を失った。その間に爆発現場から重歩兵と機関銃の射撃が散見された。ロシア歩兵は前進し、大きなクレーターをとって爆発させた。しかし、すでにドイツ軍の反撃が始まっており、ロシア軍の一部は逃げ、一部は捕虜となった。ロシア軍の砲撃は続いた。前も後ろも、あちらもこちらも、塹壕そのものも、砲弾が割れた。最初の発砲があった瞬間、軍曹とチーム全員が、攻撃されるのを恐れて壕から落ちてしまった。私たちは皆、榴散弾や土砂に巻き込まれないように塹壕の中に飛び込んだ。軍曹だけが、ときどきロシア人を見ていた。帽子のつばに耳の上の指ほどの榴散弾が当たったので、気絶して地面に倒れ込んだ。傷は見えず、ぶつかっただけ。早速、額に一握りの雪を押し付けると、すぐに意識を取り戻した。最初は何が起こったのかわからなかった。数分後、彼は完全に回復した。

隣には壕があり、8人の歩兵が住んでいた。短いトレンチが玄関まで続いています。ドアの横には、小さな窓があった。最初の砲弾の1発が玄関の近くに命中した。ドアの前の塹壕は土で覆われていて、海兵隊員は外側に開いたドアを開けることができなかった。内側から小窓を破り、武器を捨てて次々に出てきては、塹壕の中に陣取った。最後の一人が窓の隙間から這い出てきたとき、手榴弾は木製の日よけの上部に命中した。その圧力で、シェルターがわずかにたわみ、倒壊してしまったのだ。　上半身と腕は窓の外に、足は中にぶら下がったままなので、歩兵は前にも後ろにも動けず、閉じ込められてしまった。仲間2人が彼を助け出そうとしたが、うまくいかなかった。手榴弾が近くに落ちてくるので、塹壕の中でより安全な場所を探さざるを得なかった。そこで、哀れな男は死ぬほどの恐怖を感じながら首を吊り、飛んでくる地面から手と腕で身を守ろうとしたのです。30分ほどして、ようやく砲撃が止んだ。これで、貧しい兵士の解放が始まるかもしれない。出し入れができない以上、彼を貫き、両側からモミの木を下に引くしか方法はないのだ。

　それから私は、マックス・ルーダットに何かあったのかどうか、会いに行く許可を巡査部長に求めた。溝は一部平らなので、ロシア人に気づかれないように、ところどころ這うように歩きました。何人もの兵士が埋まっていて、それを掘り起こしていたのです。また、塹壕の中で倒れている3人の兵士を見た。軽傷者はすでに塹壕から出てきていた。壕の中でトランプをしていた3人の下士官は、天井を突き破って壕の中で爆発した手榴弾で完全にズタズタにされてしまった。マックス・ルーダットはマシンガンの横で見張り、とても不思議そうな顔をしていた。まだ、恐怖が完全に去ったわけではなかったのだ。"さて、マックス、今回はどうだった?"と尋ねました。"聞かないで、ニケル "と答えた。"溝の底に倒れていた私は、恐怖のあまりすぐに漏らしました。"　すぐそばで新鮮な貝殻の穴を見せてくれた。二人とも無傷で済んでよかったです。私は別れを告げ、マシンガンに戻りました。数週間経っても、目立ったことは何も起きなかった。整列して、木と灰をとって、機関銃を掃除して、機関銃を掃除して、いつも同じことの繰り返しです。

ある夜、私は見張りをしていて、ポストを調べていた助役に話しかけた。月は日中とほぼ同じように辺りを照らしていた。暖を取るために、片足からもう片方の足へ移動した。突然、右の耳元で大きな音がした。弾丸は私のヘルメットの右側、額の高さに当たり、グレーの塗装がはげ落ちた。怖くはなかった。奥の壁は傾斜しており、雪が積もっているので、おそらくロシア人は白い背景に私の頭の動きに気づき、そのまま反対側へ送ろうとしたのだろう。それ以来、ずっと気をつけるようになりました。

　徐々に雪が解け、春がやってきました。塹壕での生活は、より快適なものになった。日中、持ち場に立っていると、太陽の光を浴びることができます。

　ある日、クーデターの指令が来た。ロシアの塹壕に入って、どの連隊が前にいるのか突き止めろというのだ。このため、水の入ったバケツをいくつか塹壕の中に置き、ロシア陣地に向かって風が吹くと、その中身に火をつけた。目には見えない濃い煙が発生し、降水とともにゆっくりとロシアの塹壕に向かって移動していった。約20名の歩兵が煙の中をロシア軍陣地に向かって走った。ワイヤーカッターで障害物を乗り越え、ロシアの陣地に侵入した。耳を澄ませたが、発砲はなかった。ロシア軍は、煙の雲をガス雲と勘違いしたのか、その瞬間に溝を掘ってしまった。歩兵は全員無事に帰ってきた。ロシア製のライフルと鉄の盾を持ってきた。ある人は、壕の中から軍票の入った財布を見つけた。そこには、ロシアの連隊と師団の番号が記されていた。

　翌日の夜には必ずロシアが攻めてくると思い、用心していた。塹壕の穴の奥には3門の機関銃が置かれ、塹壕は歩兵に激しく占拠されていた。時折、閃光が走り、その光は私たちの位置の間に溢れた。突然、「あそこだ！」と言った。こちら側では、ムグンダの歩兵がパチパチと火を噴いた。電話連絡で警戒に当たった大砲と、すでに砲座に着いていた機動部隊は、陣地の間で強力なスコールに見舞われた。日中と同じようにフラッシュで照らされているのに、ロシア人の姿は一人も見えない。銃撃戦が始まったとき、彼らは背の高い草の中に逃げ込んだ。すると、突然、何人かが跳ねて溝に逃げ込むのが見えた。突然、この場所に逃げ惑うロシア人が群がり、彼らのドブに消えていった。数日後、私は新聞で「イルクステの南側でロシアの強力な夜間攻撃を撃退し、敵に

大きな損害を与えた」と読んだ。実は、そうではなかったのです。しかし、どんな小さなことでも大勝利と宣言しなければ、国民の軍国主義的なムードは保てないのである。

　1916年5月、我々のMGチームは、数百メートル右側に移動した。ここで隊列は美しいトウヒと白樺の森を通り抜けた。ここで、先ほどよりずっとひどいシェルターを発見した。雨天時には、避難所で集めたバケツの水を毎日何杯も集めて運ばなければなりませんでした。朝、シェルターの中には、ワイヤーの下層まで届きそうなほど水が溜まっていた。この生活は、とても不健康なものでした。5月の暖かい夜には、シェルターの裏の雑木林で枯葉の束を集めてよく寝ました。よりよく生きるために、私たちは新しいシェルターを作ることにしました。小さな部屋ほどの四角い穴を開け、さらに森の中にある丈夫なトウヒの木を切り倒し、梁や頑丈な梁を言い、工事を開始したのです。大変な作業でしたが、みんなで力を合わせると、あっという間に終わりました。天井は、モミの木の幹を交差させて6層にしたもの。その隙間は土で埋め尽くされていた。もちろん、天井裏での作業は夜間にしかできないし、それでもロシア人看守が退屈しているため、庇護のない床での作業は常に危険と隣り合わせだった。

　さて、いよいよ内部機器に移ります。片側には6つのワイヤーベッドがあり、常に2つずつ重なっていた。一人は石工を生業としていて、いいレンガのオーブンを作ってくれた。テーブルとベンチは板でできていて、テーブルには枯れ草を敷き詰めたソファーのようなものがあり、新しい別の土嚢を被せてあった。私は絵が描けたので、絵を描いて、それを厚い白樺の皮で額装してシェルターに飾りました。壁にはスプルースとカットした樹皮が貼られており、それを丁寧に隅々まで掃除しました。小窓の前には、庭師が星型の美しい森の花壇を敷き詰めている。また、木彫りの職人は、高さ1.5メートルの木製の機関銃を作りました。花壇の中央にある大きな石の上に、まるで記念碑のように置かれていた。完成したとき、私たちはとても満足しました。中隊長のマティス中尉も、公平で良い上司で、私たちの仕事を祝福してくれました。
　私たちの機関銃は、イートンの壕の中に発射口があり、すぐに

撃てるように取り付けられていて、そこに昼は1人、夜は2人で見張りをすることになっていました。ここはあまり危険な場所ではなかった。毎日、手榴弾や榴散弾、小さな地雷が飛んでくるが、犠牲者はほとんど出ない。戦争が終わるまで、みんなここで待っていたかったんだ。食糧は到着したときほどではないが、まだ我慢できる。

　一度だけ、私たちの壕の後ろに、見たこともない大きさの迫撃砲が何台もあったことがあります。迫撃砲の重さは250キロ。我々のクーデター計画では、この迫撃砲が大砲と一緒にロシア陣地を完全に砲撃し、我々も交代でロシア陣地に向かって2挺の機関銃を撃ち、ロシアの予備軍が援軍を得るために前線陣地に到達できないようにすることになっていた。20分間で数千発を発射した。積み上げられたワイヤーハウスは完全にズタズタになり、ほとんどすべてのワイヤーが真っ二つに引き裂かれていた。白樺の若木が何本も倒れ、まるでキャンセルされたかのように我々の弾丸に倒された。2トン地雷の爆発はすさまじかった。強力な空気の圧力で、トウヒやシラカバの木がゆらゆらと曲がる。今、歩兵の半分がこちらに向かってきている。壕の中で死の恐怖に震えているロシア人8名を発見し、抵抗することなく捕虜となり、15分で全員無事帰還した。捕虜たちは、これで命が助かったと喜んでいる。ロシア軍の砲兵隊は、激しい砲撃と榴散弾の攻撃を受けながら、我々の陣地を占領していった。私は、他の2人の仲間や中尉と一緒にブロックハウスの後ろにいましたが、小口径の砲弾が私たちの壕の頭上に当たり、爆発して四方に砲弾を投げつけました。恐怖で飛ばされそうになったが、全員無傷だった。ただ一人、溝を降りてきた歩兵軍曹が腹痛を起こし、重傷で軍病院で死亡した。小さな地雷が、課長の中尉の腕を引きちぎったのだ。クライペダ出身のマズールという親友は、軍団中尉と一緒にいたが、大怪我をして、数分後に死んだ。彼は、前線の裏の森の中にある連隊の墓地に埋葬された

　ある年の6月、ようやくMGチームが解放され、ノイグルンバルトに戻ることができた。溝や壕の中でずっと生活する必要がなく、また野原で自由に動けるのは、ほとんどモグラのようなものでよかった。また、夜の寝心地もいいと思います。1時間の穴あけ、1時間のトレーニング、マシンガンのクリーニングと、でき

るだけシンプルなサービスでした。レスリングをしたり、高鉄棒で体操をしたりして過ごしました。

　伍長に昇進したこともあるんですよ。翌日、連隊長に報告するためにエロブカに行かなければならなかった。そこで私は、連隊の兵士や下士官とともに、鉄十字勲章IIを授与された。連隊長は極めて好戦的な演説をした。この受賞を誇りに思うべきだ。しかし、このようなことをしても、私はとても冷淡で、これらをすべて捨てて家に帰りたかったのです。会社に戻ると、上司も仲間もすごく祝福してくれて、手が痛くなるほど強く握ってくれたんです。

　ノイグリューンヴァルトでの8日間を経て、私は再び定位置についた。ある時、1915年の作戦で戦死したロシア人の墓をたくさん通り過ぎた。ロシア人の墓は、朽ちた十字架に半分腐った帽子をぶら下げているのが目印だった。さらに進むと、塹壕は前方の陣地に続いていた。

　機関銃もコンクリートのシェルターに入れられた。シェルターは良いものでしたが、私たちが作ったシェルターほどしっかりしたものではありません。また、以前よりも危険度が増していた。道の近くの森は100メートルほどで途切れていて、私たちは外にいたので、ロシア軍には私たちの位置が見え、大砲を撃つことができたのです。12ゲージの手榴弾が毎日20本ほど入ってきて、もう大変なプレッシャーです。最初の一撃の後、全員がコンクリートの溝に落ちた。ある日、壕の中で本を読んでいると、同級生がトランプをしているところに、突然12ゲージの手榴弾が壕の上部に当たって爆発したのです。この爆発で、天井を形成しているトランクの最下層に穴が開いてしまった。

　夕方、暗くなった頃、シェルターの上部にある穴を埋めに行った。そして、トウヒの枝を取り、それを覆った。この作業中、チームの中の一人、時計職人の善良な男が首を撃たれてしまった。手を挙げて、私に助けを求めるような目で見ていたのが、今でも目に焼き付いています。しかし、すぐに首を傾げた。彼は死んだのだ。突然の同志の死に、皆とても怖がり、悲しんでいた。夜、私たちは彼の遺体を担架で連隊墓地まで運び、翌日そこに埋葬さ

れた。その数日後、またもや12cmの手榴弾がこのコーナーに直撃し、一掃された。今回も、最初の銃撃の後、全員がコンクリートのシェルターに逃げ込んだので、誰も怪我をすることはなかった。そして、200人分の大きな防空壕を作るよう命じられた。これは、言うは易く行うは難しであった。歩兵のように手伝わなければならなかったのです。まず、深さ3m、幅4m、長さ40mほどの穴が掘られた。素晴らしい出来栄えでした 何千、何万という袋を集めなければならなかった。

　そうして1916年の夏がゆっくりと終わろうとしていた。ああ、いや、特に何も起こらなかった。昼夜交代で見張り、食料を運び、薪を運び、暖をとり、当直をする、ただそれだけである。配給はどんどん悪くなり、すでに週に2日は肉のない日があった。毎日の配給は、1.5ポンドのパンと、明日と夕方には、しばしば砂糖なしのまずいブラックコーヒー、少しのバターかチーズ、時にはベーコンの代わりのソーセージ、しかしほとんどはジャム、そして兵士たちがヒンデンブルグとか猿の脂肪と呼んだ灰色のベーコンのようなものであった。正午になると、一人当たり1リットルのスープが必要だった。いつもすべてがスープのように調理されていた。麺類、ザワークラウト、米、豆、えんどう豆、大麦、乾燥野菜（兵士たちはこれを「バーブ」と呼んだ）、オートミール、ポテトフレークなど。場所によっては岩緑色の魚がいる。この食べ物はまったく食べられないし、数日間太陽に照らされた死体のような臭いがする。肉のない日は、サルタナの入ったヌードルスープを食べるのが普通だった。揚げ肉やサラダなど、跡形もない！？1916年10月、西部戦線から到着した連隊によって、私たちは解放された。エロフカに向かって行進していたんだ。途中、「可能な限りの戦線に異動させる」と言われた。しかし、イエロフカで南に向きを変え、前の位置から20kmほど南で連隊を解放した。前線は開けた丘陵地帯に移動した。虚空を横切る長い塹壕を抜けて、最前線にたどり着いた。目の前の約400メートルの距離には、ロシア軍が陣取ったシスコヴォの廃墟があった。我々とロシア軍の位置は、3本の太いワイヤーで守られていた。ここで連隊の一部である我がMG中隊は、3つの中隊に分けられ、それぞれ銃剣を割り当てられた。私はMG-2中隊に所属し、銃座長になりました。つまり、伍長に過ぎない私が軍曹になったのです。エルス

ティン出身のウンテレクサッサー、エミール・フックスなど、知的な若者ばかりで、いいチームだった。男の子はみんな食欲旺盛で、パンはいくらあっても足りないくらいでした。チームにはハンブルク出身のシドルフ（20歳）一人しかおらず、いつも笑いが絶えなかった。一日おきに、一人3キロのパンを買ってもらった。シドルフはパンを切り離すために、ペンナイフでしるしを切った。1回目のカットはその日の夕方まで、2回目は翌朝まで、3回目は翌日の夕方まで、といった具合に。翌朝のカット前の最初の晩に食べるのが普通だった。シドルフは2日目になるとパンが足りなくなるのが常だった。食料はほとんどなかったが、いつも避難所にいるもう一人のパンから一切れを盗むということはなかった。

エロフカ
ロシア
〒182354 プスコフ
最初の休暇は1916年10月末だった。

今度は私が休暇に行く番です。他の兵士と同じように家に帰れたらどんなにいいだろう。ドゥルレンドルフから来たマットラーというアルザス難民の家族が、現在ネカラ谷（バーデン州）のエーベルバッハに住んでいて、行くところがなければ手紙で訪ねて来いと誘ってきた。長い間、どうしたらいいのかわからなかった。最終的には、首の周りに戦争の軛を感じずに過ごせることがあまりにも幸せだったので、車を運転することにしたのです。長旅も楽しみだった。そこで、休暇と食料を持って、仲間に別れを告げ、出発した。私はジェロブカに行き、列車に乗り、出発しました。前線からどんどん離れていくにつれて、素晴らしい自由と安心感が私を襲った。長旅の末、ようやくチェルヌイシェフスキーのドイツ国境にたどり着いた。通関証明書のない兵士はドイツに入国できないので、みんな列車から降りて、地元の施設に行こう

とモタモタしていた。チェルニャホフスクを経由してケーニヒスベルクに行きました。そこで、行楽客でごった返す急行列車でベルリンに向かった。ブラネボ、エルブロングを通過しました。Dirschauでは、今まで見た中で一番大きな橋でVistula川を渡りました。そして、クレイ、ソウを渡る。レンベルクやクフシュタインの要塞からほど近い、貧しい地域を長距離移動し、その地域はより美しく肥沃になった。夜、列車はベルリンのSchlesischer Bahnhofに到着した。夜のベルリンを見るために、旅先で知り合った行楽客と一緒に街へ出た。街は昼間の光に照らされていた。いくつかのレストランを訪れ、ビールを飲み、お小遣いをもらって夕食をとりました。駅の待合室で一夜を過ごし、テーブルに頭を乗せて座って寝た。早朝、ホテルで熱いコーヒーを飲んで、アンハルター駅に行った。もちろん、道を尋ねることもしばしばでした。もちろん、道を尋ねることもしばしばでした。そこで、仲間に別れを告げなければならなかった。彼らはラインラントへ行くからだ。急行列車でドイツの南西部へ。ルッケンヴァルデ、ルターシュタット・ヴィッテンベルク、ハレ、メルゼブルク、ナウムブルク、ワイマール、エアフルト、ゴータ、アイゼナハ、フルダ、ハナウを経てフランクフルト・アム・マインに至った。そこに一番長く滞在していたんです。 そこで長居をしてしまったのです。

フランクフルト・アム・マイン
Frankfurt am Main
ドイツ

　ベルリンからフランクフルトまでの旅はとても楽しく、興味深いものでした。ほとんどの場合、肥沃で人口密度の高い地域を通過していた。街中や周辺の家々は美しく造られていた。 塹壕の中、壕の中で数カ月も生活していたとは、とても思えません。駅の近くで美しいフランクフルトの街を見た後、ダルムシュタット、ヴァインハイムを経て、美しい景観のハイデルベルク・アム・ネッカーに列車で戻りました。2つ目の村ではまた乗り換えがあり、終点のエーベルバッハまで行きました。到着後、2階のコッホレストランに住んでいたムトラー一家について、私は住んでいないのですが、尋ねました。エーベルバッハに到着して以来、マットラー氏とは家族ぐるみの付き合いしかなかったが、温かく迎えられ、ようやく人並みの生活と数日間のサバイバルができるようになったことを喜んだものである。 ホテルの上にはマトラー一家が住んでいて、みんなでそこで食事をしていました。料理は少なかったが、田舎の台所に比べれば、料理は上等である。パンや肉、バターはすでに配給制で、カードでしか参照できないため、食べるパンもあまりなく、頭への負担は大きかった。

フランクフルト・アム・マイン
Frankfurt am Main
ドイツ

　特に、1月から9ヶ月間、ベッドで服を脱いで寝たことがなかったので、良いベッドができたと喜んでいます。いつも日よけで配線されたベッドの上です。天気のいい日には、周辺のネッカー川沿いや、エーベルバッハ城跡を過ぎた山中に行き、そこからは美しいネッカー渓谷の景色を眺めたものです。　休日はあっという間でした。また、他のアルザス難民の家族にも何組か出会い、とても親切にしてもらいました。特に難民の女の子たちは、わざわざ私に親しげに接してくれて、中には「アルザス兵の宝になりたい」と明言してくれる子もいました。もちろん、全部好きでしたよ。私は何度かアドレスを交換し、手紙は退屈な塹壕生活に変化をもたらすと思った。全部で10日間をエッベで過ごし、その後、戦時中の古い仲間であるシュトルヒト出身のアウグスト・ツァンガーのためにラインラントで1日、残り3日、再び2日を戦地で過ごした。1日遅れで会社に着いたと思ったら、3日遅れで穴蔵、暗い壕の中にいるわけで、それは嫌だった。エベでの最初の数日間が終わると、マットラー一家やフレンドリーなアルザスの家族たちに別れを告げ、列車に乗ってハイデルベルク、ダルムシュタット

、フランクフルトを経由して帰りました。

ネッカーズルム
Neckarsulm
ドイツ

ランクフルト・アム・マイン
Frankfurt am Main
ドイツ

　そこで電車を乗り換えてギーセンに行き、そこでまた電車を乗り換えなければならなかった。その後、マールブルク、ジーゲン、ジーゲントラングを経由しています。最後に立ち寄ったのはジーグのシュラーデルン。ツァンガーは、シュラーデルンから30分ほど離れたドライゼルに住んでいた。手紙にあったように、彼はシュラーデルンの列車で私を待っていたのだ。これは、列車がシュラーデルンに停車したときにすでに起こっていたことだ。降りてみると、暗くて、雨はほとんど降っていない。ザンガーの姿は見えないまま、駅を後にした。"きっといいことがある "と思ったんです。すると、薄暗いガス灯の明かりの中を、女性と少年が歩いているのが見えた。私は彼女のところへ行き、ドライゼルへの行き方を聞いた。彼女は、私が理解しがたい方言で、「ドライゼルに行くから、一緒に行こう」と言ったのです。途中、彼女は私に「どのような友人がいるのか」と聞いてきました。私は、友人のオーガスト・ザンガーに会いに行きたいと言った。彼女は彼を知りませんでした。だから、セオドア・ゴーチェルという家族と一緒に暮らしていることを話した。今度はその女性が知っていて、私を連れてきてくれたのです。ザンガーは再会をとても喜んでくれた。前の電車で待っていて、私が降りなかったので、次の日しか来ないと思っていたらしい。ゴーシェー家は、母親とジョセフという息子とマリーという娘で構成されており、最も友好的に私を迎えてくれた。やがて、私はそこでくつろぐことができるようになりました。善良な人たちは、すべてを持ち出して私に奉仕してくれました。マリアの娘は1915年、大怪我をしたザンガーを

軍の病院で看病した。二人は恋に落ち、戦後は結婚するつもりだった（実際、結婚した）。信心深い一家だったので、ゴシップを避けるために、ザンガーさんはゴーシェル家ではなく、バット家の隣の家に間借りして寝ていた。夜遅くまで話した後、ベッドに入った。朝、窓の外を見るまで、家のこと、体験談を語り合いました。翌日、私とツァンガーは、ゴーシェ家の脱穀機を手伝った。過去に何度もやっていたものの、もはや慣れない仕事。翌日、車でジーク・ブルグの町に行き、二人で写真を撮って、すぐに住所に行き、スイス経由で家に何枚か写真を送りました。3日目には、20キロほど離れたアイターフに行き、私の故郷の村のシュウォブ・ヨセフの墓を訪ねた。そんな親友の姿を見るのは、私たち二人にとってとても悲しいことでした。お墓でお祈りをした後、軍の病院へ行き、治療をしていた看護婦さんに傷の具合や最期の様子を聞きました。受け取ってから、看護師さんにお礼を言って、車で帰宅しました。もう一晩ベッドで寝て、そしてまた、神のみぞ知る、が繰り返された。

私はしぶしぶながら、良きゴーシュリ家を後にした。会社に1日遅れで「だけ」到着すると、暗いシェルターの穴の中に3日間いることになり、それは嫌だった。善良な人々は、私のリュックサックにいろいろな食べ物や酒を詰めてくれたので、旅の装備は万全であった。バットさんが大きなソーセージも持ってきてくれた。ゴーシェのお母さんが、まるで自分の息子のように泣いてくれたことが、私の心に響きました。また、戦争が終わることがまだ予見されていなかったので、また会えるのか、私が路上で撃たれるのか分からないというのも悲しいことでした。列車を降りた後、ザンガーが同行してくれた。まずケルンに行きました。泊まったから、いい駅を見ることができる。それから急行列車でブリンまで行き、ルール地方を横断して、まずデュッセルドルフ、バルメン、エルバーフェルト、ハーゲン、ドルトムントを通過しました。ルール地域については、すでに何度かお聞きしています。すでに見ている私としては、やはり想像を絶するものがありますね。都市は都市に続き、しばしば、一方が終わり、他方が異なる形

で始まるのが分からないことがあります。二人の間には地雷以外何もない。見渡す限り、工場の煙突や鉱山の巻き上げ塔がそびえ立っている。その間に、鉄道や線路、スイッチなどが錯綜しており、毎日何度も衝突するようなことはないだろうと思われるほど......。ようやくルール地方を後にし、パーダーボルン、ハルバースタット、マクデブルク、ブランデンブルク、ポツダム、シャルロッテンブルクを経てベルリンへ、列車は止まることなく、ここに来る途中ですでに述べたルートでロシアへ上って行った。ロシアではボーデンは薄っすらと雪化粧をしていた。雪、貧しい家、暗いトウヒの森、貧しい服装の住民を見て、私は避難した。そして、再び待ち受けている退屈な塹壕生活を考えるとゾッとする。最終段階のヤロフカから、大隊の馬車でチームに合流することができた。休暇から戻ると、機関銃の指揮を引き継ぐことになった。

フロントの裏側。戦場での3つのクリスマス 1916年12月

地図上の8番

小屋に着くと、兵士たちはすぐにエミール・フォックスが死んだと言った。前線で夜間警備中にロシア軍の機関銃に撃たれ、即死だった。同胞であり、いい子だったので、かわいそうに思った。単調な毎日であった。雪、霧、霧、雪と、ほとんどバラエティに富んでいた。毎日、ロシアから手榴弾が送られてくるが、大した被害にはならない。ある日曜日、各機関銃から2人ずつが任務に就いた。戦線から1キロほど離れた森の中には、礼拝所も兼ねた大きなバラックが建っていた。そして、兵士で埋め尽くされ、野伏は奉仕を始めた。変身中、突然、前方から砲弾が何発も打ち込まれる音がした。爆発音はどんどん大きくなり、手榴弾はすぐ近くで爆発したようで、バラックの上で爆風が鳴り響いた。私たちは皆、非常に興奮した。畑の神父さんだけが最後にミサを読み

、まるですべてが沈黙しているかのように。兵舎の外に出てみると、ロシア軍の砲撃がどんどん大きくなっている。中隊の軍曹は、すぐに機関銃に戻るよう命じた。予備にあった歩兵2個中隊は前に出た。私たちは彼らを追いかけました。雪が降ってきて、100メートルも見えないんですよ。森の端に行くと、その衝撃で、ロシアの大砲が陣地に続く塹壕を中心に撃っているのが聞こえました。教会の信徒を指導しなければならない私は、この立場をどうとるべきか、しばらく考えていました。私は、陣地のある丘の向こう側を渡ることにした。手榴弾が横に落ちてくることもなく、丘の頂上までたどり着いた。雪が急に降り止んで、ロシア人に皿の上に乗っているように見られると、みんなで深い雪の中に逃げ込みました。で、今は？塹壕と陣地は手榴弾の黒い煙で完全に覆われ、さらに多くの砲弾がこちらに向かって押し寄せてくる。もし、ロシアの砲兵年代記や機関銃兵に見られたら、これまでと同じように道に迷っていただろう。このままではいけない、陣地を過ぎて400mほど、塹壕を過ぎて200mほどブロックしなければならないので、塹壕を過ぎて急ぐことにしました。"アップ、ゴー、ゴー！"と叫びました。すぐに全員が立ち上がり、窪地に沿って走る塹壕に向かって全速力で走った。ロシアの機関銃が音を立て始めたが、弾丸が頭上で鳴るのが聞こえるので、高射砲になった。息も絶え絶えになりながら、塹壕にたどり着いた。しばらく射撃が止むと、私たちは塹壕から一番遠い医療壕にできるだけ早く行こうとしました。塹壕からは、ほとんどその場で被弾してしまった。ある時は、3人の歩兵が死亡し、そのうちの1人は手足の切断がひどく、見分けがつかないほどだった。高度に整備された医療施設に到着したときは嬉しかったですね。医師は、舘が朝から持ち場を離れて休暇をとっていたことを教えてくれた。塹壕を歩いていると、最初の手榴弾に襲われた。すぐに医療シェルターに戻り、発砲が止まるのを待った。壕の裏側に手榴弾が当たり、窓枠の下部に形成されたスプルース材に小さな爆薬の破片が突き刺さったのである。それが、かわいそうな人の額に当たった。ベンチから落ちて、その場で死んでしまった。思い余って家にいたのだろう、かわいそうに、もう親族には会わないほうがよかった。

　雷鳴と手榴弾の音は再び始まった。また休憩になると、各自が

できるだけ早く自分のMGに向かおうとした。しかし、またしても砲弾が襲ってきて、榴散弾や土砂の破片に当たらないように横にならざるを得ませんでした。やっとたどり着いた孤児院。壕の屋根の上で軽い手榴弾が炸裂したが、貫通しなかったので、息子たちは顔を恐れた。突然、歩兵と機関銃の発射音が聞こえた。飛び起きて双眼鏡を手に取ると、シシコボ団地の後方にあるロシア軍陣地には、攻撃準備中のロシア軍歩兵がいっぱいいたのです。"みんな出ろ！" 私は塹壕の中で叫びました。男の子がいる。溝の中のニッチにあった機銃を戦闘態勢に上げて装填した。ロシア人を見ると、最後の一人が彼らの溝に消えていくのが見えた。その場でドイツ軍の榴弾が大量に炸裂し、ロシア軍は攻撃を開始する前に退却を余儀なくされた。私たちは待機するよう命じられた。二人の男がずっと機関銃を持っていなければならなかった。他の者は地下に潜りながら、眠らないようにすることになっていた。この日は、平和に、静かに終わった。ロシア軍の攻撃を常に恐れていたため、夜間には大量の照明弾が発射され、ほとんど日が暮れてしまい、ロシア軍は白い雪の上に忍び込むことができなかったのである。そこでは、夜半過ぎに機関銃が撃ち始め、その間に歩兵の打つ音が聞こえてくる。

　そして、ドイツ軍のヘッドライトが我々の背後で光り、我々の陣地の間の無人地帯を照らし、最後に、ロシア軍から我々の陣地まで続き、我々のMGスタンドから見ることができない空白にすべての光を与えた。照明弾を数発撃ったが、前方にロシア軍の気配はない。やがて、再び発砲が止んだ。そして、ロシア軍の突撃隊が我々の陣地に沿って空中から接近してきたが、発見されて応戦し、ロシア軍7名の死者と彼らが連れてきた重傷者1名を出したと知らされた。機銃掃射壕の中の金網のベッドに寝かせ、そこで意識を取り戻した。しかし、大量に出血し、半分凍っていたため、翌朝には亡くなってしまった。それ以来、私たちは平穏な日々を過ごしています。一日に数回の手榴弾を除いては、もうロシア人に悩まされることはなかった。ガンナーになってから、見張りをすることがなくなりました。でも、自分のタイムは出したので、みんなはもう少しましでしたね。夜はとても寒いので、シェル

ター内のストーブで乾燥砂を詰めた袋を常に温め、機関銃のマントルの中で水が凍らないように縛り付ける必要がありました。凍結したマシンガンでは、撃つことが不可能だったからだ。以前は、グリセリンに水を混ぜていたので、加熱する必要はありませんでしたが、水は絶対に凍らないことがわかっています。さて、ほとんどのものに言えることだが、グリセリンが不足していた。暖房も調子が悪かった。ただ、煙はひどいが燃えない、凍った緑のトウヒがあっただけだ。コーヒーができるまで、よく肺を膨らませたものです。クリスマスには、ビスケットの箱がいくつもおろされ、森の中の食堂を通りました（Zuckerbretla）。他の食堂では、靴の油、筆記用具、鉛筆、カード、イワシの缶詰、時には果物の缶詰などを主に売っていたので、これは珍しいことであった。袋いっぱいのビスケット、MGチーム用の5ロールを除いて、ほとんど全部1個ずつ買いました。よくもまあ、あれだけのものを胃袋に吸収させたものだと、今でも驚いています。クリスマスイブには必ず、男二人で3/4リットルの酸っぱいラインワインをクリスマスプレゼントとしてもらいました。 1916年から1917年の大晦日、私は壕の中で寝ていたのですが、兵士たちに起こされてしまいました。時計を見ると、もう真夜中だ。

　外では、衛兵たちが新年を祝っている。お互いに新年のあいさつをした。でも、だからこそ、「起こさなくてもいいのに」と私は店員に言った。"そのためにこの仕事を受けたのではない "と彼は答えた。"中隊の軍曹からの命令をお届けします" 荷造りをして、フォレストキャンプにいる彼に報告するのだ。理由がわからなかったので、とても驚きました。店員でさえ、何も教えてくれないし、教えてくれない。そこで私は荷物をまとめ、凍ったカチカチの雪の中を森のキャンプに向かって走った。すると、前方の兵士が荷物をまとめているのが見えた。 "おい、お前、ちょっと待てよ！"と叫びました。彼が立ち止まると、同じくMG社のベックというロレーンが見えた。"どこへ行くんだ？「と尋ねました。"中隊長へ "と言った。"店員 "に報告するように言われた。軍曹のケーセメートに着くと、すでに数人のアルザス人が片足からジャンプして、何人もの手で暖めていた。一緒に出てきて、窓もドアもない空っぽの小屋を見せられ、そこで一日中待つように言われた。 今度は、地下のシェルターから細切れの木を盗んできて、中

がとても寒いオープンシェルターで火を焚いたんだ。人々が罵り、罵られ、様々な意見を交わす火のそばで、私たちは座った。私は、「いいですか、私たちは44連隊が一番長いんですよ」と言いました。転送されたようだ... そして、その通りだと思います。

外では、衛兵たちが新年を祝っている。お互いに新年のあいさつをした。「しかし、だからこそ、私は店員に「あなたは私を起こすべきではなかった」と言ったのです。"そのためにこの仕事を受けたのではない "と彼は答えた。"中隊の軍曹からの命令をお届けします" 荷造りをして、フォレストキャンプにいる彼に報告するのだ。理由がわからなかったので、とても驚きました。店員さんでさえ、何も教えてくれない、教えてくれない。そこで私はバゲージをし、凍ったカチカチの雪の中をフォレストキャンプに向かって走った。すると、目の前で兵士が荷物をまとめているのが見えた。"おい、お前、ちょっと待てよ！"と叫びました。"どこへ行くんだ?"と尋ねました。"中隊長へ "と言った。"店員 "に報告するように言われた。軍曹のケースメートに着くと、すでに数人のアルザス人が片足からジャンプして、何人もの手で暖めていた。一緒に出てきて、窓もドアもない空っぽの小屋を見せられ、そこで一日中待つように言われた。 今度は、地下シェルターから細切れの薪を盗んで、中がひどく凍っているオープンシェルターで火を焚いたんだ。人々が罵り、罵られ、様々な意見を交わす火のそばで、私たちは座った。私は、「いいですか、私たちは44連隊が一番長

1917年1月2日から4月14日まで第260予備歩兵連隊とともに ロシア北方

　荘園内には第260予備歩兵連隊の本部が置かれた。そこに連れて行かれて、各社に分配された。MGに配属されるようお願いしました。電話の後、MG-Company260は空きがないと言われた。それで、12人ほどの第9中隊に配属されたんです。暗くなっても、

森の中の立派なシェルターに中隊事務所がある9中隊の軍曹のところに連れていってもらった。気さくな方で、歓迎されて大満足でした。すぐに「何か食べるものはないか」と声をかけてくれて、パンと肉の缶詰を買いに走ってくれました。何もない避難所で一夜を過ごすことになったが、そこはすべてが凍りついて真っ白になっていた。火を起こしても、暖かくなるまでに時間がかかる。第260連隊のいるところは、一晩中、地雷や砲弾の音が轟いていて、かなり危険なようだ。

　翌日の夜、寝ているところを会社の秘書が起こしてくれた。店員さんは、森の中を20分ほど一緒に歩いてくれました。森のはずれで、塹壕に行き着いた。店員は、この塹壕を歩き続ければ第9中隊に入れる、と言ってくれた。踏ん張っています。　夜は厳しい寒さだった。凍った雪が、一歩一歩大きく音を立てる。夜中に一人で知らない溝に入っていくのは、ちょっと怖かったです。時には立ち止まって耳を傾けることもありました。警備員の音が近くに響いていて、自分の位置から離れられないのだ。突然、ブーンという音と閃光、そして数秒間の騒音。大きな弾丸が私に当たり、私に輝いていた雪が飛び、いくつかの土の破片が私の上に飛んできました。危ないところから逃げようと、不本意ながら走り出したのです。突然、走馬灯のように3つの溝に分かれた。一人は半分右に、もう一人はまっすぐ前に、そして三人は左前方に導いた。「どれが正しいんだ？私は、"数百歩歩いて、やっと最初のポストにたどり着いた　"と言った。最初の投稿で、どこの会社に会ったか聞いてみました。"4番目　"と答えた。前線のその部分を占領しているシレジア連隊のことである。私は間違っていた。"260連隊はどこだ？"　この先、右側にいるんですよ」と答えた。お礼を言って、前の溝を探しに行きました。ほぼ全員のセンチネルが暖を取るために動いていた。全員、鼻の下からあごまで、鼻から目までかぶり物を外し、指先の広いスリットだけを残して透視した。

　翌日の夜、寝ているところを会社の秘書が起こしてくれた。店員さんが一緒に森の中を20分ほど歩いてくれました。森を抜けると、そこは塹壕の中だった。店員は、「このまま塹壕を歩き続ければ、第9中隊に入れるかもしれない」と言った。私たちは、塹壕の中を歩き続けました。夜は氷のように寒かった。凍った雪は

、歩くたびに大きな音を立てる。夜中に見知らぬ塹壕の中を一人で歩くのは、ちょっと怖かったです。時には立ち止まって耳を傾けなければならないこともありました。衛兵の音が近くにあって、自分の位置から動けない。突然、爆発音がして、閃光が走り、数秒のノイズが走った。大きな弾丸が命中し、私に当たっていた雪が飛び、土の破片が飛んできました。私は身を隠そうとせず、走り出した。突然、走る馬のように、3つの溝に分かれた。1人は右半分、1人は正面、3人は左手前に行った。"正しい "のはどれだ？私は、"数百歩歩いて、やっと最初のポールにたどり着いた "と言いました。最初のポストで出会ったのはどの会社なのか聞いてみた。" と聞くと、「4番目」と答えた。その前線の一部を占拠していたのがシレジア連隊である。私が間違っていた" 第260連隊はどこだ？" 私は、「この先、右側にありますよ」と言いました。お礼を言って、この先の溝を探しに行った。ほぼすべてのセントリーグがウォームアップのために動いていた。全員、鼻の下から顎まで、鼻から目まで被り物を外し、指先の広いスリットだけが透けて見えるようにした。

断ると、「銃声が聞こえたら、すぐに塹壕に行け！」と言われました。- "フォックスホール "って？"と尋ねました。そして、溝の底から手前に作られた番小屋の横にある、木で覆われた人が楽に入れるような穴を見せてくれた。ドカンと、また殺人事件。軍曹は塹壕の中に這入った。もう場所がないので、溝の底に戻りました。そして、今度は少し上空を飛んできた。さらに数個の地雷が出現したが、これほどまでに接近することはなかった。最終的に私は全く立たず、塹壕の中に留まりました。ようやく安堵の表情になった。凍えるような寒さのため、1時間おきにリラックスする必要がありました。ろうそくの明かりが灯る丸太小屋に入り、凍っていたブーツを脱いで、ストーブのそばで少しでも足を温めようとした。外で口と鼻にかぶせたヘッドギアが、口の前で凍ってしまい、割れそうな氷と霜が出来てしまったのです。少し暖かくなると、針金のベッドに横になって寝ました。なんと、2時間後にまた自分の番が回ってきたのです。眠ったかと思うと、またほっとする。一晩に6回も見張り番をしなければならなかった。もちろん、他の兵士も同様だった。夜は果てしなく続くようだった。

寒い夜に一人で立っていると、自分はここで何をしているのだろう、誰を守っているのだろうと思うことがあります。アルザスの人々には愛国心など微塵もなく、この戦争の真の扇動者たちの快適な生活を思うと、ひどい怒りがこみ上げてくることがあった。私は内心、二階の中尉から始まるすべての将校に腹を立てていた。彼らは皆、より良い生活をし、最高の配給を受け、さらに良い給料を受けていた。一方、貧しい兵士はある兵士の歌にあるように「祖国のため、金のためではなく、ハラハラ、ハラハラ」と戦争の苦しみを味わわなければならない。哀れな兵士たちは、この件に関して自分たちの意見を持たなかった。彼らは何も言わず、ただ盲従するのみであった。

　ある日、地雷だらけになって、どこに隠れていいのかわからなくなった。そこで、みんなでコンクリートの医療用シェルターに逃げ込みました。シェルターの右と左に巨大な翼状の地雷が打ち込まれていた。突然、ものすごい轟音に圧倒された。シェルターの屋根の上で地雷が爆発したのだ。鉄筋コンクリートの屋根が壁の上に乗っている部分には、必ずひび割れが生じていた。ショックが大きかったため、表紙を公開しました。目が合ったのが怖かったです。まるで爆発のようで、全員が地面に倒れそうになった。またシェルターが直撃しました。今度はセメント製の船体全体が手幅ほど横にスライドした。そして、すでに仲の良かった同志のカール・ゲルターに、「カール、私はここに残らないぞ」と言った。-"どこへ行くんだ?「という質問がありました。"次のパンチ　"を待ちます。なんなら、一緒に来てもいい。次の地雷が鳴った時、二人でバンカーに上がり、陣地を横切ってフェンスに続く溝まで走った。そっちに行ったんだ。今は、地雷はすべて上空にあるので、完全に安全なのだ。高いキャノピーで私たちの話に耳を傾けてくれる彼らを、美しく眺めることができました。すると、ドイツの大砲が反応し始めた。バンバンバンバン、後ろから森に向かって発砲。 大きな汽笛とともに、ロシア軍の陣地に向かって突進してきた。リスニングホールにあった溝のミラー越しに、そこの衝撃を見た。とても刺激的で面白い光景だったので、二人とも寒さを忘れてしまいました。ロシアの砲兵隊も弾薬があることを示したかったのだろう、榴散弾の混じった砲弾を大量に送っ

てきた。雷が鳴り、あちこちで呻き声がするので、人々は視覚と聴覚を失う。今晩は火が消えました。

　定位置に戻りました。塹壕はほとんど平らなところもあった。暗くなるまで待って、塹壕を再び通れるようにし、ある程度修理した。いくつかの壕が一緒に倒されたが、そのうちの1つだけに6人の兵士が入り、そのうち4人が死亡、2人が重傷を負った。夜の闇の中、凍った地面と折れたモミの幹の下で、重傷者2人と死者4人を引っ張るのは、悲しくも大変な作業であった。ロシア軍は、この戦線でますます勇敢になっていた。壕から煙だけが上がっているところに、地雷や手榴弾を撃ち込んでいくのだ。それ以来、石炭を焚くのは1日だけとなった。戦線後方の広い森で焼かれ、軽便な列車で戦線に運ばれた。2日に1回、各グループに大きな石炭袋が配られる。ある朝、ブラウ伍長の命令で石炭を取りに行った。袋はラウフグラーベンの河口に定位置に積み上げられた。すでに多くの荷物が持ち去られていた。バッグを背中に持ち上げようとしたとき、頭上で榴散弾が炸裂し、爆発したのです。積荷はすべて、1メートル先の塹壕の壁にぶつかった。同時に、背中に鋭い刺戟を感じた。みんなで近くの古いシェルターに後ろ向きに飛び込んだ。そこで私は、兵士の背中にある私のスカートが何か見えるかどうか尋ねました。豆粒ほどの穴を見つけたのだ。小さな破片があると言いましたが、全然悪くないと感じました。その破片が背中の張力を支える皮膚の一部に刺さり、貫通力がかなり弱くなった。豆粒ほどの大きさの破片は、皮膚の下にしかなく、兵士が爪で摘み取った。手術が終わると、むき出しの背中にすごい冷たさを感じるようになったので、うれしかった。バッグを受け取りました。厚い袋の上端が溝の縁に届き、榴散弾が舞い上がるので、あえて背負わなかったのです。

　配給はどんどん悪くなっていった。朝早くから持ち場に立ち、空腹で半分凍えながら小屋に着くと、パンも何もない、ということがよくあるのだ。

1917年1月、ロシアに対するクーデターが発生。

　ある日、「明日の夕方、重砲訓練の後、第9中隊は攻撃し、ロシアの陣地に侵入し、捕虜を連れてきて、どの部隊が我々の前に立っているかを判断しなければならない」という命令が下った。可能なら、ロシアの迫撃砲を破壊せよ！「これを聞いたとき、第9中隊にいた私は、心臓が止まりそうになりました。この寒さの中で、二つの陣地の間にいて、ひどい傷を負い、無力で、ゆっくりと凍死していくのは、どんなに恐ろしいことだろうと思った。もし、私がMG社にいたらどうなるのか！？そうすれば、この攻撃に参加する必要はないだろう！」と。翌日の夜には、攻撃で素早く移動するために、ワイヤーカッターで3本のワイヤーを切断しなければなりませんでした。幸いなことに、この作業中、ロシア人に見られることはなかった。翌日からゆっくりと這い上がってきた。攻撃中に何が起こるか誰も知らないので、みんなとても落ち込んでいました。

　午後には、ドイツの大砲と迫撃砲がロシア軍陣地に恐るべき砲撃を開始した。やがて、ロシアのフェンスに大きな隙間ができた。また砲撃が止んだ。夕方には準備に取り掛からなければならな

い。囲いの中に一人3個の手榴弾をぶら下げ、銃を仕掛けること
になった。私たちは、興奮と期待で胸がドキドキしながら、ドツ
ボにはまりました。その瞬間、すべてが静かになった。突然、ド
イツ軍の激しい砲撃が始まった。"行くぞ！"口先 "や "課長 "は泣
いていた。みんなで堀に登り、凍った高い雪が許す限りの速さで
金網の回廊を走り抜け、ロシア軍陣地へ。私たちが塹壕に近づく
と、私たちの突撃基地のドイツ砲はさらに後方で砲撃し、左右の
砲弾はロシア軍の前進陣地に侵入して、ロシア軍が私たちの側面
から砲撃するのを防いでいたのです。ロシア側の塹壕に着くと、
手榴弾が何発か投げ込まれ、爆発した。塹壕に入った数少ないロ
シア兵は、完全に驚いていた。何人かは応戦した。2人が撃たれ
、3人が負傷した。ロシアは潰された。このかわいそうな悪魔た
ちには、びっくりさせられました。他の人たち、30人くらいはあ
きらめた。かわいそうに、どんなに怖かったことでしょう。地下
シェルターに荷物を詰め込んで捕虜にさせる。侵入地点の両側に
は、手榴弾を持った数人の兵士が立っていて、ロシア人が溝の中
で攻撃してくる場合に備えて、肩から手榴弾を投げられるように
なっていた。しかし、攻撃はなかった。ただ、「帰りたい」とい
う思いだけがあった。長い間、暗かった。ドイツ軍の大砲が再び
激しく発射され始めた。砲撃に紛れて帰れというサインだった。
今度はロシア軍の大砲がドイツ軍の陣地を占領し始めたので、帰
りは危ないと思われた。ロシア側には、退却の準備をするように
と伝えた。みんなでロシアのお墓に登って、真ん中の捕虜を奪っ
て帰りました。ロシア人に見られた。何発かありました。一人が
腕を、ロシア人の一人が足をやられた。しかし、彼らは皆、3人
の負傷者とともにロシア軍陣地に引きずり込まれた。塹壕に着く
と、ロシアの大砲がまだ手榴弾を飛ばしてくるので、みんな急い
で隠れようとした。火が止むと、中隊は塹壕の中に整列しなけれ
ばならなかった。8人の行方不明者が報告された。ロシアの塹壕
に2人落ちて、3人がそこにいて、1人が帰る途中で負傷して、8対
6になりました。他の2人はどこに行ったのか、誰も知らない。翌
朝、夜明けになると、私たちの陣地の間の雪の中に死体が横たわ
っているのが見えた。最後の1枚が出る気配がない。

摂氏38度 1917年1月

翌日の夜、私たちの大隊は解放された。約5マイル先で通過し、大きなシェルターに入れられた。今は今までに感じたことのない寒さです。温度計は氷点下38度まで下がりました。朝焼けが一番寒かった。空気がチカチカするほど寒かった。大きな水漏れのある水深1メートルほどの小川が、底まで凍っていた。そのため、コーヒーを入れたり、水を飲んだりするためには、台所用具の雪や氷を溶かさなければなりませんでした。ソリで運ばれてきたパンなどは、石のように固かった。

もし、ある人が鼻に帽子をかぶらなかったら、5分間は鼻先が白く黄色くなり、血も全部消えたことでしょう。鼻は完全に麻痺していた。そして、一人がもう一人を監視するようにとの命令が下された。また、凍った部分をすぐに広げて縛れるように、凍結軟膏を一箱ずつ配った。"男、鼻が白いぞ！" - は、どちらからともなくよく耳にします。そして、すぐに鼻にアイスクリームを塗り、縛り上げました。鼻、耳、頬骨の皮膚、足の指、足指を凍らせるのが手っ取り早い。

数日間の休養の後、毎日前進して陣地を強化する必要があった。凍えるような寒さの中、これはなかなか難しい。塹壕の中のセメント板を、シェルター建設に使う場所に移動させることがほとんどでした。帰りは、ロシア人から見えないように、白衣にフードをかぶせた形にした。

1917年1月末に帰任。

　休息時間が終わると、彼は自分の持ち場に戻った。今回はさらに1kmほど北上して到着。この時、ロシアの塹壕と我々の塹壕は50メートルほどしか離れていなかった。誰一人として頭を出して

はいけないということは、当たり前のことだった。夜間は半分のクルーが攻撃に備えて見張りをしなければならない。だから、みんな凍えるような寒さの中で、毎晩8時間も外にいなければならなかった。寒かったですねー。数分もじっとしている人はめったにいない。常に踏みつけられ、噛み合わせがあった。ほっとしたのも束の間、シェルターで何かが温まっているとき、30分から30分の間でしたね。そして、硬いワイヤーのベッドに横たわり、残りの1時間を過ごすのです。眠くなる前に、また出掛けなければならない。夜中にバックルをはずすのも、靴を脱ぐのも厳禁だった。だから、仰向けに寝て、お腹の上でパトロール袋を満たしてもらうしかなかったんです。銃はベッドの上に吊るして、警報が出たときにすぐに使えるようにした。少なくとも週に2回は警報が鳴り、将校たちは塹壕がどのくらい占領されているかがわかるからだ。

　ある朝、パンの受け渡しに行かされた。テントを肩にかけ、コートのポケットに手を入れて、300メートルほど離れた受付に行った。パンはテントに運べるだけ持っていきました。その時、避難所にハンドシューズを忘れてきたことに気がつきました。素手でテントの角をつかみ、パンを背中に抱え、シェルターまで全速力で走りました。なんと、指が凍ってしまったのです。テントの布にしがみつくのがやっとだった。ようやくたどり着いた。すでに何本かの指先が、白と黄色に凍りついていた。すぐに手にアイスクリームを塗り、包帯を巻いた。指はほとんど痛みを感じなかったが、手と特に胸が痛くて、金網のベッドの上で転げ回った。15分ほどでまた痛みはほとんどなくなりました。手に巻いた包帯を取ると、指先に血がにじんでいるのが見えた。

　1917年2月初め、私たちは再びケケリ村に移された。ケケリは、藁で覆われた木造の家がいくつも点在している状態だった。これで夜も眠れるようになった。毎日、村の外にある雪の積もったポストの中で働かなければならなかったのです。約1週間後、私たちは戦線に復帰しました。私たちは元の位置に戻りました。そして、ロシアの陣地に対してクーデターを起こせという指令が出た。クーデター後、志願者は鉄十字勲章を授与された。なんと、12人もの人が志願してくれたのです。翌日、夜明けに12人が司令部に出て、数回のジャンプでロシア軍陣地にたどり着いた。あま

りにあっという間の出来事で、ロシア側は一発も発砲していない。　何発か発砲した。約2分後、我々の機関銃が音を立て始め、侵入地点の左右、ロシア陣地の真上に移動した。その後、兵士たちはロシア側の塹壕を離れ、できるだけ早く自分たちの陣地に戻った。残りは11人。12番目がどこに落ちたのか、誰も知らない。私たちは、彼が捕まるためにわざとそこに留まったのだと思った。襲撃者は、彼らの言うように、一人のロシア人を撃っただけだった。財布と破れた脇の下を持ってきた…。

　私たちのいる位置は、敵に近すぎて危険すぎるのだ。だから、1kmの長さ、300mくらいのところに、すでにシェルターのあるいい場所ができているので、そこに戻されるべきなのだ。前線にいた最後の夜、爆薬の箱を前線まで運ばなければならなかった。これを壕の上に配して針金でつなぎ、壕の入り口や窓を土嚢で覆っていくのである。夜明けとともに先頭のポジションを離れ、さらに後方に新設されたポジションに移動した。正午になると、このポイントは爆破されることになった。みんな楽しみにしていたんですよ。突然、地響きがするような爆発音がした。目の前には100以上の黒煙が立ち昇り、四方から土の塊が飛んできて、千切れ、モミの木の幹ごと、ゴロゴロと音を立てています。すぐに8人のパトロール隊を塹壕に送り込み、すべての壕が破壊されたことを確認した。その時、6人のロシア人のパトロールに出くわしたが、すぐに降伏して、我々の部下に連行された。

　今は、いつもと同じように、ポストに立ち、まずい食事とシラミに悩まされる生活が続いている。1917年3月末、私たちは任務から解放され、その後数日間、休養に入った。天気は少し穏やかでしたが、それでも雪がたくさん降りました。今度は、雪の中でドリルをしなければならない。チームリーダーはシュナイダー伍長で、彼は29歳ながらすでに化学の博士号を取得していたが、軍隊生活は全く好きではなかった。私たちの大隊長はとても厳しい人で、よく大隊の周りを回って、グループの動きを見ていました。シュナイダー巡査は、私たちと一緒にいたとき、悪い命令を出した。大隊長は、「どうしてお前のようなウシが伍長になったんだ」と、大罪を犯したかのように怒鳴った。サービスを一から学ぶリクルートデポのあなたの居場所！　お前、伍長」と言われ、「

すぐに指揮をとれ！」と言われました。私は声量があり、4年間の軍隊生活でチームを知っていたので、チームを率いるのは簡単でした。それを見ていた大隊長が立ち上がり、"よし、伍長"と言った。兵士になってどのくらいですか？1913年10月から「と答えました。"現場"歴はどれくらい？「戦争が始まってから、4、5ヶ月くらいの間隔で。"なら、なぜまだ軍曹じゃないんだ？"アルザス人"です。連隊は4回変わりました。"その後、大隊長が中隊長のケルル中尉を呼びに行きましたが、彼は良い先輩で私のことをとても気に入ってくれていました。" 二人とも私のことをよく見て、私のことを話しているのがわかりました。演習が終わると、連隊長が大隊長にメッセージを伝えてくれた。それを読んで、「大隊のみんな、こっちに来い！」と叫んだ。- 全員が振り返り、大隊長を囲んで円陣を組んだ。兵士たちよ、この戦線での戦争はとても必要なのだ」と彼は言い始めた。ロシアで革命が起きた。ツァーリが倒されたのだ。サンクトペテルブルグの守備隊3万人は革命派に加わった。"1917年2月23日の二月革命、そして3月17日のツァーリ・ニコライ2世の退位である。

みんな口をあんぐりと開けて聞いていて、それから宿舎に行くことができた。可能な仮定も不可能な仮定もすべて交わされた。軽便鉄道の汚いレールを取り壊すことになるのではと心配する人もいれば、「これからサンクトペテルブルクやモスクワに行くんだ」と言う人もいた。ほとんどの人が「もうすぐ塹壕生活が終わる」と喜んでいたが、私自身はまだ納得していなかったが、それ以上何も言えなかった。前方では、個々の大砲の発射音が以前と全く同じように聞こえていた。だから、革命はそれほど悪いものではなかった。数日後、本当の事実が明らかになった。確かに皇帝は倒されたが、それは和平を望んだからに他ならない。しかし、戦争は、独裁者ケレンスキーの命令で、労働者代議員会の臨時執行委員会の一部である。1917年7月、10月革命前のロシア首相。第一報とはずいぶん、違うようだ。

　　　　1917年4月初め、私たちの連隊は完全に分離された。帰ってきて、ユダヤ人ばかりが住んでいるシャバット・スルバットという小さな町に2日間閉じこもって過ごした。私は、1916年10月の休暇以来、初めてそこで民間人を見た。食べ物は売っていないが、それ以外のものはあった。そして、ティールームには、砂糖

の代わりに甘くしたおいしい紅茶が残っていた。そして、アベリ駅へ。そこで積まれたのが 誰もどこに行けばいいのかわからない。私たちはRadviliskis、Rokiskisを経由してSiauliaiを経てJunškaに戻りました。そこで私たちは列車に恋をして、3日間眠りました。そこでは、部屋の床で眠りました。隠し通路で卵12個とベーコン1ポンドを買うことができました。これでリーズナブルな食事が2回できました。3日間を終えて、列車でシアウリャイに戻った。私はもう一人の伍長と一緒に軍曹に昇進することになった。シャウレイに着いたとき、「アルザス・ロレーヌのロラチアはすべて倒れた！」と書かれていた。「その理由はすぐにわかりました。岸壁に行列を作ることになった。中隊長がやってきて、未来の中隊長に手紙を手渡した。私と第9中隊の他のアルザス人への推薦状である。お礼を言い、中隊長は別れを告げた。外出が禁止されていたので、仲間に別れを告げることができなかった。帰り際に、最後のお別れをしました。連隊というか師団はフランスの戦場に移送され、我々アルザス人は同行することが許されなかった。Siauliaiでは、古い皮革工場に2日間住みました。1,200人くらいでしたね。でも、44部隊から運隊に移ったときと同じ叱責があった。

　前任の中隊長からの推薦状の内容を実際に見て、とても驚きました。封筒には「中隊長宛」とだけ書かれていた。手紙は白紙の封筒に入れればいいと思っていた。そこで、破って読んでみた。この手紙は、私への賞賛と、ルファックから来た走者ハリーへの賞賛、そして第9中隊の他の兵士への賞賛であった。中隊長からとても尊敬されていることが嬉しくて、手紙の内容は仲間のランナー・ハリーにだけ教えてあげました。翌日、私はラナーと一緒に町に出て、何か食べられるものを買おうとしました。残念ながら、お茶屋さんではお茶しか見つかりませんでした。多くの兵士も人里離れた路地へ入っていったのには驚いた。何か売っているのだろうと思い、二人で行ってみた。蜂の巣のように出入りしている家の中に入ってみた。私たちは、8人ほどの売春婦が残虐行為をしている公娼館に入りました。各戸に兵士の列ができ、次々と入ってくる。二人とも同胞に恥ずかしくて引き返した。兵士はすべてアルザス人だった。翌日、軽便鉄道で北へ約60kmの前線に戻りました。ジェカブピルスからほど近いところで、私たちは列

車に恋をして、さまざまな連隊に配属されました。軍曹の運転で戦場へ。行軍まであと15kmほど。軍曹もいろいろ聞いてくれて、喜んで連隊本部に引き渡してくれた。すぐに大隊に送られ、そこに連れて行かれた。並ばないといけなかったんです。そして、65歳のジルマー少佐が歓迎のあいさつをした。それまで連隊にはアルザス人はいなかったので、少佐は彼らを一目見て知っているだけだった。しかも、あれだけ言っておきながら、アルザス人やロラン人のことはほとんど聞いていないようだ。まず、前に出てきて、みんなの帽子を見る。"悪くない "です。"二等兵 "だと思っていた。「というのが、彼の第一声だった。"デブの犯罪者は丸坊主を許されない"　そして、「何が見えるか」と続けた。中には鉄十字勲章を付けている人もいますよ」と、まったく不可能なことを発見したかのように驚きの声を上げた。"私がやりたかったのは、昔の悪役を撮ること" 自業自得だ！

飢餓

　一人当たりのパンの量が、以前の1.5ポンドではなく、1日1ポンドしかないことが突然明らかになったのだ。ドイツや被征服地域では、食料の供給が非常に多く、新しい収穫の前にパンが足りなくなることが判明した。それで、毎日半ポンドずつ取られたんです。1916年の秋はジャガイモが不作だったため、4カ月間ジャガイモが全く見られず、食料はさらに少なくなった。次第に兵士たちは皆、空腹でどうすることもできなくなった。
　食事は、朝夕に無糖の代用コーヒーで作ったまずいブラックコーヒー、1日1パウンドのパン、これを朝、コーヒーと一緒に全員が食べるというものであった。それから、バター、ジャム、レバーソーセージを交互に食べたり、「モンキーファット」と呼ばれる灰色の脂肪を食べたりしたが、一人当たりわずか数グラムで若い猫ならともかく、空腹の若い兵士を養うには十分であった。
　しかし、今では週に3回、肉なしの日がある。昼食は1リットルの薄いスープで、主にマンカや乾燥野菜のスープであった。フィールドキッチンは、食べ物のある位置へ移動しました。お風呂の中でトロッコに乗せて、予備の列車であるスープを運んできても

らいました。荷車が到着すると、誰もが一番乗りを目指していたので、ほとんどの兵士は荷車に会いに行った。バケツそのものはスプーンで掃除していました。最初の人が先に行こうと荷車にしがみつくと、運転手がいきなり馬に身を投げて配達先に行くので、先に行きたい人が最後になることもあったそうです。しかし、まだドイツの勝利を信じるような愚かな愛国者たちがいたのだ。

　春になり、破壊された家の庭や生垣、道端などにたくさんのイラクサが生えました。獲れたらすぐに摘み取り、塩水で茹でてスープに混ぜ、昼に食べたという。野菜としてよく使われるタンポポや植物の葉、ホウレンソウなども採取し、調理して食べていた。　一度だけ、野生の猫をトウヒの木から引き剥がしたことがあります。味はおいしかったですよ。まさか自分が猫の肉を食べるほど卑屈になるとは思いませんでした。

　毎晩、新しい金網を作り、予備の塹壕を掘らなければならないのだ。夜が明けて、私たちは兵舎に戻りました。帰りは、2人組、3人組、10人組と、みんな好きなように行きました。ハリネズミが目の前の道路を駆け抜けた。8人ほどが溝に飛び込んでハリネズミを捕まえました。だから、兵士たちは溝に押し込んだ。誰も獲物を逃したくないのに、誰も獲物を捕らえることができない。私も溝に飛び込んでみると、ハリネズミが自然に丸まって、それを押している兵士の足の間に横たわっていた。私はすぐにハリネズミを引っ張り出し、その頭から帽子を取り、足を転がしました。ハリネズミは私のものだった！　半分を炒めて、もう半分はスープのように煮込みました。私にとっては本当の休日でした。ある朝、会社からの帰り道、池で100匹のカエルが産卵しているのを見たんです。私は、ストラスブールから同志のガートナーとともに、彼らを捕らえるためにそこに行ったのです。すぐにクリーニングを行いました。プロイセンではカエルは食べないので、見ていたプロイセン人は嫌悪感で吐きそうになった。今度は二人でフライパンでオーブンで焼き始めました。前日、庭師が家からバターを半ポンドもらってきて、バターで炒めた蛙の足はとてもいい匂いを放っていた。プロイセン人はいい匂いに誘われて次々とやってきては、悲しげに鍋を覗き込んだ。カエルを洗うのが一番好きだった人が、鍋を全部空にして食べるようになったんです」。でも、二人とも自分たちで釣って料理したほうがいいと言った

んです。"それ以来、この地域一帯で無事なカエルはいない。

　かつて、大隊の点呼があった。みんなで行列に並びました。そこへ連隊長がやってきた。 もちろん、ダッシュのパレードは論外だ。第一に、パレードの練習をしていないこと、第二に、足の悪い人を投げるだけの力がないこと、である。次に、大隊全体が連隊長を中心に半円を描くように並ばなければならなかった。"同志よ！"と彼は言い始めた。"私たちは飢えている、それは事実だ！" 「そう、我々は飢えている。しかし、イギリスも飢えている。我々の潜水艦はそうだ、沈まずにイギリスに到達する船は稀だ」と彼は続けた。フランスも疲弊し、食糧不足に悩まされています"(「2日前に家から手紙が届き、そこには食料は十分にあり、困っている様子はないと姉が書いてあった」。) プロレスの試合と同じで、相手はグラウンドで戦っているのに、肩を持っているようなものです」と続ける。その肩はまだ下りていないので、踏ん張らないといけない。なぜなら、私たちが望むから、私たちがしなければならないから、そして私たちが勝つからです"．愛国心の強い兵士の多くは、当然ながら連隊長の言葉を信じていた。やがて飢えるであろうイギリスやフランスの話になると、私は財布を取り、妹の手紙を渡して読んでもらった。"くそったれ"だ！"話す"人もいた。"このままでは、間違ってしまう！「1917年5月、我々の連隊は戻ってきた。軽便鉄道で150キロほど南下した。ノボ・アレクサンドロフスクという小さな町で列車を降り、スメリンズの前線まで、とても良い広い道を歩いた。ここには、いくつかの小屋と、塔が取り壊された教会とがあった。また、兵士たちは疲れ切っている様子で、ここでも飢餓が蔓延していることがわかる。

　私の会社は、Meddumseeの右とIlsenseeの左の二つの湖の間にある小回りのきく森にあった。ロシア軍の陣地は、150メートルほど前方にあった。ある夜、私が警備をしていると、ロシアの機関銃が私たちの陣地を攻撃し始めた。頭の右と左に弾丸が発射されたので、顔に地面が降り注ぐ。雷のように安全な隠れ家にいたので、その夜は隠れ家を点検する勇気はなかった。ここでは、そのポジションが非常によく練られていた。塹壕の全線は深さ5メートルの通路を通り、15メートルごとに階段のついた入り口が塹壕とつながっていた。全体としては、それほど危険なポジション

ではなかった。毎日、何度も何度も手榴弾や榴散弾が飛んできた。でも、少しは被害が出た。またチームリーダーになったので、見張りをする必要がなくなりました。毎晩1時間だけ、ポジションを考え直すために掘り下げる時間があったんです。特に暑い夜、体力を消耗して倒れ、衛兵所の近くの溝に横たわっている衛兵に何度か遭遇したことがある。完全に疲労した兵士たちは、14日から3週間、戦線後方のどこかのレストハウスで体力を回復させるために過ごす。私は再び大隊のMG中隊に入ろうと、MG中隊長のところへ行き、私の要求を伝えました。中隊長のライスヴィッツ男爵は、私にとても親切で、私の中隊でやってもらいたいと言ってくれたのです。私は会社に戻りました。2日後、バタン・ロンスに「第5中隊のリヒャルト二等兵は、第332歩兵連隊MG第2中隊に引き渡した！」という命令を受けた。私は仲間に別れを告げ、自分の中隊に戻れることをとても嬉しく思った。巡査部長は私を温かく迎えてくれ、電話を使ってもいいか聞いてくれた。電話とはあまり縁のない私でしたが、「じゃあ、やってみようか」ということで、テレフォンオペレーターになったのです......。この電話シェルターは、ここで大きく曲がっているイルサ湖の水辺の丘にあり、ロシア人に対しては森の一片で覆われていた......。私たちは3人のテレフォンオペレーターで、1人あたり1日8時間奉仕していましたが、もちろんとても楽でした。一人はブースに座り、電話が鳴るのを待って、電話で注文を出すのである。陸軍の報告書も毎日総司令部から届いていた。それを記録し、木の上の箱に吊るすことで、兵士たちが大げさな勝利のメッセージを「食べる」ことができるようにしなければならなかった。ここでの生活は、とても楽しいものでした。胃袋の仕事さえ増えれば、配給があっても惜しくはない。生きるにはあまりに小さく、死ぬにはあまりに大きい！？一度、ゴーシェ家のパンを1ポンドいただいたことがあります ラインラントから送ってくれたんだ。14日間も旅をしていたのだから、荷物はどこかに置き忘れたのだろう。マザーゴーシュ！はパンをホットラップで包んだのだろう、パッケージを開けると中も外も緑色のカビしかなかったのだ。パサパサになると同じパンが食べられなくなり、捨てられなくなったのです。そこで、スープを作ったり、食器に水を入れたり、塩を入れたり、パンを切ったりしてみました。調理でカビが生えたので、そ

れを取り除きました。そして、スープを食べました。ほとんど楽しめませんでした。しかし、死を侮蔑して、それを飲み込んだ。湖のすぐそばには、今はもう自然に生い茂った大きな畑があった。場所によっては、ライ麦の穂が熟しているところもあった。パン袋いっぱいのライ麦をポケットナイフで切り、穀物をふき取り、籾殻を吹き飛ばし、丸石を取って石皿の上で穀物を砕いた。またそれをスープにしたんです。もちろん、スープもおいしく食べましたよ。これを8日間、ライ麦がなくなるまで続けました。お腹に何か入れたいと思い、よくラズベリーを探しました。キャノピーのすぐ後ろには、ラズベリーがたくさん生えている丸い丘があった。丘の表側はロシア軍に開かれていたので、最初は丘の裏側にだけ集まりました。どれだけ暑かったか。その時、私は自分がもう隠れていないことに気づかず、丘を回りこんでしまった。突然、手榴弾が跳ね返って、3メートルほど左の丘に命中した。白いシャツを着ているところをロシア人に見られた。もちろん、突然の衝撃にとても怖くなり、全力で丘を回り込んで安全な場所に逃げ込みました。走っていると足がスパイクに引っかかって、ラズベリーがほとんど調理器具から落ちてしまいました。調理器具はほぼ空っぽだったので、避難所に戻りました。

　湖の天蓋の近くに、2本のオールをつけた小さな艀（はしけ）があった。私は、当番でないもう1人の電話交換手と一緒に、厳禁のザクロ釣りに湖へ行った。時には、いい魚が釣れることもありました。手榴弾に火をつけて、ボートから3メートルほど離れた海中に投げ入れた。爆発音は、迷惑な音としてしか聞こえなかった。しかし、水が動き出したため、バージは揺れ始めた。付近の魚は一部死亡、一部気絶のみ。オールの扱いが不器用なので、艀を魚のところに持っていくのに時間がかかることもあり、気絶した魚がしょっちゅう来ては帰っていく。ある日、私たちは夢中で車を走らせすぎて、森に覆われなくなった湖の中に入ってしまい、ロシア人からよく見えるようになった。二人で気絶した魚を捕まえるのに夢中になっていると、30メートルほど前方の湖に手榴弾が落ちた。私は船縁から大きく身を乗り出すと同時に、仲間は反対側に立ってバランスをとっていた。手榴弾が当たったとき、仲間が身を乗り出し、荷船が揺れ始め、私は湖に真っ逆さまに落ちそうになりました。みんなでオールを持ち、少しでも早く森

を抜けようとした。しかし、そう簡単にはいきませんでした。漕ぎ出しが非常に不器用で、興奮のあまりミスをすることが多かったからです。2発目は私たちの真上を通過し、30メートル右側で爆発した。そのまま、着陸地点に戻りました。海岸線にいた何人かの兵士が、私たちを笑って話していた。一時期は釣りをする気も失せました。そして、本当にその通りでした。私たちのシェルターからほど近い茂みの中に、不要になった古いゴミ捨て場がありました。春にジャガイモが当たったのだろう、立派な茂みが生えていた。最初は取り出そうと思ったのですが、もしかしたらジャガイモがなかったり、小さいのしかなかったりするかもしれないと思い、そのままにしておきました。生きた植物を引き抜いて、またジャガイモを食べられるようにしてほしかった。半年以上、ジャガイモを食べるどころか、一度も見ていないんですよ！？ある日、森の奥の農場にある大隊の司令部に伝言をすることになった。ショーニーは、夜の間に何度も森の端から町まで連れて行かれたので、海兵隊員は毎晩、ジャガイモ畑の周りを見張り、パトロールしなければならなかった。帰ってクラスメイトの2人に「今夜はポテトが出るよ！」と言いました。"何、何？" まるで同じ口から出たかのように、二人は叫んだ。"はい、もちろんです！" 私は、"お任せください "と言いました。暗闇の中、アスタイオン社のスタッフに声をかける。警備員はすでにジャガイモ畑を巡回していた。ツーリングの歩哨が森の車輪に近づくと、私は落ち着いて茂みの後ろにひざまづき、歩哨が通った道からズルサズトを隔てるだけである。私は彼を解放し、彼が底をついたとき、私は四つんばいになってジャガイモ畑に崩れ落ち、手で塊茎を引き上げ、持ってきた土嚢袋に入れ始めたのである。夜の間にすでに何度も芋が盗まれていたので、毎晩歩兵が見張りをして畑を巡回しなければならなかった。 "今夜はポテトを食べよう！" なんだ、なんだ」と、まるで同じ口から叫ぶように...あ、そうか！？と答えた。"音 "を出すだけでいい "暗くなってから大隊の本部に向かいました。すでに10人が巡回していた。歩哨が巡回で森の端に近づくたびに、私は茂みの陰で静かにひざまずきました。ついに、茂みだけが、ポストの撮ったチェーミンと私を隔てた。彼が底に着いたとき、私は手と膝をついて這いつくばった。
　危険が去ると、また掘り始めた。だんだん砂袋がいっぱいにな

ってきて、獲物は推定25ポンド、野原の奥で二人の兵士が話しているのを聞いて、衛兵はほっとしたのではと思った。私はこの機会を捉えて、逃げ込んだ森の中に這い戻ってきた。壕に着いて、初めて二人の兵士が一人であるかどうかを聞いた。シェルターのドアを開け、バッグを中に放り込んだ。とても楽しかったです。まるで、みんなが大きな賞品を手に入れたようでした。さっそく、かなりの量を洗ってきれいにし、塩水でゆでた。水気を切り、ジャガイモを千切りにした。すぐにでも食べたいと思うようになったのだ。しかし、私は「ゆっくり！"リュックサックに行って箱を開け、肉とジャガイモを混ぜた。" トタンの一部を勝手に使うと3日間の牢屋に入れられるので、仲間は私の勇気に驚き、「もし発覚していたらどうするんだ」と言った。落ち着いてください。明日、Kornpa-Nifeldvebelに電話して、私の鉄の塊が盗まれたことを伝えればいい。また、フィールドキッチンと一緒に送ってほしいです。"仲間は大笑いしたはずだ。" "我々は珍しい食べ物を喜んで食べた。"

　ある日、歯並びがとても悪くなり、それが何日も続いたからです。大隊の医師から、ノボ・アレクサンドロフスクの歯科ステーションに行って、悪い歯を取り除くようにとの証明書をもらったのです。 目の前にいる兵士に見覚えがあった。しかし、私は彼を認識することができませんでした。私が彼を見ているのと同じように、彼も私を見ていることにすぐに気がつきました。アルザスにいるのか」と聞こうとしたら、彼は立ち上がって私に近づき、挨拶のために手を差し出して、「これでわかったよ」と言った。ヒンドリンゲンのヨーゼフだ。"私 "に負けず劣らず強さだ！"と言っていました。そして実際、シュウォブはひどく痩せていた。だから、すぐに見分けがつかなかったんです。このような食料では、誰が見ても私は骸骨のように歩いているとしか思えません。誰もが知っている家の話をしました。歯医者に呼ばれ、新しい人工の歯が渡された。何か食べ物を買おうと思って小さな町に行ったのですが、食堂にビールが一杯置いてあるだけでした。もう1杯飲みたかったのですが、1人の兵士に1杯しか配られないので、もう1杯飲みに行きました。頬がこけて骸骨になって歩いている貧乏人は、本当に何を食べて生きているのだろうと、二人で考えていました。今は定位置に戻り、別れを惜しんでいます。どちら

も非武装の兵士だった。翌日、ノボ・アレクサンドロフスクに戻ると、2本の歯が抜かれており、歯の問題はなくなっていた。
1917年8月中旬、私は茶飲み話の仕事を解かれ、数日間グータ・タボールに滞在することになった。それまでは、どこもかしこもなだらかな山地が続いていた。道が分からないので、一直線に行きたかったのです。

　しかし、それは勘違いだったようだ。平坦な丘を登ると、長さ約3km、幅約300mの湖が目の前に広がり、それを避けなければならない。砲手、運転手、予備の馬などとともに、ようやく中隊事務所のあるターボルの邸宅に到着した。ラウグシュという中隊の軍曹が優秀だったこともあり、責任はほとんどなかった。小型の穴あけ・洗浄用マシンガンです。ある日、軍曹から、中隊長が持ち場から電話をかけてきたので、リヒャルト二等兵はすぐに中隊長に報告すべきだった、と言われた。私と軍曹は、その理由を知りませんでした。不思議なことに、壕の中で中隊長に会った場所にたどり着いた。"リヒャルトは優秀な兵士でなければならない！" 私は最初に答えませんでした。あなたが所属していた第9第260歩兵ライフル中隊に何かあったのでしょう、と彼は言ったのです。そして、板から箱を取り出して、紺と黄色のリボンのついた銅の十字架を取り出し、『第9歩兵中隊を代表して、ここにブラウンシュヴァイクの戦功十字章を贈る』と言った。そして、板から箱を取り出して、紺と黄色のリボンのついた銅の十字架を取り出し、『第9歩兵中隊を代表して、ここにブラウンシュヴァイクの戦功十字章を贈る』と言った。4ヶ月前に第260連隊を離れ、旧友のカール・ゲルテルと連絡を取っていた以外は、中隊との連絡もなかったので、当然ながら驚いた。中隊長は、私がこの中隊で一番長く働いたとか、何か英雄的な功績があったのだろうと言っていました。私は、この会社に入社してまだ3ヵ月半しか経っていないこと、予定通り勤務していても特別なことはしていないことを告げた。今度は中隊長を失い、タボーに戻った。途中、湖で水浴びをしました。軍曹をはじめ、兵士たちは私を怪獣のような目で見て、受賞を祝福してくれた。332連隊はプロイセン軍なので、鉄十字勲章のような賞はなく、私は1916年に早くも受賞したのですが、若い中尉たちの嫉妬深い表情が印象的でした。もし、私がこのガラクタをどう思っているか知っていたら、そんなに

嫉妬しないでしょう。白いパン一個で、十字架とそのリボンを売ると言うでしょう。今、丁寧にお礼の手紙を書きました。数日後、9・260中隊の軍曹から嬉しい返書が届き、今後の活躍を祈るとともに、かつて中隊にいたエヘレッサーの良き仲間たちにも挨拶を伝えていた。

　今、私はポジションを取り戻し、新しいMGを手に入れなければならない。一度だけ、数マイル南方で、機関銃の音と歩兵の鳴き声に混じって、絶えず銃の雷鳴が聞こえたことがある。私たちは皆、その真相を知りたいと思ったのです。そして、「ハーブスト中尉率いる第3、第4小隊は直ちに準備し、大隊本部に報告せよ」との命令が下った。"私は第3砲を、クルツ軍曹は第4砲を指揮した　マシンガンや装備を準備して持ち帰った。カバーの中に2台の車が待っていた。そこで私たちは3日分の食料を受け取りました。1日1.5ポンドのパンと、戦闘糧食として1.5ポンドを受け取りました。そして、大通りの前線に出るよう命じられた。道路近くの壕に住んでいた大隊本部が私たちを迎え、さらなる命令を出してくれた。どこまでも続く森の中を抜けると、幹線道路に出た。そのすぐ前方、そう遠くないところで、銃声と弾丸の発射音が聞こえてきた。突然、短いブザーが鳴り、爆発が起こった。100メートルほど前方で、破片が道路の真ん中で爆発したのだ。その直後、目の前で2本目が爆発した。馬もチームも動き出した。中尉が叫んだ。同時に私たちにも当たり、手榴弾は私たちの100メートルほど後ろの道端に落ちました。横に行きたいのだが、左右の森が濃くて通れないので無理だ。これで、誰もが自分の権利に応じた機器を手にすることができた。1号機と2号機がライフル、3号機と4.5号機が砲弾を持ち、機銃手の私は水の入ったやかんと大きなスコップ、蒸気を吹き飛ばすホースを持たされた。この道は、ロシア軍の砲撃が絶え間なく続く。道路を掘って身を隠したり、道路脇の木の幹の裏に飛び込んだりすることもよくありました。シェルターなど、目に見えるものはどこにもない。

　軽傷を負った人たちが前線から逃げていく。どうなっているのか聞いてみました。しかし、彼らは怖がって息をひそめているため、私たちが通り過ぎると、不十分な情報しか教えてくれませんでした。左岸にトンネルが掘られた。機関銃などは外に置いて、

トンネルの中に逃げ込みました。ここで、安全に、安心して、一息つくことができた。ハーブスト中尉は、基本的に理性的な人で、英雄的な死に方はしたくなかったのだろう、「だからとにかく、銃撃が止むまでここにいることにしよう」と言った。というのが、私たち全員の心の声でした。

　約1時間後、路上での銃撃が止んだ。荷物を持って、ようやく協議会に到着した。大隊長は直ちに私たちを丘の上の森の中にあるいくつかの壕の近くに連れて行った。予備軍だったのだ。もしロシアが来たら、ここで食い止めなければならない。私たちは、すぐに機関銃を撃つための射撃場を作りました。今、私たちは2つのシェルターを設置しました。砲撃は無制限に続く。数発の砲弾がすべての壕に命中したが、被害はない。前線で突然、非常に激しい歩兵の砲撃が起こり、30分ほど続きました。多くの軽傷者が私たちを追い越し、ロシア軍がドイツ軍前線陣地に侵入したことを報告した。その後、中隊の数人の歩兵が反撃に転じ、ロシア軍を陣地から追い出した。みんな頭を下げて、中には「お前たち機関銃手はまだ幸運だ！」と言う者もいた。私たちが吹き飛ばされている間、あなたはここで隠れていてください。"

　約1時間後、ドイツ軍の大砲が恐ろしいほど発射され始めた。しかし、そこに多くの砲兵を集めていたロシアは、対応する必要がなかった。歩兵の激しい砲撃は、反撃があったことを物語っていた。砲撃が止むと、多くのロシア人捕虜が我々の前に戻ってきた。その多くは、徐々に餓死していった。多くの捕虜が4人がかりでテントに入れられ、ドイツ人、ロシア人ともに重傷を負いながら連れて帰られた。今、世界が戻ってきた。

　翌日、私たちは連隊に戻るようにとの命令を受けた。この事件で犠牲者が出ずに済んだことは、我々全員にとって喜ばしいことです。中隊に着くと、何人かの兵士が「ここを出るんだ」と言ったが、どこに出るのか、誰も知らない。そこで、古いゴミ置き場にぽつんと置かれたままの私の芋づる式に、どうやら誰も見つけていないようなので、行ってみた。破ってみると、ジャガイモが4つぶらさがっていた。洗って塩水で茹でました。嬉しいですね―。戦前、戦後の最高の政党より好きだった。大隊本部から盗んだジャガイモを除いて、もう何ヶ月も食べていないのだ。

　1917年8月26日、私たちの連隊は他の部隊と入れ替わった。2日

間の行軍の末、ジェロブカに到着した。私たちの会社は、ジェロブカから30分ほどのところにある新しいジェルガヴァ荘の宿舎に入れられた。荘園内には師団本部もあった。師団の護衛はフッサールで構成されていた。農場に果樹園があり、その大きさと美しさは見たことがないほどでした。リンゴや梨の木には、最高級の品種がたくさん植えられていました。早生品種はほぼ完熟していた。庭に入ることも、果実を採ることも、固く禁じられていたのです。その果実は、将校たちの食卓の果物として使われることになった。もちろん、この紳士たちは、高い給料とより良い食事に加えて、食卓に果物を並べなければならなかった。一般の兵士は、「愛する祖国」のために、飢え、歓声を上げ、シラミに悩まされ、銃殺されるしかなかったのである。これには、1日53ドイツ・ライヒスペニヒの報酬と、衣食住が含まれていた。素晴らしいことだと思いませんか？いつも4つに切って、寝るときは仰向けになってお腹を隠せばいいのです。はい」・・・。…は、兵士の人生だ！"ある日、ある歌が聞こえてきました。

　四角い果樹園は、高さ2メートルのフェンスで囲まれていた。各コーナーには、日中、装填したマスケットを持ったフッサールがいる。夜になってもパトロール隊が庭を歩き回っていた。 まず、暗くなってから、一人のフッサールのところに行って、「ほら、同志よ、私はリンゴが食べたいのです」と言った。2年ぶりに口にした！"しかし、私は何もできなかった" とフサールは言った。"それは不可能だ" とね。もし捕まっていたら塹壕に飛び込んでいただろうし、君のせいで師団本部のイケメン憲兵を失いたくないんだ。"同意　"したのです。"しかし、私はリンゴが欲しかった。 柱と柱の間の真ん中に、柵から30歩ほど離れたところに寝転んで、パトロールが通るのを待って、柵に這い上がり、ワイヤーカッターを持って、ワイヤーに穴を開け、それを押しのけて滑り込んで穴を塞ぎました。 静かに庭に入り、低い枝を掴んで柔らかいリンゴや梨を見たり、落ちている実を拾ってかじったり。長い間探したが、肝心なものは見つからなかった。結局、木の下にたくさんの落ちた実を感じ、一切れ取ってかじった。とても美味しい熟したリンゴでした。バッグの中いっぱいに砂を入れ、ロープで縛って帰りました。目先の楽しみのために荷物を詰めた後、車の運転席の下に砂袋を置く。そして、チームと一緒に横になり、お

腹がはち切れるまでリンゴを食べました。目覚めたばかりのクルーの手に、リンゴを押し付けた。"一体どこで手に入れたんだ？" "落ち着けよ、明日にはもっと手に入るさ "と私は言った。

　翌朝、エローフカに行き、そこで列車に乗せられた。夜遅くまで一日中運転した。誰もどこに行けばいいのかわからない。夜、大きな駅を通り過ぎたとき、Jelgavaという名前が目に入りました。イェルガヴァ（ミタウ）がリガの南、クルランドにあることは知っていた。約2時間のドライブ後、すぐに電車を降りて出発することになった。午前中は2時間くらい停車しました。その後、短い休憩を挟みながら、一日中続けた...。

　夜、大きな森に着くと、そこにはすでに多くの兵士が横たわっていた。ここで私たちは、ロシア戦線を先に突破し、攻勢をかけなければならないことを知った。美しい景色が残っていましたよ。みんな明後日を恐れていたのです。我が連隊の2個大隊は森に待機し、もう1個大隊は突破作戦に参加しなければならなかった。どの大隊が攻撃するのか、皆興味津々である。状況が整うまで、そう時間はかからなかった。"第2大隊 移動準備！"残念 "なのは、私がその中の一人だったことです　暗い森に進む準備をしていたのです。目の前には白く濃い霧が立ち込めている。そこから時折、手榴弾や銃声が聞こえてくるが、それ以外は静かなものであった。突然、私たちはドイツ兵で完全に埋まった塹壕の前にいることに気づいた。それを飛び越えなければならなかった。数歩歩くと、また別の塹壕があり、そこは軽く占領されていただけだった。塹壕が完全に埋まるまで、兵士はどんどん増えていった。あと

は、幅3メートルほどの溝を各所で埋め、地面に印をつけるだけ。知りませんでした。かすかにヒューヒュー、ゴーゴーという音が聞こえたような気がしたので、先に塹壕に入っていた兵士に「何のことですか？"これが西ドビナ川だ   "と。"この時点で幅が400m以上ある。ロシア側の陣地はジェンチス川の岸辺にある。"そこが攻撃すべき場所か？"   "と言ったのです。"これで状況が変わる！"兵士"もまた、来る朝を恐れていたのだ。

イクシュキルの西ドビナ攻防戦の川-1917年9月2日。

地図上の9番

　ゆっくりと夜明けが始まった。ほとんどどこも撮影していない。嵐の前の小休止だった！　火がついたとき、西ドビナ川の水がかなり速いスピードでここに流れてくるのが見えた。対岸のロシア軍の陣地は、白い霧でそれ以上見えないので、まだ見えない。この先どうなるのか、みんな興味津々である。ここに大勢集まったドイツ軍の大砲が一斉に発射を開始した。　砲弾は私たちの上空を通過し、対岸で轟音とともに爆発した。迫撃砲多数、ほとんどが重雷で、2トン地雷を発射した。あちこちでゴロゴロ、ブンブン、うなり声がして、耳が痛くなった。日が昇ると、霧がだんだん消えてきて、対岸のロシアの陣地が見えるようになった。黒煙に包まれ、あちこちで稲妻が光り、巨大な煙が立ち上っている。また、さらに奥の森の一部では、ロシア軍の砲台と思われる砲弾の煙が充満していたが、これも我が砲兵隊によって吹き飛ばされた。ロシア軍の砲撃も始まったので、溝に押し込むしかなかった。この直撃弾で、近くにいた数人の兵士が死傷した。突然、近くで大きな音がして、真っ黒な煙が立ち込めた。そして、手前のカバーを見ると、穴が開いているのが見えた。コインほどの大きさで、28cmの手榴弾が1つ入っていた。またブーンという音と同時に、ものすごい音がした。今回は後ろからでした。次の大きな手榴

弾は、背後の森を襲う。ドイツ軍の大砲と迫撃砲のドラミングは続いていた。この夕食の席で、「用意しろ！」という命令が下った。"顔"を合わせました。「川が渡れない！」なんて、近所の人たちも言っていた。

イクシュキールでの西ドゥビナ攻防戦の川-1917年9月2日。

地図上の9番。

ドーンはゆっくり始めた。ほとんど何も写っていない。嵐の前の小休止だった！　火をつけると、西ドビナ川の水がかなり速いスピードでここに流れてくるのが見える。対岸のロシア軍陣地は、白い霧に阻まれて、まだ先が見えない。この先どうなるのか、誰もが興味津々である。ここに大勢集まっていたドイツ軍の大砲は、直ちに発砲を開始した。砲弾は我々の上空を通過し、対岸でドカンと爆発した。重雷を中心に多数の迫撃砲が2トン地雷を発射した。あちこちでゴロゴロ、ブンブン、うなり声がして、耳が痛くなる。日が昇ると霧が晴れ、川向こうのロシア軍の陣地が見える。黒煙に包まれ、あちこちで閃光を放ち、大きな噴煙を上げている。また、さらに奥の森の一部では、ロシア軍の砲台と思われる砲弾が煙の中に充満しており、これも我が砲兵隊が吹き飛ばした。ロシアの砲撃も始まったので、溝に押し込むしかなかった。この直撃弾で付近の兵士が何人も死傷した。突然、近くで大きな音がして、黒い煙が上がった。そして、目の前の表紙を見ると、穴が開いている。コイン大の大きさで、28cmの手榴弾が入っていた。また爆発音がして、同時に大きな音がした。今回は後ろからでした。次の手榴弾は、背後の森に命中した。ドイツ軍の大砲と迫撃砲のドラミングは続いていた。この食卓で、「準備しろ！　命令されたのです。""フェイス・トゥ・フェイス"です。川を渡れない！"ご近所さんの声

すると、後ろから馬を走らせるような叫び声が聞こえてきた。振り向くと、橋梁列車が近づいてきていた。大きなトタンのはしけを積んだ車は、あらかじめ埋めておかなければならない溝の部分を、川のすぐそばまですごいスピードで通り抜けていく。バイオレットパイオニアが行ったり来たりしているうちに、あっという間に荷揚げされた荷船が水中に押し出されていく。今、私たちは、「みんな外に出て、船に乗れ！」と言わなければならなかっ

た。「すぐに別れて、20人ずつがそれぞれのはしけに座った。6人の漕ぎ手による開拓で、川を渡りました。水上ではとても怖かったです。みんなでバージにダイブ。どこを見ても、川全体が混乱しており、反対方向に全力で艀（はしけ）が浮いている。ロシアの砲弾が何発か、はしけの間の川に命中して、大きな水柱を上げた。私たちの船の上では、別の船が直撃し、数秒後に沈没した。それを見たとき、もし同じ運命に見舞われたときにうまく泳げるようにと、上着のジッパーを下ろして周りのものをすべてバージに乗せたんだ。ロシア陣地から歩兵や機関銃で撃たれないか心配したが、歩兵の銃撃を除けば静かなものであった。海岸に近づいてきた。我が砲兵隊は砲撃を続けました。私たちの船は砂浜に着岸した。

　みんな飛びつき、また足元が固まったと喜んだ。後ろのはしけが係留され、やがて高さ3メートルほどの急な土手の向こうに数百人の兵士が立っていた。スタート地点から200メートルほど離れたエルベ川の麓に降り立った。他の船と同じように、流れに押し流された。今度は、ロシアの塹壕を襲撃しなければならない。簡単な仕事でした。わずかな抵抗もなかった。塹壕の大部分は平らで、ロシア歩兵の壊れた死体が転がっている。塹壕の隅には、無傷のロシア人がまだしゃがみこんで、われわれの姿を見て震えながら、降参のために手を挙げているところがあちこちにあった。ロシア軍の陣地の裏側には、逃走中に負傷したであろうロシア兵の死体もあった。川の向こう側を見ると、開拓者たちがすでに橋の上にいた。ロシア軍の手榴弾は、川に落ちたり、川を渡ったりして、まだ何発も押し寄せてくる。これから約600メートル先の森を背にした防火線に入っていかなければならないのだ。今のところ、まだ小さな細長い丘に覆われている状態です。しかし、丘を登っていくと、森の端から数挺のロシア製機関銃の中隊がやってくるのが聞こえました。弾丸は不気味に耳元で鳴り響き、すでに何人もの人が地面に倒れていた。

　私の指示で、私のチームは近くの砲弾の穴に飛び込みました。私は、長い時間をかけて、銃が地面すれすれに見えるように、MGの位置をすばやく決めた。ロシア軍は猛烈に撃ってくるので、穴を掘っているうちに何人かが負傷してしまったのです。すぐに機関銃は黒焦げになった。3分間で、4本のストラップ、1000発

を走破した。私はガラガラと音がする森の端にいたのですが、それはD.R.がリアサイトを向けて森にばらまいたのですが、ロシアの砲撃は止まりません。一方、こちら側は、ロシアの弾丸がこれ以上ダメージを与えないように、全員が掘り進んでいた。ロシア軍は機関銃の壕を作り、森の奥にうまく隠して、私たちの手が届かないようにしたのです。今度は、ドイツの大砲が助けに来てくれた。 森の端は、砲弾と榴散弾で覆われていた。砲撃の保護下で前進し、それ以上の損失なく森に到達し、森に入り、すぐにロシア野戦砲台に遭遇し、完全にノックアウトされた。少し行くと4門の無傷の砲台があり、ロシア軍はそこから弾薬を奪っていった。この辺りの森は、松の木ばかりで、砂地ではほとんど栄養がない......」。砂地の悪い道で、2挺の強力な銃に出くわしたが、ロシア軍はおそらく手に入れることができないので、持ち去ることができなかった。いずれも口径28cmで、早朝、西ドビナ川の対岸で我々を驚かせた砲であろう。 森の中で一夜を過ごすことになった。強力なフィールドガードが与えてくれたプロテクションに、大きなプレッシャーを与える。パンと魚の缶詰を食べた後、森の中でベッドに入り、皆とても疲れていたので眠ってしまった。朝早く、フィールドキッチンが食事やパン、コーヒーなどを運んできてくれた。

　食事が終わると、「ストップ、移動します!」という指令が来た。私も、他のみんなも、その日がどうなるかわからないから、怖かった。しばらく歩くと、目の前のムグンダ(ロシアの新防衛陣地)から歩兵の砲声が聞こえてきた。

　私たちは、慎重に森の端に近づいた。その時、人目を気にせず森に入らなければならなかったのです。今度は穴から這い出て前を見たが、まだ覆われている。私たちの反対側、500ヤードほど離れた丘の上に、城と多くの使用人用のアパート、そして多くの納屋や厩舎からなる大きなマナーハウスがあります。私たちの森の端から何発も発砲があった。それ以来、私はロシア人を見ることができなくなった。 2挺の機関銃は、これから行われる攻撃で農場が砲撃されるのを受け止めるよう命じられた。ルネットでさらに調べると、武器を持った最も隠れたロシア人2人を発見した。 機銃掃射で攻撃範囲全体が破壊されたのだ。私は這うようにして機関銃のところに行き、壕の範囲に機関銃を向けた。やがて、

いくつかの火災が発生した。

　突然、歩兵が襲ってくるところだった。森の端には、荘園に駆けつけた兵士たちがうようよしていた。今度は、ロシアの機関銃が音を立て始めた。すぐに発砲した。ロシアの射撃場の周りに土や草が散らばっているのが見えた。しかし、側面からの射撃が多く、ロシアの機関銃基地に届かないため、ロシアには何もできなかった。そして、大隊は機関銃の壕を奇襲した。機関銃の壕に投げ込まれた手榴弾で死亡した。ロシア歩兵は少し抵抗しただけで降伏した。ロシアの機関銃を直接攻撃した中隊は大損害を被った。どこもかしこも、死体や重傷者だらけだ。今、私たちはこの地を占領しています。やがて彼は、豚や鶏、羊をまるで野蛮人のように屠殺するようになった。飢えた兵士たちは、おいしい食事と十分な食料を求めていた。あちこちで小さな火が焚かれ、焼かれ、煮られ、そして煮込まれた。団地近くのジャガイモ畑には、たくさんのジャガイモがありました。ほとんどの人が胃袋に負担をかけ、下痢をした。予備として一日中、翌日の夜も領地に滞在しました。

　早朝に再出発。前日に戦闘が行われた場所を通りました。ドイツ人とロシア人の死体が転がっていた。翌日の夜、再び森の中でキャンプをした。強大な炎が灯された。当社では、ほぼ全員が暖を取りました。そこで、中隊長は翌朝、攻撃命令を読み上げた。まるで冷たい水を飲んでいるような感覚でした。誰もが明日のことを考えた。すると、兵士の一人が「野戦区、固い岩の上、疲れた足を伸ばして、愛に千の挨拶を送る夜だ」と歌い始めたのだ。それは私だけでなく、会社全体が愛する夜の夢を見ていたのです。私たちは敵に対して多くの厳しい戦いをしなければならない、同窓会の日のことは何も言えない、多分私はすぐにあなたと一緒になる、アンナ-マリア；明日来るのは簡単だ、会社全体が、会社全体が！！。
　歌の最後の行で、みんなと同じように、背筋がゾクゾクした。明日、彼女がどこかに埋葬されるかどうかは、誰にもわからないのだから。横になったが、長い間眠たくはなかった。疲れ果てて眠ってしまうまで祈り続けました。準備の時だけ目が覚めた。コ

ーヒーを飲んで帰りました。何キロか歩いて、森の端で横になるしかなかった。約300メートル。目の前の地面には、前日の攻撃で死亡し、ロシア軍にやられたドイツ軍の歩兵が何人もいた。撮影はなく、すべてが静かだった。この冷静さは目に見えているはずです。パトロールは、1人がまだこちら側で砲撃している間に出動し、夜になってロシア軍が陣地を整地したことに気づいたのです。"よかった "と思うこと "また死刑が延期になったのかと思った！ 私たちは進軍していたのです。私たちは、孤立したマナーハウスに立ち寄りました。私たちの会社は、彼らの宿舎に入りました。貧しい住民たちは、6時間以内に家を出なければならなかった。呻き声だろうが泣き声だろうが、2頭以上は持っていけない、他は全部置いていけということだった。攻撃は最終目的地に到達し、もう行き場はない。このニュースは、私たちにとってとても嬉しいものでした。私たちは今、新しいポジションで1日数時間を過ごさなければならなくなった。家畜、豚、小牛を食べ尽くしたところで、中尉のライスビッツ男爵が中隊に整列を命じました。

　10日後、再び行軍の準備をしなければならない。行軍は前線から約15km後方の駿太子村まで。完全に荒らされたエピセリアに収容された。部屋は、到着したばかりの兵士でいっぱいだった。ここでもジャガイモを中心に生活していました。最近、体力がかなりついてきたと実感しています。他の兵士と同じように、私もずいぶん良くなったように見えました。村の前の高台に、強固な陣地を築く必要があった。遥か先にいた野戦兵が守ってくれていたのだ。ロシア人の痕跡は見えない。ほとんどの人が遠くへ退いた。聞いていたとおり、次回はさらに撤退しなければならない。奇跡の城があった駿河台村は、線と線の間の建物と同じように、焼くか吹き飛ばすしかない。貧しい村人たちのことは、まったく考慮されていなかった。

　ある日、私は中隊の軍曹に報告しなければならなかった。リヒャルト、今度はお前が休みに入る番だ」。あなたは18日間、もし望むならあと2日待てば、私も行きますよ。"好き "に決まってるじゃないですか。"軍曹、28日の農作業休暇はいただけないのでしょうか？"と私は言った。"巡査部長は" "善良で公正な男だった" "笑った　でも、リヒャルトは」「とにかく、バーデンの難民家庭

に帰るんだから、植木鉢数個に土を入れて育てるくらいしかできないよ。笑いながら、私は彼に同意し、私の仕事である農業が書かれた給与台帳を見せ、"少しの善意があればできたことだ "と言ったのです。休みに行ったのは戦後2回目までです。- カット、リヒャルト」ダンは軍曹に言った。「28日以内だ、俺に任せろ」。

2度目の休日。

　2日後、私たち2人は出発した。軍曹の地図を持っていかないと、正しい道がわからないことがよくあった。ようやくたどり着いた荘園は、攻防戦2日目の攻撃で連隊が大損害を被った場所である。死者は全員、森の端にある集団墓地に埋められた。橋も渡りました。1合目までまだ3時間ある。また、独立したステーションもありました。休暇を過ごす人は、出国する前に免税証明書をもらわなければならない。夕方近くになると、施設はすでに運転を停止していた。翌日、喜びの声を上げることになった。一刻も早く妻子のもとに帰りたい巡査部長にとって、これは不本意なことだった。結局帰れなかったので、気にしていなかった。偶然にも、レストランで店員をしていた同郷の伍長と知り合った。御曹司は悲しみを訴えていた。"些細なことです "と言うと、店員は "すぐに請求書を手に入れました "と言って、事務所に行き、数分後に持ってきてくれたのです。お礼を言って、出発の準備が整った列車に乗り込んだ。表向きは二人とも大喜びだったが、実際は害虫のことで頭がいっぱいで、噛みつきが止まらなかった。この高価な小動物は、攻勢をかけている間に何倍にも増えた。

　クライペダでドイツとの国境を越えるまで、徹夜で運転した。今度は、東プロイセンを通過する。秋は天候に恵まれ、農村の人たちはただただ芋づる式に忙しかった。袋の中身を見ると、ジャガイモの収穫はとても順調だったようです。草原にはたくさんの牛の群れが放牧されており、そのほとんどが黒と白の斑点が入った優良種であった。また、電動プラウで畑を耕している姿も見ました。

ケーニヒスベルクでは、軍曹がポズナン州出身で、私とは違う道を通らなければならなかったので、私に別れを告げました。コンパートメントには、可愛い女の子二人と一緒に老婦人が座っていた。いろいろな話をしました。どこから来たのかと聞かれた。私は「リガ戦線から」と言った。そして、リガでの攻防に参加したかと聞かれ、参加した。私は、攻勢時の体験を話し、いかに国民からすべてを奪ったか、終戦に何の影響も与えなかったと思う、という意見を述べた。そして、今飢えている50万人のリガの住民がかわいそうだと思った。口を開けて、3人が聞いていた。彼らからすれば、今は食料が少なく、何でもカードでしか買えないので、高いお金で食料を買えない人はほとんど存在できないと言われました。私たち3人は、ドイツ軍が勝つと確信していた。なぜなら、私たちの部隊はどこもかしこも敵地だったからだ。私は、イギリスは戦争に負けたことがないので、ドイツが勝つのは非常に難しい、アメリカを忘れてはいけないと答えました。　しばらくして、私は眠ってしまった。目が覚めると、大きなシラミが数匹ズボンの中に這っており、これは予感のせいか、女性陣の前で恥をかき、何か生き物がいないかと目を凝らしてしまいました。しかし、彼らは全く無害に話し続け、私はかなり控えめに手でシラミをこすりつけました。Kjuste Rinで、女性陣は電車を降りた。別の病室に行くと、そこには兵士が座っていた。そこで、同じ連隊のベルリンに会ったが、彼は妻を亡くし、14日間の休暇を与えられていた。他の兵士はラインラント人であった。

　ベルリンで私たちは列車を降りた。シレジアの駅は人でいっぱいだった。その時、私はすぐに女性や少女の顔の細さに気がついた。ほとんど全員が青白く、目の周りにクマがあり、悲惨な状態である。ここにも戦争があったんだ、飢餓戦争があったんだ！と思いました。私は3人のラインラント人とともに町へ行った。皇居、ジークサウレ、アイザーネンヒンデンブルクなど、いろいろなところを訪れました。夕方になると飢餓状態になり、誰も食べるものがない。明るくて大きなレストランに入ってビールを注文した。なんと、トロトロのお酒だったのですね。本当にホップと麦芽があったんだ！？何か食べるものをとお願いしました。"チケットはありますか？「とウェイターに尋ねました。"はい、何のカードですか？チケットはどこで手に入るのですか？"パン、

肉、チップス付きのカード "とウェイターが言った。"彼ら"がいなければ、何も提供することができなかった。ラインラントの人たちは、"これがお前のやり方だ "と叫び始めた。前線で長く戦えば、自分の国で飢えることもあるのだ！」。「そして、さらに3軒の居酒屋で運試しをした。ビールはいくらでも飲めます。でも、食べるものがないんです。親切なベルリンの民間人が、私たちに2杯のビールを払ってくれ、必ず何か食べることのできるレストランに連れて行ってくれるというのだ。 ベルリンがレストランに連れて行ってくれて、鹿肉のサドルとチップスを食べました。トナカイは、市街地以北で唯一、チケットなしで買える肉だった。

　ポテト6個、鹿肉1枚、ソース1スプーン。美味しかったのですが、あっという間にお皿が空っぽになりました。お人好しのベルリンは、全部払ってくれたのだ。お礼を言って、街を散歩した。娼婦に呼び止められ、肘で押され、一目で同行せよということがよくあった。ようやくたどり着いたアンハルター駅へ。知らない地域を旅するのはとても面白いので、ラインラントまで足を伸ばすことにしました。翌日の夕方、ケルンに到着した。ここでラインラントの人たちは私に別れを告げた。 ライン川をコブレンツまで、そしてモーゼル川をトリアーまで、美しい道を走りました。トリアーで、私は降りた。私の連隊には予備の大隊があることは知っていました。私のユニフォームはすっかり擦り切れてしまったので、新しいユニフォームを手に入れたいと思っていました。クルーが不味い弁当を持ってきただけ。私は、当直の軍曹のところに行って、「前線から帰ってきたばかりなので、少し持ってきてくれないか」と頼んだ。

　私はラッキーでした。その後、洋服屋さんのことを聞いて、行ってみました。しかし、私が要求を提示すると、部屋の係員はちゃんと唸った。"そんなの誰でも来れるよ！" - と言ったそうです。越えました。"彼を入れろ！" と少佐が言うのが聞こえた。入ってみた。 戦争の苦労をすることはあまりなかった。"何の用だ？" - と、あまり親しみを込めて聞いてはくれませんでした。「少佐殿、私は「休暇で戦地から帰ってきたばかりで、連隊の予備隊に新しいスーツをお願いしたいのです！」と答えた。少佐は私の顔を見て、休暇中は家で私服を着ればいいと言った。私は「少佐、

私は制服を着ることに完全に依存しているのです」と答えました。私の家はアルザスの一部で、フランスに占領されているため、立ち入ることができないのです。少佐は「まあ、新しい制服を買いなさい」と言いながら、私が部屋係に渡すようにメモを書いてくれた。新しいスーツとキャップを買ってきた。これで私の姿は復活した。私は町の観光名所を訪れましたが、その中でも古代ローマの門が気に入りました。列車に戻り、ザール川でザールブリュッケン、カイザースラウテルン、ライン川のルートヴィッヒスハーフェンの近く、マンハイム、ハイデルベルグへ。エーベルバッハ行きの最終客車はすでに出発していたので、ハイデルベルクで一泊することになった。

　駅のレストランで薄いソーセージが2本入ったポテトサラダを食べるのは大変だった。赤十字の人が、ハイデルベルクで一晩過ごさないかというので、そうした。"一緒に来い！"と言って、駅近くのホテルに連れて行ってくれ、きれいなベッドのある部屋を用意してくれました。そして、「いつ起きたい？シラミのある服を脱いで寝た。なんということでしょう！1年ぶりに、ふかふかのベッドで服を脱いで、またそれを知ることができるなんて。そこで、前線での惨めな生活というものをイメージしたんです。旅の疲れもあって、すぐに眠ってしまった。翌朝、夜明けに赤十字の人に起こされ、起き出して着替えました。そこで考えたのが、「住民の一人がいなくなったかどうかを確認したい」ということでした。そして実際、十数匹の小動物がベッドに忍び込んでいたのである。先に捕まえておきたかったんです。いやあ、だから後継者も何か感じるんじゃないかと思ったんです。今度はアバーバッハのムトラー家に行きましたが、そこはとてもフレンドリーなところでした。早速、お風呂に入るためにお湯をお願いしました。それで、またシラミを駆除したんです。

　とても素敵な日々を過ごすことができました。　ハンカチが足りなくなったので、大きなお店で2枚買いました。店員は「食券をお願いします」と言った。何が起こっているのかわからなかった。フードスタンプがないと売ってはいけない、そうでないと店が閉まってしまう、というのが店主の説明だった。フードスタンプは役場に置いてありました。しかし、長い話し合いの末、その人はようやく食券なしでハンカチ2枚を売ってくれることになっ

た。しかし、私は黙っていることを約束しなければなりませんでした。

　1917年は果物の当たり年だった。どこへ行っても、リンゴや梨がたわわに実っている。メトラー家のご近所さんから、「手伝わないか？過労のためである。自由にできなかったのは、まず仕事に慣れなくなったこと、そして自分磨きのために休日に出かけたことです。休暇の最後の6日間を、仲間のアウグスト・ツァンガーとラインラントで過ごしたかったのだ。でも、マトラー家の祖母が亡くなって、葬儀には残りたかったんです。葬儀の翌日、私はマットラー・アバヒッド家と別れ（休暇終了の3日前に家族に別れを告げた）、ラインラントへ行った。Wetzlarでの滞在が長くなった。駅の近くに大きな収容所があった。　囚人たちはバラックに収容された。囚人たちが動き回れる庭には、高い鉄条網が張り巡らされていた。時間があったので、囚人たちに会いに行った。この人たちはなんてかわいそうなんだろう。青白く、疲れ果て、目が半分つぶれている、そんな哀れな人々が立っていた。お腹が空いているようで、無関心なのだ。ここでは、すべての人種が参加していた。フランス人、ベルギー人、イギリス人、スコットランド人、イタリア人、セルビア人、ルーマニア人、ロシア人、インド人、アラブ人、ニグロ人。みんな故郷を離れて、恐ろしい軍神にこれだけの犠牲を払わねばならないのだ。

　それから3日間、アウグスト・ツァンガーやゴーシェー家と楽しく過ごし、また前線に戻った。今回、リガに行きましたが、街を見て驚きました。だから、これ以上想像することはできなかった。美しい街並みと美しい広場が交互に現れる。また、美しい教会も見ることができました。もう少し長く滞在したい。しかし、休暇が切れてしまい、罰を受けないためにも一刻も早く自分の部隊に戻らなければならなかった。案内所に行くと、332連隊が位置を変えて、ガウジャ・アスにいるとのことだった。美しい森の中にひっそりと佇むヴィラやレストランのある村、ロットネポワ・クッソーまで電車で行くことができました。そこから数キロ歩けばいいのだ。現在、リガ市民の憩いの場であったこの村は、住民から完全に見放され、主にドイツ軍将校が住んでいる。連隊はどこかと聞いた。リガ-サンクトペテルブルグの幹線道路を走り、ハインゼンベルグという村に行かなければならなかった。道の横

には、ロシア軍が撤退の際に置いていった野戦炊事場などがたくさんあった。そして、幅30メートルほどの小さな川、アー川にかかる橋の上を歩いた。ようやく自分の連隊の兵士に出会い、自分の中隊がどこにあるのかを教えてもらうことができました。

　私は中隊の軍曹のところに行き、翌日「いとこ」を訪ねるために出発するように頼みました。すぐに休暇届を書いてくれて、中隊長としてサインをしなければならなかった。食堂でラインワインを買ってきて飲む勇気を与え、到着したらロシア人に危害が及ばないようにとタバコを100本買ってきた。

　夜になると中庭に大きな火が灯され、兵士たちはそこで暖を取ることができた。まだ10月の末だというのに、夜はもう寒かったからだ。さて、私は良いカメラを持っているアルフレッド・シュナイダーと暗闇のページを歩き、私の計画を話した。その後、私は彼に別れを告げました。後で分かったことだが、ちょうど出てきた軍曹に監視されていたので、彼はその疑いを軍曹に伝えたのだ。

　私の夜の宿舎は、厩舎の上の、わらぶき屋根の下にある古い鶏小屋で、何人かの仲間たちと一緒に過ごした。みんなが寝静まったと思ったら、静かに起きてロウソクを灯し、2枚目のパンツと2枚目のシャツとストッキングを履いた。朝、優勝したエミールに会いに階段を下りていると、クレブス社の社員がやってきて、「リヒャルト、今日はここに泊まるんだよ！」と言った。私はすぐに異変に気づいたが、「では、ここに残ります」と無邪気に言った。

　私の同志アルフレッド・シュナイダーは、朝、MGの予備部品を取りにリエパヤに行ったが、翌日帰ってきた私に、『リヒャルト君、彼らは君の意図に何か気づいたに違いない、リエパヤに行く前に、私は軍曹の医務室に行かなければならなかったのだから。あの夜、あなたが私に内緒で話したことを聞かれました。もちろん、嘘をつきましたよ」と、利発な少年だった。"そして軍曹は私にこう尋ねた：　＞なぜリヒャルトはあなたに別れを告げたのですか？＜私がリエパヤに行かなければならないことを知っているくせに、冗談で鉄道事故が起きたらお別れをすると馬鹿にしたように答えました。"シュナイダー "はいい仕事をした。しかし、中隊長から「あまり信用されていない」と指摘され、いつも疑わ

れていた。私はできるだけ無害なふりをして、以前と同じように職務を遂行しました。

一度、支払いの呼びかけがあった。チームは2つのセクションに分けられた。下士官の最前線にいたのは、私がシューターだったからです。電話の後、中隊の軍曹が「中隊に一言」と言った。ある人や監督者が敵に不審な通行をしたことに気づいたら、すぐに衛生室で報告すること--この演説が自分に向けられていることにすぐに気づいたが、少なくとも自分は何も関係ないと、なるべく無害そうな顔をすることにした。兵士の目で見ていた軍曹は、自分がどこにいるのかわからなくなった。

いつもと変わらない生活が続いていた。主なものは、労働当番、空腹、トイレでした。ワウエル・ノルドの小屋の隣には、20回ほど掘ったジャガイモ畑がいくつもあり、まだまだジャガイモを求めていた。1917年12月15日、突如として噂が広まった。

ロシアと休戦！？

そして実際、その噂は本当だった。我が連隊はリガでの駐屯地に向けて無期限でその場を離れなければならない。この知らせは、皆に喜ばれた。私は、中尉と他の3人と一緒に、リガの郊外、その南にあるトレンスベルグの中隊の敷地をすぐに出なければなりませんでした。ロパジ・クッサウ行きの列車に乗り、リガに到着した。ホテルで一泊した。翌朝、トーレンスベルグの大きな皮革工場に降り立ったが、そこはリガの他の工場と同様、原料不足のため閉鎖されていた。チームは、古い事務所を整理して、そこにワイヤーベッドを置いて生活していました。軍曹や曹長たちは、中隊の事務所もある長官の別荘に住んでいた。中隊長のライスビッツ男爵は、工場の外にある小さな城に住んでいた。

リガでの生活

　リガ市はドヴィナ川の西側に位置し、ロシアでも有数の商業都市である。人口は50万人。1897年、この都市とその祖先の領土の人口は283,000人であったが、この数字は誇張されているようで、主にラトビア人、そして多くのドイツ人で構成されている。住民のほとんどがドイツ語を話す。貧乏人を除けば、住民は非常に近代的で身なりもよく、ロシアに馴染んでいるとは言い難い。ラトビア人は平均して体格の良いハンサムな民族で、女の子も女性もほとんど美人で魅力的です。

　全体として、配給が良くなれば、生活は良くなる。今回ばかりは、食べきれないほどです。国民の需要は日に日に高まり、貧しい人たちは生活するのがやっとの状態だった。労働者の収入はほとんどなく、工場はすべて閉鎖された。なぜ、リヴォニアやエストニアを占領しないのかと、よく文句を言われたものだ。なぜなら、リガは農業の盛んなリガ北部の2州から食料を調達することができたからだ。それなのに、私たち兵士は何もできない。ドイツ軍の占領で疲弊し、自給自足が困難なロシアからは、ほとんど何も送られてこなかった。その苦しみのために、国民の多くがそれに対する果てしない怒りにとらわれ、裏通りでドイツ兵が何度も殺されるようになったのである。今でこそ、装填した銃を持たずに夜間外出することは許されなくなったが。郊外のトーレンスベルクは、幅約600mのリガ・ウェスト・ドヴィナ川によって市街地と隔てられている。ドイツ軍は市内での反乱を恐れたため、郊外から市内への交通はしばしば禁止され、西ドビナ川の唯一の横断路であるドイツ軍が建設した木製の橋は軍によって封鎖された。そのため、多くの人が家に帰れなくなり、悪口を言われることもあった。

　西ドビナ川がバルト海に注ぐ河口から数キロのところにあるリガ市には、大型船で行くことができた。船が停泊する荷揚げ場の長さは3km。港の下には貨物駅があり、船からの荷物が鉄道貨車に積み込まれていた。貨物駅の建物は、撤退前にロシア軍によって焼き払われた。西ドビナ川をさらに渡る道路橋と鉄道橋は、私

がこれまで見た中で最も大きく美しい橋の一つだったが、ロシア軍によって破壊されてしまった。昼夜を問わず、何千トンもある橋の壊れた鉄の部品を機械で持ち上げていたのである。この作業をよく見ていたのですが、とても興味深く、新鮮でした（一番太い鉄の梁が蝋のようなジェット炎で切れるというのは理解できませんでした）。西ドビナ川は完全に凍結していた。

　砕氷船は、船首が尖った小型で強力な蒸気船で、バルト海の航行を可能にするために氷を切り開きます

　クリスマスには、会社主催の小さなパーティーが開かれた。工場内の大広間には美しいクリスマスツリーが飾られ、各チームがクリスマスソングを歌った。その後、男性一人一人に小さなクリスマスプレゼントが用意されていた。翌日、軍曹に昇進して別荘に移ると、すでに2人の軍曹が住んでいるストーブのある部屋に入れられた。寝床は有線だが、藁袋やマットレスがないので、夜は服を着て寝るしかなかったが、命の危険はなく、乾燥して暖かく眠れるので、ここはとても幸せだと感じた。戦争がまだ続いていることをほとんど忘れていて、今は下士官で1日2マルクを払わなければならない。他の下士官と同じように、私の服を整え、靴を磨き、朝には部屋を掃除し、暖房をつけ、コーヒーや食事を運んでくれる世話係の男がいた。私もその前に砲手をやっていたので、伍長と同じような勤務でした。日曜日はいつも朝までかかって、ドイツの町の劇場に足を運びました。特に「Die Reise um die Weil in 80 Tagen」が好きでした。D.R.の表現方法が間違っているのでしょうか？ジュール・ヴェルヌのベストセラー小説の舞台化については、何も知られていない。しかし、この素材は1914年にすでにアメリカで映画化されており、おそらく著者はこの戯曲のことを指しているのだろう。いずれにせよ、私はよく映画館に足を運んだが、その多くは市内で最も近代的なものであった。

　日曜日の夕方には中隊からコーヒーも何も出ないので、私はたいていソルジャーズハウスに行き、そこで豆やレンズ豆や豆のスープを一皿、もちろん50ペニーで買ってくるのが大変でした。ソルジャーズハウスには、中に入れないほどの人だかりができていた。カウンターでは、50フェニッヒで皿と切手をもらい、それをスープディスペンサーに戻さなければならなかった。カウンターにスプーンがあればよかったのに。一人、また一人と立ち上がっ

ていく。飢えた兵士の一団が、蛇行しながら広い部屋のほとんどを埋め尽くしていた。スープが足りなくなることもあり、50セントを返してもらい、空腹でも続けられるようにした。以前、こんなことがありました。1時間以上並びました。やっとの思いで配布場所にたどり着き、外は凍えるような寒さの中、温かいスープの入った皿を待ち焦がれていた。私の前には2人しか残っていなかった。そして、「もうスープがない！ –

　街のカフェやレストランでは、食べるものがないのだ。ただ、軍備が悪いのか、お茶が悪いのか。国民はますます食糧不足に悩まされることになります。必要に迫られ、失業して、多くの少女や若い女性が、そんな悲しい方法で生計を立てるために、彼のもとに通っていたのだ。その他にも、すでにロシア軍に堕落し、ドイツ兵と行動を共にしていた者も少なくない。この情熱にとりつかれた兵士の中には、饅頭などの食料を妾の元へ持っていくために逃げ出す者もいた。私の小銃のウェステンベルグという伍長も、そういう薬に出会って、自分のためにどうしても必要だと、中隊からもらった食料を彼女に持っていった。この飢えと悪しき生活の中で、彼が極限まで疲弊していったことは言うまでもない。私は何度も彼に注意したが、耳を貸さないばかりか、あまりの情熱に彼は捕らわれてしまった。

　仲の良い同志のカーツ軍曹もその娘に会い、恋に落ちた。彼は私にローラのことを話し続け、その美しさと行儀の良さを褒め称えた。ある日、私は彼らに出会った。ローラは確かにとても美しい少女で、最高の印象を与えてくれた。一緒に散歩に行ったのに、離れ離れになってしまった。ある日、カーツ軍曹が「念願がかなった」と嬉しそうに私に言った。そのために、彼は起床前に一晩休息を取った。翌朝は、町のすぐそばの砂地でトレーニングを行った。土塁に着くとカーツ伍長がやってきて、クリスマスに大尉に昇進したフォン・ライスビッツ男爵に報告した。騎兵隊の隊長は、自分でも非常にアンタッチャブルな生活を送っていて、司令官たちからひそかに「H-----bock」と呼ばれていたが、笑いながら「じゃあ、機銃を担当してくれ」と言うのである。お疲れみたいですね。その2日後、カーツは自分が性的に病んでいることを感じた。医療従事者が治してくれることを願いながら、恥ずかし

ながら病欠の電話をしたのだ。それどころか、病状はどんどん悪化していった。ついに病欠の連絡が入り、兵士たちが「リッターブルク」と呼んでいた医務室に運ばれた。この病気は、すでに彼の血液を汚染しており、彼は一生その影響を受け続けなければならなかった。

多くの兵士が性病にかかり、毎週、医師の診察を受けた。また、病気にならないようにと、兵士一人一人に中身の入った箱が配られた。ほとんどの兵士は、このボロボロの生活にだんだん慣れてきて、当たり前のことのように思えるようになった。Grabenstra8eのことはよく聞いていた、何かあるんだろう！？ある日、私は仲間の一人、東プロイセンから来たキズマン軍曹と一緒に、何度も絶賛されたGrabenstra8eに行きました。たしかに、何かあったんです。次から次へと現れるパブリックハウス。二人で入りました。広い部屋では、壁際のテーブルで兵士たちがお茶を飲んでいる。完全に酔いつぶれた3人の少年が、楽器を手に踊っていた。8人ほどの娼婦が、兵士たちと一緒になって踊りながら回り、最も下品な体の動きを披露した。そのほとんどが生活習慣の乱れから非常に悪い印象を受けたが、それにもかかわらず偽善的な活気を示し、可能であれば兵士を誘惑しようとした。その一角に小屋があり、その奥にメガロマニアの老人がいて、カウンター越しに様子を見ていた。兵士が娼婦と付き合いたいと思ったら、カウンターに行って2マルクを入れるとカードがもらえた。それを気に入った娼婦に見せると、その娼婦は一緒に乗ることになった。私たち二人は、この行為を屈辱的なものだと感じていました。娼婦の一人は、それほど悪い印象はなく、深い悲しみと嘆きの表情を浮かべていることに、私はすぐに気づきました。キズマンに「この子はここが嫌いなんだ！」と言われました。私は「私も彼女を見ていて、同じように感動しました」と答えました。グラスを空け、彼女に新しい紅茶を注文した。彼女は私たちにも同じものを持ってきてくれ、さらに自分用のグラスも持ってきてくれた。これはこの家の習慣らしい。彼女は私たちの間に座った。

二人で話し始めたのだが、彼女はドイツ語がとても上手だった。私は彼女に「全然合わない」と率直に言い、「どうしてこの社会に入ったの？と聞くや否や、彼女は泣き出し、会場でその様子を見守っていた老怪物に背を向けた。彼女は今、まだそっと泣き

ながら、"人生でこんな状況になるくらいなら、いろいろ考えたい "と語ってくれた。私はサンクトペテルブルク出身で、1年前、ここリガで働いていたロシア人将校と結婚しました。夫と一緒にいるために、私たちはリガにフラットを借りて、とても幸せに暮らしていました。"彼女は痛みでほとんど言葉を発することができなかった。「決断すると、『突然、ドイツの攻勢が始まった』と続けた。私たちが逃げる決心をする前に、街はドイツ軍に包囲され、夫は捕虜になりました。1917年7月から11月まで、アレクサンドル・ケレンスキー首相の短期間の権限で、それまで流通していたロシア・ルーブルを使い果たしたため、ケレンスキー首相の貨幣だけが流通し、ドイツの侵攻後は無価値になってしまった。それで、私は一人になって、ああ、お金が、数日分の食料だけになってしまったのです。使い切ったところで、家具付きのフラットを借りていたので、わずかなオプション品もすべて売却しました。毎日、街を歩いては、サポートや家政婦、世話係として泊まれる場所を探しました。紳士たちの食事もままならないので、使用人を置いてはいけないと、あちこちで言われました。どんな仕事でも、意地悪でもいいから、喜んでやる。

　家賃が払えなくなり、夫と幸せに暮らしていたアパートを出なければならなくなったのです。だから、私は路上で、アパートもなく、お金もなく、絶望に瀕していた。砂丘にかかる橋から身を投げたくなったが、その勇気はなかった。だから、最後の命綱としてここに来たんです。ああ、こんな生活をするくらいなら、西ドヴィナ川の土地で休んでいたほうがいいと思った。私は、嫌悪感から生きるのがやっとの恐ろしい人たちのように倒れなかったので、ほとんど兵士たちに望まれているのです。毎回、侮辱されるたびに、私がしなければならない努力をあなたは信じないでしょう！？またもや泣き出し、「ああ、私の良き両親や夫が、今の私の生活環境を知ったら何と言うだろう！」と続けた。悲しい顔をしたら追い出すと何度も脅されている意地悪なおばさんのために、少しでも多くお金を稼ぐために明るく元気な顔をしなければならないのだ！ "恐ろしい！" "と二人で言った。"恐怖の館 "の外で生計を立てる方法はないのでしょうか？"まだ頭が壊れている "と答えますが、出口が見つかりません。"かわいそうに""大変な目に遭いましたね　私たちができることは、彼女に2枚のメモを渡すこ

とだけで、彼女はそれをありがたく受け取ってくれた。そして今、彼女は一緒にダンスに行った兵士に連れられていった。階段の上で、彼女は死ぬほど悲しそうな顔で私たちを見ていた。「この明るさの裏には、何があるのだろう。若い女性には本当に頭が下がります。そして、戦争は神の罰だと言う人がまだいる。神様が戦争を望んだ」というが、それは戦争に参加する部下や息子がおらず、戦争で経済的な利益を得ている人たちだけが言うことである。しばらく座ってドリフトを眺めていた。

　トラックのある場所を離れ、宿舎に戻りました。途中、やはり貧しい若い女性の運命について話していた。そう、これはなんと恐ろしい戦争なのだろう。飢え、死の恐怖、湿気、寒さ、路上に横たわること、シラミ、前線の兵士の家との別れ、しばしば負傷者のひどい痛み、息子や夫のために残った人々の恐怖、死者の涙と痛み、それから悲惨な若い女性のケースと同様のケースが何千とあったのである。確かに、このような苦しみを与えた加害者は、あらゆる方法でゆっくりと拷問されて死ぬのが当然である。

　貨物駅にジャガイモ列車が到着したとのことでした。唯一の願いは、「バッグがあれば！」。暗くなると、私はそこに行き、駅の小さな横のドアに立っていたあなたの兵士に5マルクを渡し、バッグを持ってくるように頼みました。「軍曹、お好きなようにどうぞ」と優しく声をかけてくれた。"見えない"んだよ！- 線路の上に置かれたワゴンの下を慎重に歩きながら、ワゴンごと積み上げられたジャガイモのところへ行きました。兵士がジャガイモの山の周りをパトロールしていた。杭の向こう側で待つことになった。私はすぐに100キロほどもあるバッグを背負い、駅構内を全力で走った。暗黒街に行く前に、何人かの民間人に呼び止められ、ジャガイモを売ってくれと頼まれた。でも、しばらくはストックしておきたいので、知りたくなかったし、ポテト1袋がいくらになるかは、長い間収奪されていた人しか知らない。一歩一歩、やはりジャガイモを売るために祈り、悶々としていたのです そしてついに、バッグが重くなりすぎてしまったのです。また、宿舎まで30分ほど歩かなければならない。

　しかも、明るい街角で大きな袋を持っていると人目を引くし、警官に呼び止められ、芋の出所を言わなければならなくなるのが怖い。そんな思いにふけっていると、再び若い女性が声をかけて

きた。「さて、兵隊さん、ジャガイモを売ってくれませんか？"いくらで買ってくれるの？「と尋ねました。「20ルーブル」と答えた。"カット"と言ったら、"10ルーブルで半分になりますよ"と言われた。親しい女性と一緒にフラットに来ることになった。その女性は2階に住んでいた。彼女の振る舞いや服装、部屋の調度品から判断すると、良くなっているように見えた。ジャガイモを半分ほど入れました。そして、その女性は私をソファに座らせ、お茶を入れるようにと誘ってくれた。お湯が沸くまで、私の隣に座って膝を押し付けながら、「主人は畑にいるのよ！」と期待の眼差しで言うのです。私は、彼女がどうやってポテト代を払うつもりなのか、よく分かっていたのですが、理解できないふりをして、「では、あなたのご主人も私と同じように不運ですね！」と言ったのです。さて、世間も近くなったことだし、そろそろ帰ってきてくれるかなー。"しばらく話したが、彼女はあえて始まった話題に戻ろうとしなかった"　お茶を飲んだ後、「じゃがいもを何袋でも持ってきていいよ、1袋20ルーブルでいいよ」と別れを告げられました。　さて、私はジャガイモ半袋と10ルーブルを持って、家の番号と通りの名前を正確に覚えて歩き、次のトラムの停留所まで行きました。そこでバッグを車に放り込み、西ドビナ川へ…。そこからさらに徒歩で15分。砂丘にかかる橋の上では、老婆が絶えず揺れながら、静かにうめき声をあげて私を追い越していった。何が足りないのか聞いてみた。"飢え"だ！「と、疲れたような、死んだような悲しげな表情で答えました。彼女はもっと大きなバッグを持っていた。ジャガイモを外に出して、彼女のバッグに詰めた、10ポンドくらいかな。その女性は、私にお礼を言う気になれなかった。私は、「気にしないで、大丈夫。"そして私は自分の部屋に行きました。その夜は鍋いっぱいに作って、同居人2人と食べました。

　1袋20ルーブルは魅力的な収入なので、翌日の夕方、駅でジャガイモを受け取り、奥さんのところに持っていくつもりだった。午後からは、できるだけ多くの荷物を牽引することにしました。駅の改札に着くと、前夜と同じ兵士が警備に当たっていた。バッグを1つ通すと3点という約束をしました。彼はすぐに受け入れてくれた。そのまま芋づる式に、背中に袋を積んで、持ち去ろうとした。数歩も歩かないうちに、肩を掴まれた。"これを持って"…

声は、コントロールされていた。私は立ち止まり、バッグを地面に下ろした。"何を持ってるんだ？" - ピオニー軍曹が尋ねた。二人の男を伴った一人で、いわゆる芋づる式にパトロールをしていたからである。ポテトパトロール」と私は言った。今度は、私が番所まで同行しなければならない。"中隊に報告しなければならない"と軍曹は言った。「聞いてくれ、同志よ、君に言いたいことがあるんだ」と私は言った。"遊びでジャガイモを餓死させることはない"と知っているはずだ。仕方なく、こうして少しでも状況を改善することにしました。通報されたら、罰せられるかもしれない。4年間の兵役で初めてとなる。それに、私の家はフランスに占領されたアルザス地方にあるので、お金も小包も手に入りません。私の立場を考えろ、同志よ! "結論"を出したのです。「そうですね、多いですね」-開拓者の伍長は言った。"あのね ただ、バッグを持っていくだけで、手放せません。「私はバッグを肩にかけ、警備員に3マルクを渡し、バッグを女性のところに持って行き、20ルーブルを持って映画館に行きました。もうジャガイモを盗む勇気はない。暖房の効いた部屋に置いて、石のように凍っていたジャガイモが、2日で腐ってしまい、もう食べられなくなってしまったのだ。
　兵士たちは皆、どんな手を使ってでも食料を手に入れることだけを考えていた。ある日、フィールドキッチンの隣にある部屋で、ジャガイモの皮を見た。20人ほどの兵士が、大きなバスケットに入ったジャガイモをせっせと掃除していた。掃除が終わると、半分以上のジャガイモがなくなっていた。"聞け、兵士たちよ! やってることが酷すぎる! - と言ったのです。「そのジャガイモをよこせ! さもないとポケットの中を調べるぞ!"みんな無邪気な顔をしていた。"ジャガイモ"は誰も欲しがらなかった。ポケットを探ってみたが、奇跡的に何も見つからなかった。部屋中を探しても、ジャガイモは出てこない。そして、フィールドキッチンにはいくつかのジャガイモが運ばれてきました。料理人は少量では満足しない。その時、何人かの兵士の顔に密かな笑みが浮かび、やはり足りないジャガイモは自分たちが持っているに違いないと確信した。皮むき室に戻っても、結果は同じで、何も、見つかりませんでした。次の日、管理人が「何も言わなければ、ジャガイモの場所を教える」と言った。私はとても気になったので、黙っ

ていることを約束しました。"板で覆われた剥がれた部屋に階段がある" 基板に中型のジャガイモくらいの穴が開いている。ジャガイモを入れました。だから、剥いている間に前に立っている数人に気づかなかったんですね。彼が帰ると、板の1枚が切り離され、芋が取り出されて分配された。"最後に兵隊さんの気迫に笑うしかなかった" 彼らは、「必要は命令を知らない」という常套句に従った。"怒らせる"こともできなかった。

　ある夜、私は偶然にもチームのラウンジに足を踏み入れてしまった。人は大鍋の肉を食べようとしていたのですから、驚きです。「くそっ！どこで肉を手に入れたんだ？"二人は顔を見合わせて笑い、ついてこいと誘ってくれた。" 肉がどこから出てきたのか、まだわからなかったんです。テーブルの上には、とても不愉快な顔で目を赤くしたヴェストファーレン出身の男が座っていた。両手に肉片を持ち、頬をいっぱいに膨らませて嚙んでいる。そんな姿を見ていると、鬼を連想せざるを得ませんでした。"あのね、リヒャルト" "昨日の夜、通りで大きな犬を銃で撃ったんだ。"ボイラー"を指差した。だから、犬肉、なのだ。兵士は犬肉を食べるほど落ちぶれている！

　チームと二人きりになった時、「軍曹さん」と呼ばれるのは嫌だった。警官がいる場合のみ、もちろんそうであるべきです。騎兵隊の隊長が、迷子の兵士と話をしているのを聞いてしまったことがあるんです。すぐに事務所に呼び出され、こっぴどく叩かれた。権威を保つべきだと。"悪魔に捕まればいい" "権威への呪われた執着で" と思っていました。

　ある日曜日の夜、会社はラトビアン・ダンジョンでパーティーをした。なかなか楽しかったです。一人当たりビール6杯、夜中にソーセージ2本とポテトサラダ、その後フィールドキッチンでラム酒たっぷりの紅茶が振る舞われました。連隊の8人の音楽隊が踊りのために演奏しました。女の子も多く、やがて一通り踊れる者が大広間をうろうろするようになった。

　踊ることが好きだった私は、この機会を逃さず、長い旅に出ました。騎兵隊長は笑顔で夕食の様子を見ていた。すれ違いざまに、「ジャッジも踊るのか？いつも思うのですが、あなたはとても賢いですね "ああ船長、誰も名誉のために 陽気な騎士道をあきらめることはできません"

一度だけ、町の半分の外を攻撃するシミュレーションをしたことがある。そして、騎兵隊長は、各軍曹に戦いの様子を記録して提出するよう要求した。 彼が言う前に、彼はそうした。次の日、みんなで彼の家に行くことになった。戦況報告を楽しみにし、そして手紙を書いた人たちを一人一人批判したり、褒めたりしていました。これがリチャー伍長の戦闘報告書です」。"要するに、完全に唖然としてしまったのです。" "リヒャルトのように戦いをとらえ、紙に書き残すことができる者はいない" リヒャルトさんは、職業は農家ですよね？農家になることを期待しているわけではありません。本当に一人でレポートを書いたのか？" "はい、船長！" と答えた。リヒャルト、もうちょっとここにいてくれ。 他の人は行っていいよ。

　いいか リヒャルト 私の命令で明日は出勤しないと 巡査長に伝えろ その代わり、兵士になってからの履歴書を書いて、すぐに私に渡してください そうすれば、私は帰れる。私は、「隊長は、私が自分で戦況報告を書いたことに自信がないのだろう」と言った。翌日、私は兵隊の履歴書を書いて、隊長のアパートに持っていった。それを読んだ彼は、『今、戦況報告は自分で書いたのだろうが、君はこの戦争でいろいろなことを経験し、2つの賞を得たのだ』と言った。"そして彼はさらに2本の葉巻を渡し、私を突き放した" それ以来、私は、いつも私のことをとても気に入ってくれていた騎兵隊の隊長と、とても良い演技をしているのを見たのです。連隊は西部戦線に配置転換されるとよく言われた。みんな怖かったんです。しかし、時は流れ、私たちはまだリガにいた。

　1918年2月18日（日）、私は再び夜間休暇をもらい、ドイツ劇場から数台のカメラを持って帰ってきた。すぐに寝てしまいました。すでに3時に中隊長のラウグシュに起こされ、ルームメイトのキズマンにも起こされた。"いいか、軍曹。" "ロシアとの和平交渉は失敗し、崩壊したんだ。新たな攻勢をかけなければならない。あなた方2人とハーバスト中尉は電車でハインゼンベルクの終着駅まで行ってください。お前たち二人は、中隊が歩いて夜到着できるように、アア川沿いに宿舎を作れ。 さあ、この寒さと大雪の中、攻めに転じよう。私たちの指導者たちは正気を失っているようです。リガでの楽しい生活が突然終わったのだ。荷物をまとめ、背中に放り投げて、サーキットに向かう。ロシアが無抵抗

であることを知らないから、先が思いやられた。夜が明けて、列車はハインゼンベルクに停車した。アー川沿いにある美しいセムネク城では、馬と馬車のための宿舎を作った。夕方になると、城内に宿舎を構えていた師団司令部から追い出された。この辺りの家屋や小屋はすべて人馬で埋まっていて、行き場がないのだ。森の中で古いシェルターを見つけた。ドアも窓もなく、中は石のように凍っているが、雪はない。

　馬は木にしっかりと縛られ、毛布で覆われていた。寒さをしのぐシェルターでは、できるだけ近くに座り、毛布やテントで体を覆った。朝には足元が寒くなり、何人かは立ち上がってトウヒの木を集めて火を焚いた。私たちは皆、リガのワイヤーベッドにホームシックになっていた。夜明けには、フィールドキッチンからコーヒーとパンをいただきました。そんなホットコーヒーの味は、なんと美味しいことでしょう。今度は整列して、馬を機銃車につないで、さらに先の見えない未来に向かうのだ。

ボルシェビキの占領に対する攻勢
バルト海沿岸のリヴォニア州、エストニア州
。

地図上の10番

硬いカチカチの雪の中を、私たちはアーまで歩いた。人と馬と荷車で、幅40メートルの川の氷を渡った。ローテンポア・クッソーからほど近いところで、リガ-サンクトペテルブルクの幹線道路に出、ロシアとの国境に向けて北上した。正午になると、私たちは立ち止まった。　中隊長は、連隊長から命令を受けることになっていた。彼が戻ってきた後、騎兵隊長が彼の周りに並んだ。兵士たちよ、「リヴォニアとエストニアのバレアレス地方の騎士と農民たちが、ボルシェヴィキの大軍から解放してくれるよう陛下にお願いしたのです」と彼は話し始めた。

　さあ、兵士たちよ、リヴォニアとエストニアの解放のために頑張れ 最初に思ったのは、「解放が終わった」ということです。また良い解放感が得られることでしょう　という注文だった。"リヴォニアとエストニアの労働者と農民は、貴族と大土地所有者のくびきから数日間逃れることができたが、常に住民に不信感を与え、戦争中は下層民から高給将校や士官が、数千人の兵士を強制的に採用して皆殺しにした！ ニュースでの短い自由の後、ドイツ軍国主義に服することになる！ 飢えと苦痛から解放されることになるのだ！ " フランスをフランスから、イギリスをイギリスから解放したい！」と書かなかったことに驚きました。男はいろいろなことを聞いても、ロシア軍の現状を把握することはできない。

　雪の降る森の中で一夜を明かした。寝るということは、寒くて考えることがあまりないという思いです。すべては暖をとるために手で踏まれ、叩かれる。「明日の朝、ロシアの陣地を攻撃するのだ！"撃つ "です。みんなすごく落ち込んでいました。ハーフタイムには、フィールドキッチンから温かい料理とコーヒーが振る舞われた。そして、歩兵は森の端で砲列を組まなければならなかった。私たち自身は、機関銃車から機関銃と砲弾を受け取って歩兵の列に並ばなければなりませんでした。私はチームに、もしロシア軍が激しく撃ってきたら、すぐに地面に降りて、全く見えない深い雪の中に身を投げるようにと言った。冬の澄んだ寒い朝だった。庭に太陽が出たとき、"行け、行け！"と言ったのです。雪原に長い足跡をつけながら、森に出かけました。　ロシア側の陣地からは発砲はなかった。「まだ見られていないのか、それとも陣地を放棄しているのか」と思った。すると、ロシアの電線の向こうの雪の中に、最初は一つずつ、そしてどんどん黒い火花が散っ

ていくのが見えた。私は双眼鏡を手に取り、見てみた。 一歩一歩が膝上まである雪の中、重い荷物を運ぶのは容易ではなく、ゆっくりと近づくと、私のチームは汗だくになってしまった。

　すでにロシアの陣地に近づいている。頭脳戦では、ロシアが我々を見ていた。私は空いた手を挙げて、彼らに手を振った。すぐに多くの手が挙がり、「生きろ」と手を振ってくれた。ここでも、あそこでも、一発も発砲していない。近くのロシア陣地を通る道路では、旋回バリアが撤去された。 それがこちらです。ロシア人が次々と、そして一斉に手を挙げてやってきて、「全部、路上に集めてくれ」と将校が呼びかけた。すべてが通りになった。到着すると、機材を地面に置いた。ロシアに追い越されたのだ。みんな20歳そこそこの少年たちだが、みんな可愛かった。年配のロシア人は、溝に留まることを拒み、ある者は家に帰り、ある者は「前線」の後ろの町や村にたむろした。私たちは、まずグゼレンの騎兵隊、次に歩兵大隊、そして私たちの機関銃中隊と進みました。まず、完全に廃墟と化した村々を通り抜けた。そのうちのひとつに、彼らは立ち寄って一夜を過ごした。部屋や馬小屋、納屋で、ロシア人が収容所で使っていた古い藁の上で寝ました。その結果、またシラミだらけになった。高価な小動物に慣れるため、強く掻くと少し熱くなるくらいで、それほど悪くはありませんでした。翌朝も同じ順番で行った。途中、ロシアの制服を着た兵士がたくさん追い越していった。

　みんなロシア人だと思っていたのですが、解放されたドイツの捕虜で、どこにでも行けるということでした。 ベルリンの大物が言っていた。"私は14年間も囚人だった！"しかも、とてもハンサムな方で、懐かしさを感じませんでした。今度は休暇で数週間ベルリンに来なさい、きっともっと楽しく遊べるよ」と自分に言い聞かせた。そして、フランス戦線に行くのだろう。その時、街で銃声が聞こえたんです。疲れてベッドに入ると、すぐに寝てしまった。翌日は休養日。ヴァルミエラに滞在しました。マハラジャの仲間と一緒に小さな町に行きました。遠くから見ると、たくさんの兵士が一か所に集まっているのが見えました。私たちも、人ごみをかき分けて行ってきました。なんという光景を目にしたのだろう。フェンス沿いには、ロシア兵をかたどった6人の撃たれた人が横たわっていた。そのうちの2人が、死の恐怖に襲われた

ときの体勢で鎖につながれて横たわっていた。一人は雪の中、フェンスに背を向けてもたれかかるように座っていた。 刀で切られた彼の頭は、耳から顎まで割れていた。顔を胸に押しつけながら、後頭部を高く上げている、なんという絵でしょう。私たちは震えながら、できれば食べ物を買いに行きたいと思い、背を向けた。

　遠くから見ると、市場で何人かが吊るされているのが見えた。私たちは現地に赴き、この恐ろしい事実を検証した。若い人4人と年配の人1人の計5人で、彼らはすでにドイツ軍によって解放された人たちの中にいた、もちろん自分の命に限ってのことだが。その隣には、雪の中で顔面を撃たれたフレイの姿があった。脚はストッキングのみ。 家の隅でおばあさんが泣いていた。哀れな女性は、吊るされた男の一人に近づき、大声で泣きながら、撫でるようにズボンの裾をなでたのです"。 しかし、どうすることもできない。市場には、捨てられたロシアの艦長がたくさんいた。町には買うものがないので、キップマン軍曹と一緒に近くの農場に行った。人々はドイツ人を理解し、牛乳やジャガイモ、そしてこの辺りではどこにでもあるような生の黒パンをくれました。マーケットに掛けた人は誰なのかを聞いてみた。しかし、彼らは用心深く、何も言いませんでした。 怖がらないでください」と言うと、「この5人は町の市民です」と言われた。 5人とも平和を愛する者として知られ、何の罪も犯していない。 死んだ女性は、息子の処刑に必死で抵抗した者の母親だった。フッサールは、最初に発見された者を威嚇の手段として吊るし上げるだけであった。これは怖い！ この疑惑が事実かどうかは私の意見ではありませんが、可能性はあります。

　次のNor-Genでは弱くなった。市場に着くと、貧しい人たちがまだぶら下がっていた。一日中歩きました。ロシアに捕らえられたドイツやオーストリアの兵士が、私たちの前を通り過ぎることもよくあった。オーストリア人の多くは、とても不機嫌そうな顔をしていた。前線に戻るより、捕虜になったままの方がよかったのだろう。鏡のように滑らかな路面を歩くのはとても大変でした。ほとんどの場合、車の後輪が横に滑ってしまうのだ。翌日の夜は、道路沿いの大きなお盆に泊めてもらった。多くの避難民が健康な状態で残された。軍曹が孤立した小さな馬小屋に、馬を何頭

か入れる余地がないか見に行くと、難民たちは狂ったように泣き喚き始めた。その理由はわかりませんでした。その理由はすぐにわかった。巡査部長が馬小屋で身なりのいい老人の遺体を発見したからだ。難民の人たちは、私たちが自分たちを見て、捕まえてしまうのではないかと怯えていました。でも、私たちは彼らを放っておいたので、彼らはとても喜んでいました。翌日も続けた。この地域はかなり人口密度が高く、家もいつもより立派で、人々もかなりきちんとした身なりをしていた。道の両側や溝にはたくさんのロシア馬がいて、中には雪の下に横たわっている馬もいた。背景には、ポリクリという町が見えた。

　突然、ロシア兵の隊列が街から出て行くのが見えた。これが何を意味するのか、私たちには分かりませんでした。「なんということでしょう！"騎兵隊長は泣いていた　車から機関銃を取り出して、道路の左右にある小高い丘に置いた。"ロード "V-Cir 900!「騎兵隊長は「発砲があり次第、隊列に発砲し続けろ」と命じた。接触線上にある我々の機関銃の効果を考えると、鳥肌が立ちました。しかし、銃声は聞こえない。何度か音楽の音が聞こえたような気がしました。　これで、ロシア連隊の音楽がはっきり聞こえるようになった。信じられないことに、音楽とともに自主的に捕虜になったのは、ロシアの歩兵連隊だった。クルーたちは笑いながら、手を振って通り過ぎていった。その後、数百人の兵士が馬車や馬とともに捕らえられた。野原のあちこちで、飢えたロシア軍馬が木の皮や凍った茂みの枝を食べながら走り回っている。誰も貧しい馬のことなど気にもかけなかった。

　突然、街中で大きな爆発音が聞こえた。　強力な重厚な雲が風に吹かれ、その下を遠くて確認できない多くの物体が通過していく。そんな時、ワルファの軍需工場が爆発したと聞いた。町に入った。何千人ものオーストリア兵が道の両側に立って、私たちの侵攻を眺めていた。その中には、嬉しそうな顔も見られました。

　ボルシェビキによって解放され、再びオーストリア・ドイツ軍国主義の影響下に置かれたのである。町の人たちは、複雑な思いで私たちの入場を待ち焦がれ、すでに次のリーダーを恐れていた。教会前の広場では、フサールが再び二人の男を吊るし上げた。ウォールの中に入っていきました。大爆発で窓ガラスがほとんど割れてしまったので、部屋は寒かった。ロシア兵はそれを拒否し

、逃げ出した。到着した最初の夜、いくつかの大きなバラックからなるロシアの食糧庫も発見されたので、アレスはそこに食糧を探しに行った。私も部下3人と一緒に兵舎に行きました。片方には、キャンドルの入った小さな箱がたくさん並んでいた。反対側には、箱に詰められた瓶の大きな山があった。片方には砂糖の箱が、もう片方には砂糖の袋がたくさん並んでいた。二人がそれぞれ肉の缶詰を積み、三人目が砂糖の入った袋を背負い、私は照明を担当し、ろうそくを一箱持って行きました。それが鳩尾のように消えて、バラックはすぐに空っぽになった。戦利品を少なくして帰るやいなや、数人の警官が現れた。

　バラケンの入り口には、兵士と警備員が配置されていた。私たちにとっては、戦利品は安全なので、どうでもよかったのです。押収した缶詰の肉は一瞬にして調理され、5人で信じられないほどの量を食べてしまった。コーヒーは蜂蜜のように甘く、ビールを少し飲んだような感じでした。翌朝、私は宿舎の隣にある工場の庭に入った。何百人ものロシア人男性が集まっていた。藁はおろか、食料も問題なかった。干し草があった。可哀想に、動物たちは飢えを満たすために、お互いに食べあったり、羊毛を食べたりしていました。工場の隣には、私たちの機関銃馬が厩舎に飼われていた。私は、貧しい輓馬に与えるために、干し草畑から干し草を山ほど取って来ました。私が門の前に行き、動物たちが干し草を見ると、四方から駆け寄ってきました。怖くて干し草を落として玄関を飛び出しました。馬たちは、消えてしまった小さな干し草を互いにねだるのです。馬の餌がほとんどないのだから、そんなことはありえない。午後になると、中隊の軍曹が私に会いに来ることを許してくれた。「リヒャルト、「司令部から下士官2名と部下6名を田舎に派遣するように言われましたが、目的はわかりません」。欲しいか、リヒャルト？"

と言ったら、「なんでやねん、先生」と言われた。それから、ランガー軍曹と司令部の6人の部下と一緒に行きました。そして、宿舎に荷物を取りに戻らなければならない。また、各自がライフルと自動装填式ピストル、そして十分な弾薬で武装しなければならなかった。私たちは司令官と2人のロシア人のところに戻ったが、彼らはボルシェビキらしい。この2人の印象はかなり良かったが、ドイツ語は話せなかった。将校が「待て、豚

ども、明日は寒くなるぞ」と言うのが聞こえた。このかわいそうな二人も「釈放」されたのだ!

　ランガー軍曹は、ボルシェビキから住民を守るために、ホラーホーフ城に行くように命じられた。私は部下3人を連れてエルメス城に行き、城に住む若い女性と、牧童園にいる牧師、学校の先生、小隊長を保護するよう命じられました。ボルシェビキやボルシェビキ的な態度をとる人を逮捕して散歩に連れて行ったり、ヘルメスやその周辺の人たちが持っている銃器を全部集めたりするのも私たちの仕事でしたね。それは、人を守り、人を逮捕し、武装した3人の隊員を使って武器を回収する、というのが大きな役割でした 門限を破って馬やソリで移動手段を確保した農家もあった。ランガー軍曹と私は、この地域のすべての農場と地理的な場所を示す地図を渡された。私たちはソリに座って出発した。

　街を出て間もなく、どこまでも続くような雪の松林の旅に出た。そりを引くのは、泥だらけの小さな馬で、信じられないような耐久力で唸りをあげる。馬の首には木製の首輪があり、その下には常に鳴り響く鈴があった。私の横には、毛皮のコートを着て、高い毛皮の帽子をかぶった農民が座っていました。全体として、これまでカレンダーで見てきたロシアのイメージを忠実に再現しているように思えたのです。ただ1つ、オオカミがいない!?そもそも、農家の人がドイツ語を理解できないことを想定していたのです。すぐに私に話しかけてきた。私はすぐに彼に葉巻を差し出し、自分用にも1本取って、両方に火をつけた。ヘルメス村はウォークの町からどのくらい離れているのか、と。22マイル（約25キロメートル）先だと言っていた。いくつかの村を通り過ぎた。村人たちは、私たちを初めて見るアレルゲンのような目で見ていた。ほとんどすべての村に美しい城があった。普通、男爵や伯爵がいて、村中の人がその人のために働かなければならなかったんです。しかし、ここの労働者たちは、ポズナンやもっと南の地域よりも良い家を持っていたし、人々もきちんとした服装をしていた。夕方、ヘルメス村に到着した。お城に行きました。管理人は、"お嬢さんは帰りましたよ"と言ってくれた。正直、嬉しかったですね。お城の係の女性は、すぐに豚の角煮をたくさん揚げてくれました。ここまで連れてきて、暗闇の中ですぐに帰ろうとした農夫が、今度はここで一緒に食事をして寝なければならくな

ったのだ。
　ポークチョップが目新しいということで、4人で来ました。そのため、食べ過ぎて下痢をしてしまった。誰一人として他人を笑えないのは、皆同じ悩みを持っているからです。その日の夜、少年は私たちを学校まで送ってくれた。ノックしても返事がない。もう一度ノックすると、誰かがリトアニア語で何か言っているのが聞こえました。私は「私たちはドイツ兵で、あなた方を守るために進軍してきたのです」と言いました。それは、もちろんドイツ語が堪能なディレクターのことだ。ドアを開けて、ろうそくで照らしてくれたのでしょう。そして、右手にリボルバーを持っていることに気づいた。私は笑って、「何も恐れることはない」と言いました。奥さんもとても気さくで、すぐにメイドに命じて紅茶とクリームパンを持ってきてくれた。1時間ほどおしゃべりをした後、お城に帰って一晩を過ごすことになった。帰り際にディレクターから翌日の食事に誘われ、快く引き受けた。
　翌朝、丘の上の牧師館に行くと、とても温かく迎えてくれた。その牧師さんには、美しい奥さんと3人のかわいいお子さんがいた。楽しい時間を過ごすことができました。私たちは素晴らしいもてなしを受け、兵士の一人であるベルリン出身のケスラー上等兵がピアノで美しい曲を演奏してくれました。お礼を言って、ディレクターの家に行き、昼食をとった。リトアニアのディレクターは、天職に徹するだけでなく、農民でもある重要な人物です。当然、彼のために何かをしなければならない労働者がいる。兵士になってから一度も食べたことのないような料理を食べさせてくれた。地面の脂身という基本的な食べ物しか口にしたことのない私たちには、美味しすぎるくらいだった。食後は二人で座って気持ちよくタバコを吸いました。各自が自分の故郷について話すことになった。私がアルザス出身だと言うと、先生は "あなたの家は戦争を起こすような骨肉の争いをしているのでしょう "と言われました。さて、私は先生に、アルザスの美しさと豊穣さ、文化の高さ、多くの自然資源について話しました。すると教授は、自分に敵対するボルシェビキを信用していない、だからドイツ兵の保護をお願いしたのだ、と言った。私は、我々の任務はボルシェビキとボルシェビキにシンパシーを持つ人々を逮捕し、散歩に連れて行くことであると言った。突然、教授の奥さんがこの件に関

わることになった。最上階に住んでいた教授は、ボリシェビキに共感していた。彼女はすぐに連れて行かれるのが当然だ。彼女はいつも、教授をとてつもなく悪く見せようとしていた。私はすぐに、彼女が教授を深く憎んでいることを理解し、彼女の非難が非常に不快に思えた。私は、「よく聞いている」という印象を与えようと、「先生に取材に行きます」と言ったのです。
　先生の奥さんが示したドアをノックして、「どうぞ」と言われたので入りました。私が入ると、先生はソファーから立ち上がり、私に席を譲り、すぐに泣き出した。ソファーに座って戻ってきた彼女が泣き続けるので、私は彼女の向かいに座った。
　先生は20代前半の若い女の子で、美人で身なりも整っていた。私は、「なんで泣いてるんだ」「なんてこった、先生と一緒に下にいたのか」と言ったことから始まりました。この人の奥さん、私のこと嫌いなんだわ」と泣いた。"いいですか、お嬢さん、私から何も恐れることはありませんよ" 彼女がどう思おうが関係ない。もしかしたら、彼女の意見と私の意見は違うかもしれません。彼女は驚いたように私を見た。"そうだ、信じてくれ、私も軍事政権下で多くの苦しみを味わった。" 今、私の願いはただ一つ、どんな手を使ってでもそれを取り除くことです。" ボルシェビキに共感する人を逮捕して、散歩に連れて行くのが私の仕事だと言ったんです。病的な考えを持つ軍曹ではなく、私を相手にしていることを幸運に思うべきだ」と私は言った。
　なんてことだ」と先生は言った。「ここから出て、両親のところに行ければいいのですが」。彼女の両親はどこの出身かと聞くと、タルトゥから20キロほど南にある村だという。私はしばらく考えてから、"ここに完全に信頼できる馬とそりを持った人はいないの？"と言った。- もちろんです」と、彼女は農民の住む家を指さした。"いいですか、お嬢さん 明日、ご両親のところにお連れしますよ" メモを書いてくれないか？信頼できる人に我々の計画を説明するんだ 明日の朝、現地に行ってメモを渡してきます。じゃあ、二人でそりに乗って来よう。準備しておけば、逮捕するふりをする。少し泣いたら、教授にあなたを連れて行くと言うから、代わりにあなたの家に行くのよ。やる気あるのか？と聞いてみた。「ああ、なんて幸せなんだろう、あなたは素晴らしい人だ。あなたのことをずっと覚えています 鎖でつないだ後、校長先生

の家族のところに行き、真剣な顔で、次の日の朝、先生を散歩に連れて行くと言ったのです。校長夫人の嬉しそうな顔に圧倒されました。その後、城に戻り、そこで一日を過ごした。

　翌朝、屋台で働く先生の友人を迎えに行った。私が入ってくるとおどおどして、ドイツ語で一言もしゃべらないんです。私は彼と握手をして、親しげにうなずいた。そして、先生からメモをとって渡しました。ドイツ語で書かれているのに、ラトビア語なので読めなかったのです。それを読んだ男は、驚いた顔で私を見て、またメモを見た。私は笑顔で「はい、はい」と頭を指差し、先生の方を指差して手を振って帰るところを見せました。その時、彼は私を信じてくれたのです。彼の居間に入って、一緒にホットミルクを飲んだり、フェルトのブーツを履いたり、毛皮のコートを着たりしていました。馬に馬具を付けて、学校へ行った。そのまま先生のところへ。とても人懐っこいのですが、とても怖がりなんです。お茶を飲みたいので少し待ってから、1階に降りていきました。先生は、ハンカチを目の前にして泣きながら、上手に演奏していました。泣いている彼女を見て、農夫はどうしたらいいのかわからなくなった。すると、窓の下に先生の奥さんが現れ、嬉しそうに顔を輝かせた。私は丁寧に農夫に立ち上がるよう命じ、そりの後部座席に教授の隣に座り、動きのある方向へ出発した。教授の奥さんの姿が見えなくなったので、私たちは北の方、教授の家の方に向いました。3人でソリ遊びを楽しみました。教授は、農夫に何が起こったかを正確に説明し、とても親切に私のところに来て、肩をたたき、ラトビア語で何か言い、それを教授が訳してくれました。"もしすべてのドイツ兵があなたのようだったら、あなたが一番に幸せになれる"と言っていました。私は教授に、他のドイツ兵は違うことをするだろうし、ドイツ軍はおそらくほとんどすべての家畜と食料を徴発するだろうから、つまり盗まれるだろうし、用心する者はベルトを締めなければならないから、多くの食料を隠さなければならないと説明するように頼んだのです。農家の人は、私が言ったことが気に入らなかったようです。

　どの村でも、どの邸宅でも、私たちの姿を見て驚いているようだった。馬はどんどん先に進んでいく。この毛むくじゃらの馬はどこから来たのだろう。農家の犬、小ネズミが舌を出しながらソ

リに向かって走ってきた。私は農夫に止めるように言い、外に出てソリでそれを拾った。先生は、私が心優しいのだろう、戦争で人を殺すなんて考えられないとおっしゃいました。私は「私が撮った人たちがみんな健康であることを祈っています」と言い、二人で笑いました。彼女は私に何度もお礼を言いました。最後に、彼女の故郷の村を見ることができました。"そこに私の両親が住んでいる　"と。村まではまだ1キロ半もある。"お嬢さん、二手に分かれましょう！" "ダメだ" "一緒に親のところに行こう" それは無理だ」と私は言った。「この村の誰も、何があなたを連れてきたのか知らないのだから」。小さな森を走りながら、農夫に停車するように頼むと、若い女性が私の決意を説明してくれた。彼女は降りて、歩いて帰ろうとした。私は彼女に、ソリを続けるように言い、農夫が戻ってくるまでそこで待つことにした。これで、お別れです。なんとお礼を申し上げたらよいのでしょうか。- 彼女は続けて、突然、心からの感謝の気持ちを込めて、私の首に両手を添え、口元に温かいキスを2回してくれ、私はそれにとても温かく応えたのです。彼女は降りて私のそりに乗り、最後にもう一度私と握手をして、そりは去っていきました。彼女は村の近くまで私を歓迎してくれました。私はとても不思議な気分で、すべてが影響し、その女の子を克服するのに時間がかかりました。農夫が戻ってくるまで、しばらく時間がかかった。ついに、村からソリがやってきた。乗ってみると、農家の方が先生のいい写真を出してくれました。背中には「私の親愛なる救世主、オルガ・アンダーソンへ」と書かれていた。そして、農夫には大きなボイルハムとパン、そして熱い紅茶のポットが与えられた。私は彼が持ってきたものが気に入り、彼を招待しました。彼は笑いながら、村を指さし、食べるように自分の口を指さした。そこで、先生の実家で食事をした。今度は隣に座っていた犬に餌をあげて、自信満々になった。そこで、3人は嬉々としてエルメスのもとに戻ってきた。到着後、3人の兵士に一部始終を話した。彼らは皆、私の主張に同意し、私が行ったことを認めてくれた。

　どの村でも、どの邸宅でも、私たちの姿を見て驚いているようだった。馬はどんどん先に進んでいく。この毛むくじゃらの馬はどこから来たのだろう。農家の犬、小ネズミが舌を出しながらソリに向かって走ってきた。私は農夫に止めるように言い、外に出

てソリでそれを拾った。先生は、私が心優しいのだろう、戦争で人を殺すなんて考えられないとおっしゃいました。私は「私が撮った人たちがみんな健康であることを祈っています」と言い、二人で笑いました。彼女は私に何度もお礼を言いました。最後に、彼女の故郷の村を見ることができました。"そこに私の両親が住んでいる　"と。村まではまだ1キロ半もある。"お嬢さん、二手に分かれましょう！" "ダメだ" "一緒に親のところに行こう" それは無理だ」と私は言った。「この村の誰も、何があなたを連れてきたのか知らないのだから」。小さな森を走りながら、農夫に停車するように頼むと、若い女性が私の決意を説明してくれた。彼女は降りて、歩いて帰ろうとした。私は彼女に、ソリを続けるように言い、農夫が戻ってくるまでそこで待つことにした。これで、お別れです。なんとお礼を申し上げたらよいのでしょうか。-　彼女は続けて、突然、心からの感謝の気持ちを込めて、私の首に両手を添え、口元に温かいキスを2回してくれ、私はそれにとても温かく応えたのです。彼女は降りて私のそりに乗り、最後にもう一度私と握手をして、そりは去っていきました。彼女は村の近くまで私を歓迎してくれました。私はとても不思議な気分で、すべてが影響し、その女の子を克服するのに時間がかかりました。農夫が戻ってくるまで、しばらく時間がかかった。ついに、村からソリがやってきた。乗ってみると、農家の方が先生のいい写真を出してくれました。背中には「私の親愛なる救世主、オルガ・アンダーソンへ」と書かれていた。そして、農夫には大きなボイルハムとパン、そして熱い紅茶のポットが与えられた。私は彼が持ってきたものが気に入り、彼を招待しました。彼は笑いながら、村を指さし、食べるように自分の口を指さした。そこで、先生の実家で食事をした。今度は隣に座っていた犬に餌をあげて、自信満々になった。そこで、3人は嬉々としてエルメスのもとに戻ってきた。到着後、3人の兵士に一部始終を話した。彼らは皆、私の主張に同意し、私が行ったことを認めてくれた。

と答えた。"不足がドイツ軍や住民に深刻な影響を与えているのは事実で、パンに木屑が入っていることもありますが、死体について聞いたことは全くの嘘です。でも、1つだけ言っておきます。あなたが持っているもののほとんどが奪われるのですから、あなたも大赤字になるのはそう遠くないでしょう。すぐに食品を

隠すことをお勧めします。知っている人に教えてあげてください今は家を転々としています。ほとんどどこでも出迎えてくれて、すぐにお茶やミルクを出してくれた。ラトビア語で「Guten tag」が「Lalija」であることは知っていました。

　この挨拶で中に入り、「ライフルとリボルバー」と言った後、持ってきてもらった。ある農家の場合、古い散弾銃を手放したくないということに気づき、持って帰ってきて「手に入れるしかない」と言いました。多くの家庭で、昔の田舎の産業である車や、名前の分からないものに出会いました。私たちにとっては初めてのことなので、彼らの様子を見ながら過ごすことが多かったですね。いくつかの農場で、牛や豚を殺している人たちに遭遇しました。私たちが現地に到着したとき、彼らはほとんど私たちが肉を持っていくと思い、恐れていました。肉を隠すように合図すると、彼らは頷いた。この黒い家では、私たちは彼らの一番いい部屋に招かれ、ミルクや紅茶、食事をごちそうになった。もちろん、こんな日は、出されたものを全部食べるわけにはいきません。私たちの唯一の願いは、できるだけ長くここに滞在することでした。昔と比べれば、私たちはここで王子様のように暮らしています。

　もう一つのエリアに近づくと、物音がした。　入ってみました。リビングルームには、家族以外に、私服だがロシア兵と思われる屈強な青年8人がいた。中には、もっともらしくないものもあった。テーブルに座ってお茶を飲みましょう！」と提案されました。　すると、隣の小部屋のドアが少し開いているのに気づき、部屋の中にいた二人の男が光を通してこちらを見ているのが見えたのです。来てくれと取り次いだら来てくれたので、「武器」といって、それを渡すように言いました。彼らはただ肩をすくめているだけだった。ドイツ兵が大勢来るから、武器を見つけたら捕虜になるぞ、と指で示したんです。　それを理解させるために、縛るように相手に手をかける。納屋に入り、日本軍のライフル10丁を持って帰ってきた。ソリに積んでヘルメスに戻り、農夫の仕事を手伝った。それから郵便局へ。女性はドイツ語が上手で、3人の娘さんはチターとマンドリンの演奏がとても上手でした。郵便局を出ると、ロシア兵が2人、通りを歩いていた。司令部は、ドイツ軍から除隊ライフルを受け取らなかったラトビア兵をすべて遊

歩道に連行し、データを登録するよう命じた。この2人は、私が止めた時に怖がっていたんです。私は彼らに、書類を見せなければならないと言った。一文字も読めない用紙を見せられた。郵便局のおばちゃんに持っていったら、通訳してくれた。兵士たちは、家から10キロしか離れていないこと、2年間も家族に会っていないことを話してくれました。私は女性に、彼らが家に帰れば幸せになれるということは理解している、私たちも家に帰れば幸せになれると伝えてほしいと頼みました。二人ともとても喜んでいました。私は彼らにそれぞれタバコを渡した。

　翌日、私たちはソリでホラーホフ城に行き、そこで私の中隊のランガー軍曹が4人の部下を連れて派遣された。なんと　城はなんという状態だったのだろう。すべてのホールや部屋の家具は壊れ、切り刻まれ、取り壊された。テーブル、ソファー、鏡、食器棚、タンス、ベッドなどが、砂漠の中でゴミの山と化したのだ。蓋まで切られて、部屋中に羽が散らばっている。"誰がやったの？ドイツ語が上手なリーダーに聞いてみた。"ロシアのボルシェビキ兵 "と、また言った。"なぜ、そんなことをしたのか？と聞いてみた。「ホラーホフ宮殿の所有者はロシアの将軍で、しばしば冷酷に自分の軍隊を不必要な攻撃に追い込み、何千人もの命を奪った。彼女は将軍が殺害されたと考えている。城の近くの家々には、約400人のオーストリア兵が住んでいた。そのうち2人はドイツ語を話していた。ボルシェビキは革命の初期に彼らを解放した。

　そして、我々の大隊は北へ向かった。どこも同じように雪景色で、松林、雪に覆われた村や荘園を見ることができました。道端には瀕死の馬がたくさんいて、大砲や野戦炊事場、弾薬、放置された荷車などもあった。デルプタの町に着いたが、そこはすでにドイツ軍に占領されていた。ドイツ兵よりロシア兵の方が多かったんです。みんな復員を待っているラトビア人とエストニア人だった。服がないため、ロシアの軍服を着続けることはできたが、帽子の丸印をはずし、脱がなければならない。翌日、さらに北上した。氷や雪が溶け始め、冷たくて濡れた足で、ひどい混乱の中、前進していった。小さな町で一夜を明かした。翌朝、私たちは領土軍大隊に解放され、汽車に乗って数日間ヴェンデンに戻りました。ドイツ軍の射撃場に行き、そこから西部戦線に行くという話だった。だからまた、愛する祖国のために優しい英雄として死

ぬことができるという幸せな見通しができたのだ。

ロシアからフランスへの旅

　馬、馬車、兵隊を積み込んだ後、列車はリガに向けて出発する。鉄道線路に近い道路では、兵士たちが牛の群れを南に追いやっているのに気づいた。ラトビアとエストニアの「解放」は、こうして始まったのである。やがてリガに到着し、人々に挨拶をする。また来てください」と言われたのですが、どうやって？彼らは「一緒に行こう！」と呼びかけました。リガの南側では、すでに雪が溶けているところがあり、雪のない土地に慣れていない私たちには、とても新鮮でした。東プロイセンを経て、西プロイセンからブランデンブルクへ。この地域は、砂浜の貧しい地域が多い。西側から勝利の第一報が届いた頃、私たちはベルリンを通過した。このニュースは、半分飢えていた人々に新たな勇気を与えたようで、私たちはいたるところで騒がしく喜んでいた。兵士と弾薬を満載した列車が、ロシアから西方へ旅立つのである。人々は、ロシアの解放軍が英仏戦線を突破し、いずれにしても勝利を収めることができると信じていた。夜が来ると、みんな馬車の中で眠ってしまった。

　真夜中ごろ、列車は小さな、照明の少ない駅に停車した。"みんな出ろ！馬と馬車の荷下ろしと荷造りをして、シェイニッチ村に出発。すでにフラットは出来上がっています。 部屋の中で藁を積み上げた上に横になると、すぐに眠ってしまった。翌朝、私はその女性にここはどこかと聞いた。この村は、マクデブルク近郊のアルテングラブという大きな軍事射撃場の近くにあるとのことだった。土地はとても砂が多く、この貧しい土地で農家の人たちはどうやって生計を立てているのだろうと思いました。午前中に片付けをして、その日は休みました。私はFrau　Sanfenbergのために、木から不健康な毛虫を取り除き、彼女のために車いっぱいの肥料を私の庭に押し込んだ。 二人の間には、アイダ、メアリー、グレーテルという3人の女の子がおり、それぞれ16歳、12歳、11歳であった。聖金曜日を除く毎晩、村の2軒のパブでダンスが始まった。継続的な文通のおかげで、ほとんどの女の子はひどく甘やかされていた。多くの両親、兄弟、姉妹、妻がドイツ全土から

縁のある兵士を訪ねてきた。多くの人にとって、これが最後の顔合わせとなった。

　イースターの日曜日、突然警報が鳴った。1時間後には、5キロ先のネドリッツ駅で列車に乗ることになっていたのだ。私たちは集まって、貴重品を機関銃運搬車に入れ、別れを告げてネドリッツに出発した。数分後、すべてが待機中の列車に積み込まれた。ルール地方を通り、デュッセルドルフ、そしてケルンへ。そこで食事をしてから、ベルギーに行った。畑には多くの農作業者がいた。私たちは手を振りました。ほとんど全員が「ノドを切れ」と手を振って、先に進みました。ラナで列車を降りなければならなかったのですが、町がフランスの激しい砲火にさらされていたため、早めに降りなければなりませんでした。ラ・フェアに行き、半壊した小さな町で一夜を過ごしました。前方から銃声が聞こえた。みんな真剣な顔をしていた。

　翌朝、1916年夏の大きな戦いが繰り広げられていた地域を通り、戦線に向かいました。60キロの間、ほとんど音もなく、瓦礫と廃墟しかない。畑は生い茂った瓦礫で覆われていた。その間に戦死した兵士の十字架があった。自分で見なければ、被害はわからなかったはずです。いくつかの村は完全に消滅してしまった。英語で「This...」と村の名前が書かれた看板があるだけだった。ソンムのブリーという古い村に着き、イギリス人が建てた波板の小屋で野営した。私たちはソンムまで下りました。ここはかなり広くて湿地帯ですが、今はまだ十分な深さがありません。橋はドイツ軍によって修復された。橋の西側で、私は最初に殺されたイギリス兵を見ました。雷が鳴り続け、前方では砲撃が行われていた。私たちの顔からは、未来への不安が読み取れた。人々は私たちを「ヒーロー」と呼びますが、その素晴らしい名前は、めったに、そしてどういうわけか決して現実を反映していません。

　また、トレンチの端に墜落した焼けた飛行機のそばには、パイロットの死体も横たわっていた。パイロットの体は焼けていて、服は靴とズボンと下着一枚しか残っていない。その部分には、何百匹ものハエが居座っていた。機関銃でドイツ軍のパイロットでないことがわかった。その時、黒焦げの手にIDタグのついたチェーンがあることに気づいた。死んだ人が誰なのか確かめようとしたんです。チェーンがハンダ付けされているところが溶けて、識

別タグができました。カナダ」と「プロテスタント」しか区別がつかなかった。これは明らかに、故郷から何千マイルも離れた場所で無惨な死を遂げたカナダのパイロットである。橋の東側には、ドイツ軍の砲弾で破壊され、橋の向こうに戻れなくなった9台のイギリス軍戦車が部分的に破壊されていた。ベルトの切れ端とグレーの制服の切れ端が隙間に挟まってしまったのだ。中には、完全に乾いた感じの左手が切り落とされており、2本目の小指には婚約指輪がはめられた状態になっていた。ソンムを横断するドイツ兵が戦車の後ろに避難して、何もないドイツ軍の砲弾にやられたからというのが、私の説明だったんです。

　橋を渡ると、その反対側は同じように、落とし穴や古い塹壕がありました。死んだイギリス人が60人ほどここに集まり、葬式を待っていた。ここにイギリス人の死者が横たわっている。次の晩は波板の小屋で過ごしたが、今度は飛行機に悩まされることはなかった。

　翌朝、私たちは前線に向かいました。瓦礫しかなく、ところどころに村がほとんどなくなっている。ハルボネアの郊外で、私たちは小さな綿の木で一夜を過ごした。近くには、ドイツ軍のひどいガスで顔や軍服がところどころ食い荒らされたイギリス兵の死体が何体もあった。

　森から500メートルほど離れたところには、イギリス軍の駐屯地があり、多くの機関車や荷馬車が置かれていた。廃墟と化した工場の隣には、見たこともないようなイギリスの弾薬庫があった。大きなものから小さなものまで、さまざまな種類の貝殻が何千何万とありました。ゴミ捨て場は土壁で囲まれていて、すべてが幅10メートルほどの正方形に区切られていた。つまり、ゴミ捨て場が爆撃された場合、いずれかのマスにある砲弾だけが爆発するのだ。

　2日間、森の中で寝転んで過ごしました。初日の夜、私はダイニングルームでワインを買おうと、ハルボニエールへ行った。町はほとんど無傷だったが、住民の姿は一人も見かけなかった。私が森に戻ると、集団は立ち止まり、隊長が師団命令を読み上げていた。私はワゴンの後ろにいて、耳をすませました。明日の夜、前線に行くことになったんだ」。我々はある地点に陣取り、翌朝

、ドイツ軍の集中砲火の準備の後、攻撃してイギリス軍陣地を突破し、ケシャの西の郊外に到達することになった。数個師団が攻撃を指揮し、800門以上のドイツ砲が英国陣地に壊滅的な砲撃を加えることになった。さらに、歩兵の準備のためにドイツ戦車4両を配備することになった。あらゆる可能な、そして不可能な兵器を備えた、装備の整った大軍に対する攻撃、それは何かあったのだろうか！ いずれにせよ、この命令は多くの貧しい兵士にとって死刑宣告であった。誰も何が起こるかわからず、雰囲気は誰もが想像できるように、とても暗いものだった。バンの後ろから出てきた私は、故郷の村から来たヨーゼフ・ホファートと出会い、とても驚き、そして嬉しくなりました。彼はレギ地方の軍人で、当時はロジエ村にいた。ホファートさんは、私の連隊の兵士に出会い、彼のバッジに332という数字があることに気づきました。よく手紙でやりとりしていたので、私の住所も知っていたが、私の連隊はまだロシアにあると思っていたようだ。すぐに兵士を連れて私の会社にやってきて、会いました。スイスから送られてきた郵便で、それぞれが聞いた本国の最新情報を伝えた。ホッフェルトは、夜間学校に通っている村の若者たちの写真も持っていた。なんてことだ！びっくりしました！！（笑 前回見たときはまだ子供だったのに、今は若い男女になっている。夜遅くまで一緒にいて、その後ロジエールまでの道のりを一部同行した。帰り際に、「もし帰れなかったら、両親と妹によろしく伝えてください」とお願いしておきました。この時、私は笑いというより涙に近かった。もう一度握手をしてから、解散した。会社に戻り、森の中で寝ました。テントが張れずに大雨でびしょ濡れになってしまった。翌日は晴れていたので、洗濯物を乾かすことができました。空で激しいドッグファイトが2回あり、その結果、2機の飛行機が火だるまになって地上に落ちてきた。撃墜され、焼かれ、最後は地面に落ちて潰れるという3度の死を迎えたパイロットたち。

　ある時、前方からの砲撃が他より大きく轟き続けました。この日はゆっくり終了。準備しろ」という指令が出され、包囲された。それぞれが同じように真剣な表情をしていた。その後、機銃群の再編成が行われた。ラングの砲手としてベルリンから来たアレックス・クヌートに担当させた。

　2日間、森の中で寝転んで過ごしました。初日の夜は、ダイニ

ングルームに置くワインを買いに、ハルボニエールへ。町はほぼ無傷だったが、住人は一人も見かけなかった。森に戻ると、集団は止まり、司令官が師団命令を読み上げていた。私はワゴンの後ろにいて、耳をすませました。"明日の夜には前線に出なければならない。私たちはある地域に陣取り、翌朝、ドイツ軍の集中砲火に備えた後、攻撃してイギリス軍の陣地を突破し、ケシャの西の郊外に到達することになっていた。数個師団が攻撃を指揮し、800門以上のドイツ砲がイギリス軍陣地に壊滅的な砲撃を加えることになった。さらに、歩兵の準備のためにドイツ戦車4両を配備することになった。装備の整った大軍を相手に、可能な限りの武器と不可能な武器を駆使しての攻撃、それが何になりえたのか？いずれにせよ、この命令は多くの貧しい兵士にとって死刑宣告であった。誰も何が起こるかわからず、雰囲気は誰もが想像できるように、とても暗いものだった。バンの荷台から降りると、故郷の村から来たヨーゼフ・ホッフェルトに会って、とても驚き、そして嬉しかった。彼は、当時ロシエル村にあったレギ地方の軍人である。ホファート氏は私の連隊の兵士に会い、彼のバッジに332という数字があることに気づきました。よく手紙でやりとりしていたので、私の住所は知っていたが、私の連隊はまだロシアにあると思っていたようだ。すぐに兵士を連れて私の会社にやってきて、会いました。私は、スイスから送られてきた郵便で知った本国の近況を伝えた。ホッファートさんは、夜間学級に通う村の若者たちの写真も持っていた。なんてこったい!!! とても驚きました!!! （笑）この前見たときはまだ子供でしたが、今は若い男女になっています。夜遅くまで一緒にいて、その後ロジエまで同行した。帰りに「もし帰れなかったら、両親と妹によろしく伝えてください」とお願いしておきました。この時は、笑いというより涙に近かった。もう一度握手をして、それぞれの道を歩むことになった。私は仕事に戻り、森で眠りました。テントを張ることができず、大雨でびしょ濡れになってしまった。翌日は太陽が出ていて、洗濯物を乾かすことができました。空では激しいドッグファイトが2回行われ、その間に2機が炎上して地上に落下した。パイロットは、撃墜され、焼かれ、最後は地面に叩きつけられるという3度の死を経験した。

　ある時、前方からの火の勢いが強くなったことが続いた。この

日はゆっくり終了。待機命令が出され、周辺を包囲された。皆、同じように真剣な表情だった。その後、機銃隊は再編成された。ラングの砲手には、ベルリン出身のアレックス・クヌートが任命された。

　そのほか、フェルメルスキルヒェン（Vermelskirchen）、ライン地方の二人（名前は忘れた）がいる。ベル・デ・ブラン軍曹が小隊長だった。日没とともに、各ワゴン車と前のワゴン車との間に40メートルの間隔を空けて発車した。何機かの英軍機が旋回していた。突然、あの有名な汽笛が聞こえてきた。すぐに運転手と馬以外の全員が、道路脇の溝に倒れ込んだ。パチパチパチパチパチ！　爆弾は道路付近で爆発したが、被害はなかった。乗っているのは馬だけなので、運転手はほとんどコントロールできない。夜だった。ほぼ平坦な場所だったので、榴散弾は目の前で爆発した。目の前の火は、空を血のように赤く染めていた。鉄道貨車に搭載された大型の大砲とすれ違い、時折、発砲した。そして、マルセカブの村に近づくと、そこには火があった。数分おきにイギリスの重い砲弾が、ものすごい音を立てて村に落ちてきて、爆発すると村が明るくなる。村に停車して、馬車から機関銃を取り出して、その後に引き返した。その時は、ペテン師になって引き返せれば何でもいいと思っていました。村の通りを下っていった。大砲の前を20メートルほど離れて歩いた。村はなんという状態だったのだろう。村はなんという状態だったのだろう。多くの家屋がほぼ全壊し、正面から取り壊された家屋もあった。この村は、約1カ月間、ドイツの支配下にあった。　また重い弾丸が落ちてきて、みんな意を決して逃げ出した。　その弾丸は、道路の反対側の村に命中した。半殺しの後、もう1台が道路脇の民家に激突し、爆発の勢いですべてを粉々にした。通りかかったロレーヌ兵が倒され、瓦礫の中に埋もれてしまったのだ。私たちは、その兵士を助けることなく、全員で突進していった。私たちは皆、村から、そして射撃場から逃げ出したいと思っていました。村の反対側には、2キロほど下ったところにあった。フィールドには個々の砲弾が落ちてくるが、私たちのすぐ近くには一発も落ちてこない。月が出て、辺りを明るく照らした。土壁の向こうで、何人かが倒れ、何人かは幽霊のような手が空に向かって伸びているのが見えた。前方から明かりがともり、銃声や機関銃の音が聞こえる。ドイ

ツ軍の大砲は単発のものばかりで、私たちを貫いていた。イギリスの大砲は、パチパチと音を立てて砲撃を行いながら領地を形成し、次から次へと移動していく。突然、ある場所で2〜3分間激しい砲撃があり、その後、突然止んだ。道路を離れ、農道を進む。やがて「ストップ！」と言われ、頭を割ることになった。チームと一緒に深さ1.2メートルほどの穴を2つ掘った。作業のため、兵士たちはのどが渇いたので、酒を飲むようになった。テーブルコーヒー（1.5リットル）を1人2杯ずつ飲んだ。

　だんだん濡れた穴の中で眠ってしまい、まるで埋められてしまったかのようでした。イギリス機の轟音で再び目が覚めたが、月が照っているのに、どこにいるのかわからない。突然、大きなフラッシュが飛んできて、パラシュートがついていて、周囲を照らした。"みんな隅っこで待ってろ！「突然、4つの爆弾が爆発したんだ。明らかに、暗い穴や土の塊を発見したのだ。そして、飛行機のエンジンの轟音は、イギリス戦線に向かって移動していった。私はすぐに、「気をつけろ、同志たちよ、もうすぐ撃たれるぞ」とチームに声をかけました。私は改めて、お互いに忠誠を尽くすよう促し、誰も同志を失望させてはいけないと言った。一人が重傷を負ったら、機関銃とそれに付随するゲームを残して、できれば負傷者を返す。機関銃は十分だったが、命は一人一人しかないのだから。皆、すぐにこの申し出を受け入れました。ディスカッションを行いました。突然、短い笛が鳴り、フレイルと爆発が

起こり、榴散弾と土の塊が私たちの上に落ちてきたのです。数メートル先で、穴の間に砲弾が当たった。そして、2回目、3回目、4回目と来て、周りは口笛と怒号で一杯になった。大小の土砂がヘルメットの上に降り注ぐ。砲台に座っていた私たちは、砲弾が近くに落ちてくるたびに怯えた。時々、非常に重い砲弾が来て、他のどの砲弾よりも多く、ほぼ垂直に落下する。見上げると、周囲は分厚い砲弾の煙で覆われていた。突然、"G-a-s!"という叫び声が聞こえてきたのです。この呼びかけをみんなが繰り返した。各自ヘルメットを脱いで、箱からガスマスクを取り出して顔に装着した。次第に火はほぼ完全に止まりました。マスクを取って、被害者がいないかどうか聞いてみた。坑内で一緒に寝ていた3人は直撃を受け、粉々に吹き飛ばされた。他の2人は顔面に榴散弾を受け、すぐに退散した。だから、私たちの会社はいい仕事をした。機関銃旅団の損失は、直ちに予備銃隊が課長たちを待っていた。

夜明けはゆっくりとやってきた。少し霧が出ていて、3、4百メートル先までしか見えない。船長は興奮した様子で、再び乗組員を回り、心をこめて任務を遂行するようにと呼びかけた。そうこうしているうちに、上空から砲弾が飛んできて、近くで爆発した。船長は私たちの穴に飛び込んで避難した。船長、私は何が起こっているのか理解できないと言ったんです。ここはどこ？イギリス戦線はどこだ？私たちの前にいるのは誰ですか？船長は、領地とその位置を示した詳細な地図を手に取った。私たちの部隊は、幅500メートルのエリアをカバーしていました。師団の他の連隊は、私たちより先に掘っていた。我々の大隊は、攻撃の最終段階に入る予定だった。森の端まで行って、そこから直接カチの村に行かなければならなかった。(カチ) 今わかったよ。

1918年4月24日、戦いの日-ウィラー・ブルトンヌへの攻撃。
朝の6時半のことである。時折、砲撃が行われるだけで、すべてが静かであった。沈黙が怖い。両者とも息を止めて体力を回復させてから、互いを引き裂くように倒れ込んでいるのだと思いました。7時になると、ドイツ軍の大砲が発射され始めた。着弾の瞬間、800門を超える大砲が鉄砲玉を放ち、その後も続けざまに

砲声が轟き、終いには1時間にも及んだ。砲弾は絶えず私たちの上を飛び交っていた。反対側では、個々の砲弾の爆発音が聞こえる。ほとんど意思の疎通ができない状態でした。誰かの耳元で言葉を叫ばなければならなかったのです。イギリス兵も手加減せず、一面に砲弾を浴びせた。総攻撃は8時に開始されることになっていた。時計の針は運命の瞬間に向かって円を描くように動いていた。ゆっくりと、しかしあまりにも早く。5〜8分後、私は顔を上げて外を見た。彼は死んだように見えた。見えたのは、数人の頭とイギリス軍の砲弾が当たったところだけだった。すると、後ろから大きなエンジンの音が聞こえてきた。Sturmpanzervagen A7Vと呼ばれるドイツ軍の戦車4両に搭載されたものである。初めて見るドイツの戦車で、フランスやイギリスの戦車とは全く異なり、マーキングも何も見えない鉄の家が前を向いているようなものでした。四方八方に装甲砲が向けられる。また、2台の戦車には2つの小型ポッドが装備されていた。識別マークとして、大きな鉄の十字架が左右に描かれていた

　"準備 "だ！胸を躍らせながら、準備は万端。レッツゴー 歩け！車に乗り込み、パンチを残して前進。砲撃は止まず、今度は銃声も聞こえてくる。攻撃は本格化した。どこを見てもスロープがあり、ドイツ兵が突き進んでいる。歩兵、機関銃、小型・中型迫撃砲が迫ってきていた。ドイツ軍の飛行機が上空を飛び、爆弾、手榴弾、中距離砲撃で攻撃を成功させることができた。砦の角に近づくと、焼け野原に何人もの死体が転がっているのが見えた。
　突然、大砲や迫撃砲の砲弾の雨に見舞われ、私たちは皆、人間が掘った穴やピットに飛び込みました。榴散弾や土砂の破片に当たらないように、できるだけ低い姿勢で潜った。"ここにいてはいけない "と と叫んで、二階で適当な印鑑を探した。同じ迫撃砲の砲弾が、私から3メートルほど離れた落とし穴に着弾し、そこには3人の海兵隊員がいた。その姿は、四方八方に飛び散っていた。チームには、"私が先発します "と伝えました。誰か俺から目を離さないでくれ。もっといい隠れ家を見つけたら、大きなシャベルを持つから、すぐに駆けつけてね！」。言う前に、言ってしまった。50メートルほど離れたところに、大きな穴があったので、そこに隠れました。飛び込みでシャベルを持ちました。私のチームはすぐにそれにひっかかりました。それで、次から次へと穴

を開けていったんです。クローバー畑を歩いていると、頭上で榴散弾が爆発した。怪我をしなかったのは奇跡的です。どこかで出血しているに違いないと思い、自分の体を見た。最初は興奮しましたが、今は爆発が続いているにもかかわらず、過去の最も危険な時と同じように、冷たい平和な気持ちになっています。

"準備"だ！胸を躍らせながら、準備は万端。レッツゴー 歩け！車に乗り込み、パンチを残して前進。砲撃は止まず、今度は銃声も聞こえてくる。攻撃は本格化した。どこを見てもスロープがあり、ドイツ兵が突き進んでいる。歩兵、機関銃、小型・中型迫撃砲が迫ってきていた。ドイツ軍の飛行機が上空を飛び、爆弾、手榴弾、中距離砲撃で攻撃を成功させることができた。砦の角に近づくと、焼け野原に何人もの死体が転がっているのが見えた。

突然、大砲や迫撃砲の砲弾の雨に見舞われ、私たちは皆、人間が掘った穴やピットに飛び込みました。榴散弾や土砂の破片に当たらないように、できるだけ低い姿勢で潜った。"ここにいてはいけない"と と叫んで、二階で適当な印鑑を探した。同じ迫撃砲の砲弾が、私から3メートルほど離れた落とし穴に着弾し、そこには3人の海兵隊員がいた。その姿は、四方八方に飛び散っていた。チームには、"私が先発します"と伝えました。誰か俺から目を離さないでくれ。もっといい隠れ家を見つけたら、大きなシャベルを持つから、すぐに駆けつけてね！」。言う前に、言ってしまった。50メートルほど離れたところに、大きな穴があったので、そこに隠れました。飛び込みでシャベルを持ちました。私のチームはすぐにそれにひっかかりました。それで、次から次へと穴を開けていったんです。クローバー畑を歩いていると、頭上で榴散弾が爆発した。怪我をしなかったのは奇跡的です。どこかで出血しているに違いないと思い、自分の体を見た。最初は興奮しましたが、今は爆発が続いているにもかかわらず、過去の最も危険な時と同じように、冷たい平和な気持ちになっています。

私たちは森の端に来た。そこからドイツ軍の第一陣が、開けた場所にあるイギリス軍陣地を襲っていた。砲撃でひどい目にあった歩兵の死体もたくさん転がっていた。軽傷者の多くは、最初の攻撃で降伏するはずの英国人捕虜と同様に、我々の前に逃げ出し

た。イギリス兵は、地面全体がカーキ色の軍服で覆われた一カ所に集めざるを得なかった。激しい銃撃に耐えなければならなかった。最初のイギリス軍の塹壕に着くと、私たちはそこに飛び込んだ。ここには多くの空砲があり、イギリス歩兵が勇敢に陣地を守ったことを物語っている。塹壕の中には、二人のイギリス人の死体があった。塹壕の中には、もう一人、瀕死の状態のイギリス兵がいた。塹壕の3メートルほど後方には、日頃からドイツ人のフリッツと呼ばれている人がいた。私は顔を上げ、這うようにこちらに向かってくるように合図した。背中を指差すと、弾丸が当たっていて、足が麻痺しているのが見えた。私は彼を塹壕の中に引きずり込みましたが、今、イギリス軍が機関銃を大挙して上空に飛ばし、絶えず掃射しているので、危険を冒したくなかったのです。3本のキャリングストラップを結び、その片方をイギリス兵の方に投げました。彼は腕を強く握っていたので、私たちは彼をゆっくりとトレンチの端まで引きずり、そしてトレンチの底に下ろしたのです。私は死者の一人のスカーフを取り、彼の頭の下に置いて、私のコーヒーを飲ませた。痛みと出血で意識がない。死んだイギリス兵の一人がポケットにタバコを一箱入れていたので、自分用に取っておいた。

　他の連隊の砲兵が塹壕にやってきて、"先生、あなたの砲兵旅団に参加してもいいですか？"と聞いてきたんです。彼のアクセントからアルザス出身だとわかったので、"どこの出身ですか？"と聞いてみた。彼は、"私は森の端の第一波で中隊と一緒だった"と言った。私たちに気づいたのだろう、イギリスは森の端でものすごい軽砲を撃ってきた。私が横たわっている間に、チーム全員が殺されてしまった。私の突撃隊も食堂もサバイバルバッグも榴散弾で粉々になってしまった。こういうものがありますよ」と見せてくれたのですが、完全にズタズタになっていました。"いいか、相棒、賢いなら塹壕の中にいろよ"と言ったんだ。
　一方、塹壕の中は兵士で一杯だった。中尉は夕食がまずかったので、続けることができた。塹壕から抜け出しました。チームが駆けつけてくれた。その時、ラインラント人の一人が叫んでいるのに気づき、弾薬箱を落として私の方へ走ってきた。肩を撃たれたのだ。すぐに止血帯をし、置いてあったイギリスの落とし穴に倒れました。　目の前では、イギリス軍が幅80ヤードほどのひどい

スコールに見舞われていた。砲弾は、最後の部隊の攻撃を防ぐために、連続して降ってくるのだ--。小隊長から、負傷したレナンの代わりに、余分な銃を渡されたのです。砲弾が届くまでの間に、砲弾の再装填のために短い間があることに気づきました。砲弾が当たった場所の端まで進み、横になった。いいか、仲間たち」私は言った、「少し待ってみよう」。砲弾が爆発したら、全速力で走ります。もしかしたら、次の銃声が鳴る前に射程圏外に出られるかもしれない。発砲された途端、私たちは立ち上がり、銃を持っていたので全速力で走りました。次の弾丸は私たちを追い越して、数メートル後ろで爆発した。私たちは、できるだけ早く危険地帯を抜け出しました。破れた部分には、たくさんの遺体がありました。私たちが死ぬ間際でも、多くの体が動き、引き裂かれた。

　突然、たくさんの機関銃が私たちの耳元で鳴り出した。私たちはあわてて地上に出て、銃をそのままにして、近くの大きな爆弾の穴に腹這いになって入り、12～15人が被爆した。穴の中で頭や肩や背中を丸めて寝ていたので、降りてくる人は窒息しそうになったが、背中のすぐ上で機関銃の弾が鳴るので、逃げることができない。突然、すぐ近くで衝突事故が起きた。ほとんど地面に覆われている状態でした。みんな怖くてたまらなかった。見上げると、私たちのファンネルと新しいファンネルとの間には、わずか0.5メートルしか土がないのだ。もし、あと1メートル先に着弾していたら、18人全員がバラバラになっていただろう。私とチームは、すぐに新しい穴に飛び込みました。火が一瞬爆発したとき、私たちは這ってでも銃に向かい、穴に向かって撃った。穴の前に発射可能なマシンガンを取り付けました。

　私たちの穴はすぐに歩兵によって埋められました。衛生兵を担当する軍曹がいた。足の指に銃弾を受けた歩兵が、こちらに向かって走ってきた。私たちがイワシのように穴に入っていると、いつも特に優秀なアレックス・クヌース伍長が、近くに砲弾があるからと、『場所を空けるよ』と言って、別の穴へ滑り込んでいった。海兵隊がどんどん入ってくるので、私は砲手の一人に「あの穴に空きがあるか見てこい、空きがあれば入ろう」と言いました。彼は中に入って叫んだ。"ここには死体が1つしかない"とね。なんてこった、アレックスだ！早速、潜り込んでみました。アレ

ックスは、左目の上の額を撃たれ、左のこめかみにもソリッドタイで傷を負っていた。アレックスはまだ死んでいなかったが、意識はなかった。楽にしてあげようと思って、頭にガーゼの包帯を巻いたんです。名前を呼んでも、聞こえないし、見えない。と、おしゃべりを始めた。ガタガタと音がしなくなったかと思うと、全身が震えだし、横になって死んでいった。貝殻の横から土をとってきて、それを敷いて蓋をした。その時の私たちの気持ちは、想像に難くないでしょう。そして、彼の銃剣を取り、十字架の形をした革のオーブンに通して、墓に置いた。
　ピストル、マシンガンなど、午前中いっぱい同じ強さで発射。アレックスを埋葬したとき、朝の喧噪の中で、彼のそばで銃声が聞こえたような気がしたんだ。機関銃のあった砲弾の穴に這い戻ると、ラインラント兵の一人が腕を撃たれているのが見えた。機銃手の一人が腕に包帯を巻いていた。負傷者の話によると、被弾した時、水冷式機関銃のシャツの前に蒸気ホースを付けようとしたそうだ。というのも、彼の恥ずかしそうな顔から、自分の腕を撃って野戦病院に戻っていることがわかったからだ。その通りなのだが、自分では言い出せなかったのだ。今、私は2人を負傷させ、1人を機関銃で殺しました。かなり厳しかったですね。莫大な損失を出したため、攻撃は中止された。みんな、どこかの根性論に避難していた。 将校と衛生兵は全員、すぐに占領されたピットに駆け込み、「ダイブ・オーダー」と叫んだ。みんな怖かったんですよ。

　すると、横の坑道から隊長が出てきて、前進を命じられた。どんな選択肢があったのでしょうか。 だから、私も4人の部下と一緒に行ったんです。英国が砲火を強め、私たちは再び砲弾の穴に隠れなければならなくなった。リガで知り合った歩兵が、攻防戦の最中、私の穴の横に膝をついてタバコに火をつけていたのだ。突然、彼は地面に真っ逆さまに倒れ、それっきり動かなくなった。機関銃を掘って、発射できるようにしたんだ。

　気がつくと、2人の海兵隊員が恐怖に満ちた顔で全力疾走していた。見上げると、近所中の海兵隊員が後ろ向きに走っているのが見えた。私は "どうした？" と叫びました。"戦車だ！" - それが

答えだった。大隊長のバートルド大尉は、ライフルを振り上げて海兵隊員を止めようとし、ある者は従わせ、ある者は逃げ出した。戦車からの機銃掃射で多くの生存者が撃たれた。前を見ると、イギリス軍の戦車が何台も着実に近づいてきて、発砲している。訓練では、同じ位置から発射された2発の鉄製弾丸は戦車の鉄壁を通り抜けると言われました。イギリス軍の戦車は、機関銃を連射しながら、まっすぐ私たちのピットに向かってきた。"同志たちよ、今度はスチールコアを使うのだ! と叫びました。機銃手の一人が、すぐにベルトを渡してくれた。戦車の前面中央を正確に狙って装填し、250発入るベルトから発射した。戦車は移動した。さらに3本の鋼鉄棒カートリッジを発射した。つまり、同じポイントに向けて1000発の弾丸が発射されたわけだ。あまりうまくいかなかった。双眼鏡を持ち、発射時に戦車が真っ白に見えるのを確認したが、ダメージを与えることはできなかった。"身を隠せ と叫びました。それで、みんなでピットに座って、戦車が来て撃ってくるのを待っていたんです。すると後ろから、何発かの銃声とエンジン音が聞こえてきた。見上げると、ドイツ軍の戦車が近づいてきて、小型の砲を連射していた。そして、前方を見ると、イギリス軍の戦車がいくつもの穴を開けて止

　ドイツ軍の戦車は他の2台のイギリス軍の戦車を停止させた後、イギリス軍の戦線に突っ込み、約200人のイギリス軍歩兵を機銃掃射のもと穴から追い出した。イギリス兵は両手を上げて降伏するしかなかった。私たちの穴に入るために、3人の男が通り過ぎたんだ。走っていると息が詰まるし、死ぬかもしれないという恐怖で震えている。彼らはお金を出してくれたが、もちろん受け取らなかった。その後、イギリスの砲兵隊の砲撃を受け、砲弾の煙の下に消えそうになりながら、突然停止した。数分後、それは再び揺れ始め、私たちのそばを通り過ぎた。

　ドイツ軍の戦車は他の2台のイギリス軍の戦車を停止させた後、イギリス軍の戦線に突っ込み、約200人のイギリス軍歩兵を機銃掃射のもと穴から追い出した。イギリス兵は両手を上げて降伏するしかなかった。私たちの穴に入るために、3人の男が通り過ぎたんだ。走っていると息が詰まるし、死ぬかもしれないという恐怖で震えている。彼らはお金を出してくれたが、もちろん受け取らなかった。その後、イギリスの砲兵隊の砲撃を受け、砲弾の

煙の下に消えそうになりながら、突然停止した。数分後、それは再び揺れ始め、私たちのそばを通り過ぎた。

　下アルザスから到着した増援砲手マルツが前方を見ていたところ、目の前にガス弾が着弾し、高濃度ガスに包まれた。彼は一度だけため息をついた後、呆然として私たちの間に倒れこんだ。私も鼻から喉にかけてガスを感じながら、力任せに吸っては吐き、また吐いてを繰り返しました。そして息を止め、箱からガスマスクを取り出して、あっという間に装着した。今は胸にガスが溜まっているような感じで、くすぐったくて吐きそうになってきました。鼻と喉が痛くて、目が腫れてきた。咳をしたいのに、マスクをしたままではほとんど息ができない。すべて数秒の出来事だった。彼が動けなくなったところで、マルツのガスマスクを取り出して、彼に装着させた。そして、小隊長のところに手と膝をついて這って行った。医務室長が安全装置（酸素運搬装置）を持っているのがわかったからだ。彼は私のすぐ後ろに這いつくばり、かわいそうなマルツのために安全装置を設置した。15分後、彼は意識を取り戻したが、茫然自失の状態だった。

　今度は隊長が私たちの穴に忍び込んできた。"さて、リヒャルト" "まだ大丈夫か？" "はい" "しかし、アレックス・クヌートは死に、2人が負傷しています" と答えました。ハーマンのチームは、それほど恵まれていなかった。6人全員が直撃して死亡した。キャプテンは、初めて見る大きなアクションにとても緊張していた。

　当社に来る前の状態なのだから、早く戻ってくればよかったのに。今思い出すのは、ポケットに入っていたイギリス製のタバコ。まずキャプテンに渡し、それからチームに分けました。ブナの葉を主成分とするタバコの代用品であるアーモンドタバコに比べ、イギリスタバコの味はいかに優れているか。30分ほどして、船長が「リヒャルト、英語のタバコをもう1本くれ、それから物資の確認をしてくる」と言った。2個あげたら、外に出てまた走ってきた。4時頃だった。砲撃の勢いは弱まったが、砲弾は降り注いでいる。私たちは安堵のため息をつきました。"この混乱から抜け出せれば！" 一般的な感覚はこうだった。兵士たちは皆、コーヒーを飲んで必死なのに、私は水筒の半分以下しか飲んでいない。

徐々に夕方になり、やがて暗闇が苦しみを隠していく。部隊からの報復攻撃も予想された。私の願いはただ一つ、捕まることでした。すると、兵士が私たちの穴に入ってきて、食料を集めるはずの人たちが集まって、一緒に行くようにと言いました。夜、英国は増援と後方との連絡を防ぐため、我々の後方400ヤードほどでひどいスコールに見舞われた。私は、砲手に食料を取りに行けと命令するのは嫌だったので、志願者を募った。誰も志願しなかった。私は、「それなら、鉄の分も食べましょう！」と言いました。また、一人一人が袋に入った軍用パンを持っていました。もっとお酒があれば！だから、みんなピットの中にいたんです。

　看護師は私たちを残していった。前方の坑道にいた少数の歩兵は、今すぐ戻って我が陣地に陣取るようにとのことである。ここから新たな強力な戦線を形成した。3メートル離れた場所にも、この部隊の機関銃が建てられることになった。課長のマーティン・ベア軍曹は、私たちの数メートル後ろの砲弾の穴の中にいた。イギリスの砲弾は、特にフェンスラインで、我々を吹き飛ばそうと叫びながら撃ち続けました。ピットで寝てしまった。男は起きていて、ときどき前を向かなければならなかった。突然、大きなアサリのあられが降ってきて目が覚めた。そうだ、反撃の準備をしなければと思った。それでもラッキーだったのは、近くで数発の砲弾が炸裂しただけだったことだ。私たちを追い越して、遠くの地面にぶつかってしまったのです。ゆっくりと、ゆっくりと、たくさんの機関銃が飛んでくるので、誰一人として顔を上げて様子をうかがう勇気はなかった。機関銃の発射が止むと、私は照明弾を発射して、前方を監視し始めた。何カ所かで動きがあったような気がして、さらに照明弾を撃ちました。同時に、左右から「あいつらが来るぞ！」と叫ぶ声が聞こえた。来るぞ！ アラーム！といった具合に。今、目の前にはイギリス兵がうじゃうじゃいる。その第一弾は、150メートルほど離れたところにあったはずだ。ひどく腰が曲がっていて、穴から穴へ飛び移るような状態だった。私の理解が正しければ、この貧しい人々のうち30人、40人、50人が負傷することになる。私はとっさに撃たないことにして、近づいてきた彼らのところへ行きました。私は銃に飛びつき、ベルトに弾を込め、上部のバネを押し、左手に土をひとつまみ持ち

上げ、目立たないように機関銃の機構にふりかけた。そして、投げ返した。銃の弾丸が発射され、そして停止した。

ロック機構は土の塊でふさがれていた。"これからどうする？"‐トレーナーたちは心配そうに聞いてきた。"来たら手を挙げろ"です。と言ったのです。"銃を出せ"と言ったんです。"もし彼らが大量殺戮をしようと思ったら、できるだけ銃で自分を守ろう"と。そして、蜘蛛の巣を取り除き、落とし穴に投げ入れました。するとベアー軍曹が這い上がってきて、"リヒャルト、ニッキー、お前、何で撃たないんだ？"と言った。"クワックワック"と言ったんです。"装備"を脱いだ。"それが一番いい方法だ"と軍曹は答えると、蜘蛛の巣を外して山の中に放り込んだ。すると、昼と同じように夜が百発百中で照らされた。ドイツ軍の大砲の防護壁を呼び込むために、たくさんの赤い照明弾が空に向かって発射された。多数の軽・重機関銃と歩兵が防御のための射撃を始めた。ドイツ軍の大量の砲弾が頭上を飛び交い、イギリス軍に降り注ぐ。死傷者の多い英兵は、砲弾の穴を這うように進み、私たちは再び装備を身につけることになった。この時、私はイギリス軍が私たちを捕まえなかったことにとても腹が立った。暗闇の中、私は誰にも気づかれないように機関銃を掃除した。そして、ベルトに装填して発射した。その後、湿った穴の中で朝まで寝ました。

1918年4月25日

夜が明けると、英国はまた1時間ほど猛烈な勢いで砲撃を開始した。その後、かなり静かになりました。その日は春の陽気の始まりで、太陽は明るく輝いていた。自然が新しい生命に目覚めているのだ。しかし、何十万人もの人々が、少数の権力者の頑固さに従わざるを得ないのです。これは変えようがない。従わない場合は、銃殺刑に処する。提出すれば、撃たれるリスクもあるが、生き残る見込みもある。だから、嫌でも従うのです。

午前10時頃、中隊の兵士が這い上がってきて、オーナーが重傷で発見されたことを報告した。午後4時には、排水路の葦の中に一人倒れていた。自主的に拾った者は昇進し、鉄十字勲章を授与された。私の隊からはラング砲手、別の機関銃からはベック伍長が志願した。"無事に帰ったら、ここには戻らないぞ"とラングが

言ったんです。"そんなの当たり前だろう "と私は言った。そこで、彼らは這い戻ってきた。船長は昨夜、予備に出発したときに負傷したのだろう。

　午前10時頃、中隊の兵士が這い上がってきて、オーナーが重傷で発見されたことを報告した。午後4時には、排水路の葦の中に一人倒れていた。自主的に迎えに行った者は昇進し、鉄十字章を授与された。私の隊からはラング砲手、別の機関銃からはベック伍長が志願した。"無事に帰ったら、ここには戻らないぞ "とラングが言ったんです。"そんなの当たり前だろう "と私は言った。そこで、彼らは這い戻ってきた。船長は昨夜、予備に出発したときに負傷したのだろう。

　掘り返された機関銃の後ろに隠れて、周囲を見渡した。どこもかしこも貝殻の床が見える。その中に、引き裂かれた死体が散乱していた。正面に焼けた飛行機があり、少し行くと焼けたイギリス軍の戦車があり、1キロほど行くと焼けたカシの村があった。昨日はそれを捕まえて、反対側にある西側の郊外を制圧する必要がありました。そのため、イギリス軍の陣地から約800ヤード以内に侵入し、2000人を捕らえたと言われたものの、攻撃は失敗に終わった。これで英仏米戦線を突破する可能

　性は低くなったと確信した。2キロほど先の内陸の右側にVil-ler-Bretonneuという町があったが、そこは廃墟の山だった。私は双眼鏡でイギリス戦線を見た。ドイツ軍の砲弾の煙が立ち込めるだけで、人の気配がしない。上空では30機以上が参加する激しいドッグファイトが繰り広げられていた。3人が墜落し、2人が死亡、3人目は矢のような速さで落下した。
　別の機関銃隊は、喉が渇いて死にそうなので、何か飲み物はないかと聞いてきた。私のチームの一人が、「機関銃の大きな穴の中にまた水があるはずだ、そこですでに水を集めてきた」と答えた。ベルリンから来た生意気な砲手シュレーベックは、そこに滑り込んでピットに消えていった。すぐに水筒を満タンにして戻ってきて、チームのいるピットに飛び込もうとした。その時、砲弾が私たちの頭上をすり抜け、ピットの2メートルもないところで爆発した。そのショックで、私たちは思いっきり落ち込んでしまいました。見上げると、新しい穴の反対側に2メートルほど離れたところにシュレーベクが倒れていた。死んでいるのか、意識がないのかわからなかったので、近寄ったんです。彼は助けを必要としていなかった。腹に榴散弾を受けたので、内臓が飛び出していた。シュレーベックが死んだのだ。
　突然、わが砲兵隊が両陣営の間にスコールを発射したので、度重なる砲弾の命中と煙と飛び散る土砂の破片が、われわれと英国軍の間に壁となった。だんだん火の勢いが弱まってきた。午後4

時頃、ドイツ軍の砲弾が落ちてきて、私たちの3メートル以内に着弾した。その直後、もう一台がやってきて、別のチームが使っていた穴の近くに着地し、ほとんど土砂で埋め尽くされた。私たちはどれほど怒ったことでしょう。イギリスの砲弾が20発着弾したよりもひどい状態だった。そして、もう一人、もう一人と続いていく。私はチームに「荷物を背中に背負い、ヘルメットとガスマスクを取れ！」と言った。自分の砲弾に撃たれたくないから、這ってでも戻るんだ！　その後、腹這いになったが、さらに貝が来て、200メートルほど這うことになった。今度は、機関銃を前にして砲弾の穴に着地した。一方、前線にいた兵士たちは皆、イギリス軍の姿を見ることなく這い戻っていった。武器も持たずに帰ってきたのは不愉快だった。私は、夜勤に入ったフリッツ・ケスラー伍長に、"フリッツ、機関銃を奪うのを手伝ってくれないか？"と言った。- "なぜダメなの?"と答えました。担ぎ紐をつけて出発しようとすると、ナップ大隊の副官中尉が近づいてきて、どこへ行くのか聞いてきた。私は、自軍の大砲による砲撃の結果、前線に置いてきた機関銃を持って行きたいと告げました。大切にするように」と注意されました。そして、腹ばいになって滑り落ちた。隔壁の上を這うように歩くのは困難で、倒れた兵士の多くの死体を避けなければならなかった。

　そして、ついに武器を発見。ピットで休んだ後、武器を地面に持ってきました。スキッドに弾薬の入った箱を2つ付け、担ぎ紐を付けて、這うようにして荷物を後ろに引きずり出した。最後は疲れて汗だくになりながら戻ってきました。ナップ中尉が我々の穴を這って通り過ぎ、再び機関銃があるのを確認した。彼は私の名前を尋ね、その横に十字架をつけた。1年目で鉄十字章を取れということでした。

　だんだんと夕方になり、夜になった。今夜、ようやく他の軍隊によって解放されることを期待したのです。しかし、何時間も何時間も、私たちは何もせずに待っていました。背後でイギリスの大砲が大きなスコールで再び発射された。弾薬が足りなかったようだ。そして、雨が降り始めた。最初はゆっくりと、そしてだんだん強くなっていった。走るとなると邪魔になるので、コートは着ない方がいいと思ったんです。また、みんな全身ずぶ濡れで、ピットの泥はベタベタです。湿気で震え始めたが、時々砲弾が落

ちてくるし、イギリス人がよく機関銃で掃射してくるので安心はできない。やっと寝た。チームの中で一人、ずっと起きていなければならない人がいた。突然、当直の兵士が「救援が来たぞ！」と起こしてくれたのです。すぐに立ち上がり、「助かった！」と思いました。でも、やはり野原やグリーンに戻るのは怖い。さらにイギリスの砲弾の中を通らなければならないのだから。楽をした兵士は、穴から出たいがために走らせたのだ。だから、「弾薬とソリはここに置いておけ」と命令したんだ。私たちは武器だけを持って、それを運ぶ仕事を分担するのです 兵士たちは、重いものを持たなくていいことにとても喜んでいました。

　かなり暗いし、ずっと雨が降っているので、死体に出くわしたり、貝の穴に落ちたりすることもよくありました。私たちは一緒にいて、お互いに声を掛け合いました。他のユニットが片付くと、急いで戻ってくる人々のシルエットがあちこちに見えた。その時、遠くから「同志よ、頼むから私を連れてってくれ」と泣き叫ぶ声が聞こえてきた。家には妻と3人の幼い子供がいます。なすすべもなく横たわっていた哀れな負傷兵は、兵士たちが走り去るのを聞いたらしい。私はチームに、「こいつも一緒に運れて行こう！」と言いました。その声が聞こえなくなったので、"怪我人はどこだ？"と叫んだ。"これ　"と言ったんです。兵士の一人と私は、かがんでその気の毒な負傷者を拾い上げました。その時、イギリスの大きな砲弾が4発、私たちのすぐ近くに着弾し、ほとんど怯え、衝撃を受けた。私たちは、あられの中を全力で走って危険地帯を抜け出しました。私たちは、哀れな負傷者をそのままにしておいた。私たちは爆発で離れ離れになりました。一緒にいたのは一人だけだった。呼び合うと、お互いが見つかりました。すると横から「第332歩兵連隊の第2機関銃中隊はここに集合せよ！」という声が聞こえてきた。ストローマイヤー中尉の声であった。そっちに行ったんだ。残りのメンバーが集合すると、すっかりやる気をなくした監督は『あっちに戻れ』と命令し、後方ではなく前方に平行して行進していった。

　閣下、私は戻るべきだと申し上げました。私たちが見ている火はマルセカブ村の火です。もう限界に近い中尉は、「好きなようにしろ！」と答えた。次の瞬間、4発の重い砲弾が近くに落ちたので、全員が地面に倒れ込んだ。"誰か怪我をしていないか？と

叫びました。いいえ」と返事が来た。今度は、"中隊はリチャー軍曹の指揮下に入る"と連絡した。全員、一刻も早く火のそばへ戻れ！」。コールで連絡を取り合おう 早速、帰ってきました。シュトローマイヤー中尉は、酔っぱらいのように私の後をついてきた。砲弾が飛んでくることもありましたが、全員無事に帰ってこれました。雨で地面が柔らかくなり、ベタベタした土が靴にくっつくので、進みが遅いのだ。

　ようやくマルセイユカヴに到着し、彼の後を追った。溝から「フリッツ、フリッツ！」とよくわからない言葉で呼ぶ声が聞こえた。私は、ここに負傷したイギリス人が倒れているに違いないと思い、「トミー」と言って溝の中に入っていった。やはり、足に包帯を巻いたイギリス兵が倒れていて、自分でここまで引きずってきたようで、疲れと衰弱でこれ以上進めないということだった。私はリュックサックを兵士の一人に渡し、イギリス人に背中に乗って、彼の前にひざまずくように合図をした。トミーはすぐに私を理解し、私の背中に乗って首に手を回し、私は両手でひざまずきました。そのイギリス人は、私から見ると、おそらく体重が100キロもないような、とても小さな男の子だった。それでも、すぐに「この人は私の背負うものが熱いな」と感じました。すると、後ろからバンの音が聞こえてきた。馬車が近くに来たとき、私はイギリス人を降ろし、馬の手綱をとって馬車を止めた。"何が起こったのですか？"救急車の中で箱に座っていた二人の男が尋ねた。"この負傷者を連れて行け" 車内は重傷者でいっぱいなので、もう余裕がないとのことでした。私は、「この人は足を怪我しているだけだから、もちろんボックスの前のほうに座っていいんだよ」と、もう一度言った。私はそのイギリス人を抱き上げ、車まで連れて行き、そこで用務員に連行された。今になって、彼がイギリス人であることに気づいたのだ。

　私は会社を追って走り、追いついた。マルセレーカに近づくと、多くの英軍の砲弾が飛んできて、村で爆発したり、海岸で爆発したりした。"第2機関銃隊" "止めろ！と叫びました。"火に巻き込まれないように、村を右に回り込むんだ。»そしてまた、汚い農場を通らなければならなかった。少なくとも、だんだん明るくなってきて、行き先がわかるようになった。突然、目の前で爆発が起こり、私たちはほとんど本能的に地面に駆け寄った。森の中に

隠れていたドイツの重砲台が爆発したんだ。

これが大きな爆発音となった。村の前の方の端で、さらに先へ行く道に出たが、そこはまだイギリスの大砲の射程内であった。ようやく安全な場所にたどり着いた私たちは、ほとんどの家がそのまま残っている別の村を通り過ぎました。そして、雑木林を抜ける。ここで、中隊の軍曹が馬と運転手を連れて、陣を敷いた。ホットコーヒー、食べ物、シュナップス、喫煙具をくれた。しかし、私たちは頭のてっぺんからつま先まで、汚く、濡れているように見えました 巡査部長「ずいぶん苦労しているようだな！」。聞けば、隊長は重傷のため亡くなったという。そして、各兵器のリーダーは、自分のチームの損失を報告しなければならなかった。日当たりの良い場所にテントを張り、濡れた上着を脱いでコートを着てベッドに入ると、すぐに眠りについてしまった。この48時間、私たちはほとんど眠れず、ストレスですっかり疲れ果てていた。

午後になると、突然目の前の森の端に、非常に重いイギリスの砲弾が2発着弾した。頼むから！まだ安全ではないのか？その直後、さらに砲弾が悲鳴を上げた。今回は約100mの距離で爆発した。「ヘルメットとガスマスクを用意しろ、照準を合わせているんだ」と。すぐに出発しました。次の砲弾の1つが車に命中し、機関銃は完全に破壊された。次の2発の砲弾は森の真上に飛び、馬2頭と草原で馬の世話をしていた砲手が犠牲になった。しかし、新しい殻がいつ来るか分からないので、常に危険を感じていましたね。死んだ馬2頭を兵士が引きちぎり、その肉をスライスして刻み、塩と混ぜて食べました。

午後になると、突然目の前の森の端に、非常に重いイギリスの砲弾が2発着弾した。頼むから！まだ安全ではないのか？その直後、さらに砲弾が悲鳴を上げた。今回は約100mの距離で爆発した。「ヘルメットとガスマスクを用意しろ、照準を合わせているんだ」と。すぐに出発しました。次の1発が車に命中し、機関銃は完全に破壊された。次の2発の砲弾は森の真上に飛び、馬2頭と草原で馬の世話をしていた砲手を殺した。しかし、いつ新しい砲弾が飛んでくるかわからないという危機感は常に持っていましたね。兵士たちは2頭の死んだ馬を引き剥がし、その肉を切り刻んで塩と混ぜて食べました。

夕方、大隊の使者が森の中を歩いて中隊に向かってくるのが見えた。私のことをよく知っている彼は、私に手を振りながら、"今夜はエントランスの控え室で待機してもらうことになるかな？"と言ってきたのです。何？と言ったのです。"でも、今朝は入ったじゃない！"「その通りだ」と使者は言った。"ここで命令された 前線に戻るのがどれだけ怖かったか、誰にも言えません。予備陣地は最も砲火にさらされていた。前方から止まることなく唸りを上げるライフル。バー軍曹とピータース軍曹のところに行き、事情を話した。二人とも恐怖に抵抗していた。私たちは出口を探そうとしていたのです。逃げることはできないが、関わりたくはなかったのだ。その時、フィールドキッチンのそばにシュナップスの入った哀れなバケツが目に入った。私は皆に「出口を知ってるよ！」と言いました。　藪の中に入って、立って歩けないほど酔っぱらってしまったんです。　軍曹は命令を読み上げた。3人が立ち上がらないので、軍曹はすぐに事態に気づいたが、何も言わなかった。しかし、中隊の指揮官となったストロマイヤー中尉は、その後も我々を攻撃してきた。ピータース軍曹は立ち上がり、大きなシャベルを一つ持って、中尉に近づいた。彼はシャベルを手に取りながら、「もし、ストロマイヤーさんが、昨夜のような愚かな命令をまた出したら、彼の頭を割ってやる！」と叫んだ。中尉は銃に近づいたが、ピータースをかわし、ピータースはよろめき、倒れ、そこに横たわった。中隊が去ると、ヒーローは森の中で眠りについた。翌朝、起きてみると、疲れきっていたので、さらに気分が悪くなった。　軍曹は、私たちが嫌な思いをしていると感じたようで、「私たちは求められすぎているのです！」と答えました。彼は、私の意見に全面的に賛成してくれました。を復活させました。死者1名、負傷者3名で済んだのは幸運だった。

　暗くなる前に、一日中、森の中で過ごしました。そして、ハーボニーロッジに行かなければならないことがわかった。私はケスラー上等兵に言った、「フリッツ、機関銃を持っていけ、私は何か食べ物か泊まるところを探そう」。ピータース軍曹とシュルツ軍曹に会った。暗くて、兵士に会うと道を聞かれることが何度かあった。ハル・ボニエに着くと、ここには我々の師団の残骸と、ロシアから到着したばかりの別の師団が置かれていて、たくさんの兵士がいた。　隣の部屋から声が聞こえてきたので入ってみた。

彼らは、補給列車のトラックの運転手だった。私は、「私や仲間のために何かないですか」と尋ねた。思い切った答えが返ってきました。ある言葉がきっかけで、レイジーベースワルツと呼ぶと、残酷になりかけた。しかし、私が銃を持っていたことと、ピータースとシュルツの2人の軍曹が加わったことで、彼らを遅らせることができた。今、私たちはどこで眠れるだろう？台所の床に敷いた冷たい石板の上で寝るのは嫌だったんです。古いキッチンの食器棚を、脇に置いて、棚板を取り出して、置いてみました。ベッドが狭いので、みんな横向きに寝なければならない。

　寝ている間に、トイレに行きたくなった。私は松明を持って裏口から出た。そこに、洗濯機のような小さな建物があるのに気づいた。中から大きなハミングのような音が聞こえたような気がした。私は静かに窓のあるドアに近づき、取っ手を押しました。ロックされていた。そして、ガラスの角が割れているのに気づき、懐中電灯で中を照らしました。嬉しくて弾けそうになりました。ドアの前のテーブルにはパンが山積みされ、その横に3ポンドのレバ刺しの箱がいくつもあり、タバコと葉巻の箱もあった。物資輸送のための食料品店だったのだろう。私は静かに2人の仲間のところに戻り、彼らを起こしたのです　"前に進まなければならない"と、私は言った。"気でも狂ったか！" - という返事が返ってきた。そして、私が発見したことを伝えました。この時、2人は立ち上がりました。静かに身支度を整え、そのままつま先立ちで玄関へ。私はガラスの穴から手を入れて、掛け金を押し開いた。ゆっくりとつま先でドアを開け、パン3つとタバコ100本入りを2箱渡し、レバー塩の缶詰を3つ取りました。そして、入った瞬間に姿を消したのです。そこでいびきをかきながら寝ていた男性は、翌朝、物がなくなっていることに気づき、かなり驚いたという。長い間探した結果、パン粉が保管されている屋根裏部屋に居場所を見つけました。キャンドルライトで、戦利品を食べました

　翌朝、私たちは仲間を探しに行き、ようやく納屋で見つけました。乗組員たちは、私が自分たちを見捨てたことに少し腹を立てていましたが、私がパンとレバーの缶を持ってくると、皆喜んで、パンとレバーがなくなるまで勇敢に見捨てました。そして、一人一人に10本のタバコを渡した。
　日中、ガナー・ラングが戻って来て、隊長を捕まえるのを手伝

ってくれた。隊長がまた認めてくれるということでした。まずはテントの中に入れて、這ってでも戻ろう。そして、誰もいない場所で、死体の乗った担架を発見した。死体を地面に置き、隊長を担架に乗せて、マルセラヴァの医者のところに連れて行った。医者が到着した時、船長はすでに息を引き取っていた。

　午後、中隊は大尉の葬儀に出席するよう命じられた。葬儀は、ヨーロッパ軍国主義の貧しい犠牲者数千人が眠るハーボナー戦争墓地で執り行われた。そして、次のようなスピーチが行われた。祖国、英雄の死、名誉、彼は祖国への深い愛情を確信できる、などなど。私の考えでは、祖国を本当に愛しているのは、軍曹までの普通の兵士たちだけです。高級将校は金のために金を払い、命を落とす。

　葬儀の後、ゴーファートは、私がどうやって戦場に来たのかわからないからと、私を探していた。私は、故郷の村で国境警備をしていたオルセル軍曹が、私の連隊の第一機関銃中隊に所属しており、よく話をしたことを話した。二人で彼の後を追った。やがて、最初の機関銃隊を発見した。そこでは、オーシェルが砲弾でひどい傷を負い、死ぬ前日まで生きていたことを聞かされた。彼はちょうど軍の墓地に埋葬されたところだった。行ってみたが、オーシェルはすでに埋葬されていた。彼の墓は、私の隊長であったライスビッツのゲッツ男爵の墓の隣にあった。墓地にはどんどん遺体が運ばれてきて、中にはひどい姿のものもあった。攻撃時の師団の損失は署名されている。死傷者数は65%だった。攻撃に参加した私の連隊の将校32人のうち、22人が死亡した。私の大隊の迫撃砲中隊に所属していた44人のうち、残ったのは4人だけで、残りは死傷者であった。私の会社は比較的恵まれていて、半分以上のコンタミを無事に回収することができました。

　翌日、連隊の人数を数えた。

　師団長のフォン・アダムス将軍は、非常に嫌な顔をしていて、残酷な冷酷さで皆から嫌われていたが、立ち上がって『右の目を気にしろ！』と言った。今、私たちは皆、その人を見なければならなかった。こんにちは、子どもたち！」と挨拶してくれました。と自分に言い聞かせました。私たちを子供と呼ぶ人殺しめ！この金で雇われた悪党の冷酷な攻撃は、多くの無意味な死をもたらした。そして、ナショナリズム、軍国主義、英雄の死などを突き

放す演説をしたのです。攻撃の目的は達成できなかったが、少なくともドイツの勇気と勇敢さを英国に示すことができた。実は、勇気なんてものはないんです。死の恐怖が他のすべての感覚を圧倒し、強迫的な恐怖だけが兵士の原動力となる。例えば、帰りたい人は全員帰り、残りたい人は残ればいいということになったらどうなるのか、見てみたいですね。自分一人では誰も先頭にはいられないと思うんです。誰も祖国のことなど気にせず、自分の命を守り、人間として生き直したいと思っていたはずだ。

　点呼の後、メダルの授与が行われた。連隊から約60人が鉄十字勲章IIを授与された。また、一等鉄十字勲章も2つ授与された。当然、2人の役員に行った。給料が高ければ、高い賞がもらえるのは当たり前だからだ。その後、納屋にある宿舎に戻ることができました。夜になると、町の上空でイギリスの飛行機がブンブン飛んでいるのが聞こえました。力強い歌声のエンジンで、すぐにわかりました。笛が鳴り、爆弾が炸裂するのを期待することになる。逃げても意味がない、寝たままの方がいい。直撃を受けていたら、終わっていたかもしれませんね。近くに爆弾が落ちなければ、怪我をすることもなかったのに。突然、聞き覚えのある爆撃の音が聞こえた。みんなで肩に力を入れたら、割れた、割れた、割れた。幸いなことに、爆弾は我々の近くには落ちてこなかったが……。

　翌朝、数人の人間と馬が殺されたことを知った。これまで、戦線から15キロメートルも後方にあるハルボニエは、砲撃を免れていた。そして4月30日の午後、最も重い2発の砲弾が飛んできて、町の中心部で爆発した。　前進の準備だ！」と命令された。さっそく荷物をまとめ、馬を馬車につないで出発した。街は兵士や将校、馬や馬車であふれ、誰もが一刻も早く安全な場所に移動しようとした。物がどんどん飛んできて、家が吹っ飛んだり、側溝に大きな穴が開いたりする。やがて私たちは、街と危険を後にした。まるで集団帰還のようでした。

　第2トレーラー中隊はフラメルヴィル＝レンクールに移動せよ」という命令が下された。フラメルヴィル＝レンクールの町は、ハルボンの5キロほど後ろにあり、1916年夏の戦闘で半壊してしまった。1917年に軍が撤退したとき、ドイツ軍によってすべてが撃ち落とされたり、爆破されたりしてしまったのです。私たちの

会社は、アメルヴィルのフラ・メルヴィル＝レンクール城にあったんです。しかし、城は半分しか建っておらず、ドアも窓もない。雨が降ったときは、部屋にテントを張らなければなりませんでした。村は軍隊でいっぱいだった。それを知っていたらしいイギリスは、毎晩のように中隊の飛行機を飛ばして爆撃してきた。安心して眠れないほどでした。

地図上の11番

xxx

部門別スポーツデー - 5月8日

今、私たちの師団は、兵士の士気を高めるために運動会を企画しました。何かできると思った人は、誰でも自由に応募することができた。手榴弾投げ、走り幅跳び、障害物競走を申し込んだ。前日、友人たちと一緒に障害物競走の勉強と練習に行きました。スタートから50メートルほど走ると、最初の障害物である板張りの壁が4等分されている。兵士は4人一組で走らなければならない。私はかなり痩せているので、隙間の一つを通り抜けるのに苦労はしませんでした。20メートルほど進むと金網の障害物があるが、有刺鉄線ではない。さらに20メートルほど進むと、幅2.5メートルの溝があった。飛び越えるしかなかった。20メートル後、ここが最も危険な障害物だった。それは滑らかな木の壁で、ジャンプすれば頂上まで行ける。あらゆる方法で飛び越えようとしたのです。分解するのに時間がかかりすぎました。ジャンプして両手で上に立ち、少し引き上げて左足を壁にもたせかけ、右足を上下に振るのが一番いい方法だった。上に座ってしまえば、立ち上がるのもジャンプするのも簡単だった。このマの字の動きには、6秒もかかってない。栄養失調と不規則な生活で弱っていたので、かなり強烈でしたね。

スポーツのデモンストレーションは、朝9時から始まることになっていた。多くの将校や兵士が見物に来ていた。上官がスピーチをした。運動場は小さな森の奥にあり、イギリスの観測所から

大勢が集まる様子は見えない。ドイツ軍の戦闘機隊は、英国機の攻撃から身を守るため、常に上空を飛行していた。

　スタート地点でレースがあった。優勝したのは、いつも堅物で不器用な印象のあるラインランダーでした。彼の走りの速さには、みんな驚きました。

　多くの人が障害物競走に参加した。4人1組でスタートし、全員のタイムが記録された。4人一組で自己紹介をしました。私はすぐに、2人は優秀なランナーで、私より2歩ほど先に第一関門に到達しているが、私はその前を歩いていることを繰り返した。4人目のライダーはゴール地点で転倒し、脱落した。他の3人も同時に最後の障害を乗り越えた。前日、木製の壁を乗り越える良い方法を見つけたので、他の人が時間がかかる中、私は数秒で乗り越えました。私は今、ゴールに向かって風のように走り、到着したときには2歩先まで進んでいました。かなり疲れていたので、ベッドで休んでいました。障害物競走が終わるまでに、しばらく時間がかかった。その後、走り幅跳びをすることになったのですが、跳び方が悪くて、下手くそでした。

　そして、走り高跳び。そして、手榴弾が投げられた。標的は45メートル先で、兵士の格好をしたぬいぐるみである。もちろん手榴弾は投げず、訓練用の手榴弾で代用しました。手榴弾を標的の近くに着弾させ、賞品の一つでも獲得できるようにと願いました。その後の袋小路レースでは笑い死にしそうでした。そして、2本の滑らかなポールを登ることに挑戦することになった。最も高い報酬を得た人が一等賞を獲得することになる。次のレースでは、最初に2頭、次に3頭、さらに4頭のスポーツ馬が用意され、人々はそれを飛び越えなければならなかった。この大会に参加できるのは、優秀な体操選手だけであることは明らかだった。すべての演習が非常に面白く、戦争の真っ只中にいることを忘れてしまいそうでした。その後、賞品が授与された。障害物コースの6位には、約4分の3リットルのコニャックが入ったボトルが入りました。8等賞の良いシガーケースに良い葉巻を入れたものが当たりました。徐々に人がいなくなり、男たちは自分の部屋に戻っていった。帰りは銃声が響き渡り、やはり戦争なのだと実感させられる。

　翌日、ソンム近くの広場で訓練をしていた歩兵大隊が、イギリ

スの爆撃機隊から爆撃を受けた。数人が死亡した。フラメルヴィル=レンクールでは、約100人のフランス兵とイギリス兵が捕虜となり、さまざまな仕事をこなさなければならなかった。フランスはイギリスを支持せず、「まだ戦争が終わっていない」と非難した。私はよくフランスのタバコをあげ、とても感謝されました。

　現在、鉛、銅、真鍮、亜鉛などを所持している人は、村の回収場所に持って行き、1キロあたり一定の金額を支払うことが発表されている。この発表に先立つ破壊の波は、想像を絶するものでした　真鍮製のドアハンドルや窓の鍵はすべてネジが外れたり欠けたりしています。銅製の台所用品など、銅でできたものはすべて撤去しました。亜鉛屋根はすべて撤去され、プレハブ柱に移設された。中には、盗みを働いて数百マルクの報酬を得た兵士もいた。占領地を専門に捜索し、教会の鐘を略奪する者までいた。私は、隣で経過を見ていたストローマイヤー中尉に、「教会の財産を横取りするのは間違っていると思います」と言いました。必要性には法則性がない。そう、必要に迫られて法律を知らない、それがドイツ人の言い訳です。

　一旦、各チームに命じて、正面から見えないように掘って射撃の準備をさせた。準備が整ったところで、まだ見ぬ中隊長が前線の兵器を調べ、私のチームが隠れる可能性が高いと判断した。今度は会社全体が来て、自分たちを埋めるために私たちを手本に学ばなければならないのです。中隊長は私に2本の良い葉巻をくれたので、それ以来、いわば中隊長と一緒にいるようなものです。

　フレーマーヴィル・レンクールで十数日過ごした後、ドイツ軍の警備隊が到着し、「明日の夜、我々は陣地に戻る」と聞いた。私たちは皆、将来性を恐れていました。村の近くに飛行場があり、飛行機が4ダースほど飛んでいた。イギリスとの空戦や夜間爆撃機として使用された。午後、陣地を確保する前に、フリッツ・ケスラー伍長と一緒に中隊の食堂に行き、前線に持っていくタバコを買いました。途中、頭上で2つの大きな破片が爆発するのを見たり聞いたりした。砲撃があそこまで行ったのは初めてだった。フリッツ」と私は言った。「気をつけろ、ここでやられるぞ」。「でも、今夜ここを出るから、まだ全然違うものに慣れないといけないんだ」とフリッツは言った。タバコを買って、偶然にも

会社に戻ってきた。五月晴れで、空気が澄んでいて、暖かく、香りがよくて、生きているのが気持ちいい日でした。フリッツは「今、世界はなんと美しいのだろう。愚かな私たちは互いに殺し合っている。突然、私たちは地面に駆け寄った。2つの大きな弾丸がゴーゴーと音を立て、本能的に恐ろしい爆発音が聞こえた。そのうちの1発が飛行機と一緒に着弾し、破片が四方八方に爆発した。もう一つは、軍用砲兵連隊のある家の庭に着弾した。その後、何人もの人が負傷し、死亡していることを知った。あわてて、みんな村を出て行った。当社の裏地に行きました。馬はすでに馬具につながれていた。私のアート生産者は、ケスラーと私のものを梱包し、ワゴンに積み込みました。さて、私たちは急いで村の外に出ました。背後から激しい砲撃音が聞こえてきた。水没した道路で、私たちはこの日の夕方まで待った。

前に戻る。

　そして、フロントへ。アミアンまでは、ローマ街道と呼ばれるとても広い道路を利用しました。暗くなったら、私。アミアン村に着いて、馬車から機関銃や装備を取り出して移動しなければならない。ガイドが2人、「ヴェロニカ」で待っていた。　イギリス

軍の砲撃の的となったこともある獰猛なキャンプに忍び込むことは避けられた。まだ暗かったので、ガイドさんに連れられて、いくつかの観測球の バッテリーを持っている人たちに怒られ、誓った。イギリスが自分たちの砲台の場所を知ったらギルティ。

とても気持ちの良い一日でした。フリッツは「今の世界はなんて美しいんだろう」と言った。私たちは愚かさでお互いを殺し合っているのです。突然、私たちは地面に駆け寄った。そこで、2発の大きな弾丸が左右に飛び、私たちは本能的に恐ろしい爆発音を聞いた。一発の弾丸が飛行機と一緒に着弾し、破片が四方八方に爆発した。もう1つは、軍の砲兵連隊のある家の庭に着弾した。その後、多くの人が負傷し、死亡したと聞いています。パニックになり、みんな村を出て行ってしまった。会社の庭に行った。馬はすでに馬具につながれていた。アートプロデューサーは、ケスラーと私の荷物をまとめてワゴンに積んでくれた。私たちは急いで村を出ました。後ろから激しい砲撃音が聞こえてきた。水没した道路で、私たちは夕方まで待った。

とても暗くて、お互いにつかまり立ちをするのは大変でした。慣れない環境で、最初は牛から出てきた子牛のような愚かな気持ちでしたね。荷物を運んで汗をかいた兵士たちは、悪さをして文句を言うようになった。目の前のフラッシュに目を奪われることが多かったんですね。イギリス戦線後方の夜空に、たくさんの閃光が飛び交い、まず1秒間の汽笛が鳴り、次に榴散弾や砲弾が爆発するのが見えたという。これは、私たちが非常に恐れていたイギリスによる局所的な攻撃で、2、3分半続き、その後、間をおいて別の地域が攻撃されるのである。村を過ぎると、再び道路に出た。雷のような速さで、私たちは皆、道路脇の溝に横たわっていた。私は斜面に寄りかかり、2つの水タンクと大きなシャベルを頭からかぶり、榴散弾からできるだけ体を守りました。なんということでしょう！私たちの周りで、口笛が鳴り響き、音がしているではありませんか。今にも殴られそうな気がしたんですね。そんな時の気持ちは、同じ境遇にあった人でないと想像できないものです。何発もの砲弾が道路を襲い、多くの岩を引き裂き、それがまた空中でブンブン振り回して私たちの上に落ちてきた。突然、どんなに始まっても、撮影は止まりました。私たちはほっと一息ついて、誰か怪我をしていないか尋ねた。奇跡的に誰も怪我を

しなかった。

　私たちは、心の中で守ってきた最前線に行きました。防衛の深さとは、前線に沿って、幅6～800メートルの帯を、歩兵、機関銃巣を占拠する軽機関銃や重機関銃、擲弾筒、迫撃砲など、周囲に散らばる兵士が保持することを意味する。-　と、兵士が自らを守ることができるようにしなければならないこと。兵士たちは、砲弾の穴や自分で掘った穴の中に避難した。そこに恒久的な塹壕を維持することはほとんど不可能で、すぐに発見され、誰も生き残れないまで敵の砲撃の標的にされてしまうからである。深度防護とは、敵の大砲が目標も計画もなく、野原全体に散らばることである。しかし、地下シェルターや有刺鉄線、良いシェルターがないため、当然ながら人命が失われることになった。ピットにいる兵士たちは皆、私たちがどこの連隊の人間なのか、そうでなければ出て行ってすぐに戻ってこられないと聞いてきた。頼まれたら、できるだけ早く帰れるように、みんなリュックサックを背負っていました。イギリス軍が機関銃で掃射しているときは地面に伏せることも多かったのですが、なんとか時間を失わずにフクロウの機関銃の巣までたどり着けました。私たちが到着する前に、巣を奪った兵士たちは穴から這い出て、暗闇の中に姿を消した。穴の中に避難できてよかったです。

　フクロウの機関銃の巣は、穴を掘って四角くし、手前に機関銃の台を掘っただけのものだった。暗闇の中でのナビゲーションは不可能だった。自分たちが前線の端にいるのか、イギリス兵がどのくらいいるのか、何が起こっているのか、誰も教えてくれない。自分が見捨てられたと思ったんですね。空であなたを撃ったわしかし、私は何を見たのか。まるで私たちだけがここにいるような、でも周りの穴には何千人もの兵士がいるような、そんな砲弾の穴だらけの野原しかないのです。また、不幸なことに、私たちの穴には新しい中隊長がいました。もちろん、そのせいで居心地は悪くなった。この連中はいつも何かを命令したり、人を馬鹿にしたりしたがるからだ。クレイマー軍曹が指揮する小隊の別の機関銃は、小隊から4メートル離れており、これもフクロウの機関銃の巣に属していた。朝、何発かの砲弾がすぐ近くに落ちたので、不安になった。直撃するとパン屑になるだけだからだ。引き裂かれるような思いは、当然ながら非常に不快であり、不安なもの

です。

　日が暮れて、私は一瞬だけ顔を上げて、自分の位置を確認した。見えるのは銃声だけで、ドイツ軍の戦線の端がどこなのか、イギリス軍がどこにいるのか、判断がつかない。道路は左へ100メートルほど行ったところにあり、ビラーブルトンヌの町からは800メートルほど離れていたが、今は廃墟の山になっている。そして、左手には4月24日の攻撃で制圧したはずのカッチ村があります。背後には、砲撃されたワルフーズ・アバンクール村が見えた。　それしか見ていない。イギリスの風船をいくつか結んで、全部で28個を空に飛ばした。

　中隊長は、もっといい隠れ家を探した方がいいと考えた。4、5段の階段を下りて、ストーブのような穴を掘って、そこに自分が来るようにと。あの野郎をでかいシャベルで殴ってやりたいくらいだ。シェルターがあっても構わない、大切な命が助かればそれでいいのだ。私は、"先生、午後は掘れないと思います。土を放り込んだら、イギリスの大砲に撃たれてしまいますから"と言いました。なるほどと思ったそうです。ピットには、前のチームの残りと思われる新しい土嚢がたくさん置かれていた。今は、中尉が昼間に袋に詰めて、夜に穴の中に入れるように仕向けています。どうすればいいんだ？私たちはただ、彼が望んでいることをやるしかなかったので、袋に詰めました。

　昼間はひどい空戦がよくあって、それを見ていると恐ろしくて面白い。地面には、戦死した兵士の仲間たちが建てた、荒々しい木の十字架がたくさんあった。私たちのピットのすぐ裏には、そのような十字架が3つありました。もし、私たちがそれほど硬くなっていなかったら、死者のすぐそばでキャンプをするのは楽しいことではなかったでしょう。翌日の夜も、前夜と同じようにライフルや機関銃の銃撃を受けながら、生き延びた。

　各機関銃から一人ずつ、食料を調達しに行かなければならなかった。この人たちは、ドッグフードのために命をかけることを恐れていたのです。午後になると、道端に電柱が立っているのに気づいた。近所の人にノコギリを借りて、1メートル半くらいの長さに切り分けたんです。そして、その木を持って機関銃の巣へ。

そこで、深さ1.5メートルほどの穴を掘って、底に四角い形を作ったのです。私はイギリス人から薄い波板をもらって、それを木の上に置き、その上に土を載せて、榴散弾と雨から身を守りました。また、中尉の穴に波板を一枚結びつけました。翌日、中尉のオーブンを完成させた。今、この人はずっと自分の穴の中で過ごしている。彼はあまり喋らなかった。彼はそれをあまりにも誇りにしていた。大隊からの使者が、大隊、連隊、師団からの命令を運んできたのである。こいつを排除できれば...と思った。

　暗闇が訪れると、私たちは彼の命令に従って機関銃を増やさなければならなかったが、それは常に私たちを死の危険にさらす作業だった。巣立ち4日目の夜、彼は私を自分の穴に呼び寄せた。リヒャルト、」彼は言った、「連隊の命令は、毎晩、12号車と2台のセミトレーラーの間で、前進して歩兵中隊長に報告し、イギリス戦線の後ろの十字路で1500発を発射することだ、夜間に多くの仕事があると疑われているからだ。リヒャルトさん、今夜から始めてくれると助かるんですけどね。私は、「まさにそれが必要なんです。最前線のドイツ軍歩兵に到達するまでに400メートル以上かかるのだ。あなたも知っての通り、私たちは常に死の危険にさらされているのです。それに、暗闇の中の貝殻の穴では、簡単に手足を折ってしまう。命令した奴が自分でやればいいだけだろ！?"リヒャルト、残酷なことをするな" "命令 "は "命令 "なのだ。あなたにもここにいてほしいのですが、仕方がありません。

　頼むから消えてくれ、そして無事に帰ってきてくれ。
　その会話を聞いていた私のガンマンたちは、恐怖を覚えた。私が「一緒に来い」と命令するのを、それぞれが恐れていたのだ。私は無言で何か言った。すぐに落ち着いた。"さあ、準備だ！現地の人の穴に聞こえるように、大きな声で言ったんです。"ここに痕跡を残す" 私はマシンガンを、ケスラーはラックと弾薬箱を取る。トーマス、あなたは残りの2箱の弾薬を持って行って、適量を手に入れるのです。そうなんだ！だから行こうよ！お願いだから。私たちは坑道から出て、4メートルほど離れた別の坑道に行きましたが、そこはクラマーさんの機関銃隊が使っていました。というようなことを伝えました。"そんなことしたら、おかしくなっちゃうよ！　あの豚どもは俺たちのケツにキスできるぞ！一人でやらなければならないのだ」とクレイマーは言った。「スト

ラップから1,500発も撃ったんだ、砲弾の穴に放り込んで埋めたんだよ。そして、リコイルアクセラレーターガンのフロントバレルを黒くして、発射されたように見せかけたのです。クレイマー軍曹とは、3時間近くピットにいた。"明日の晩は私の番だ"。"どんな穴にも入っていく　"ああ、"私は言った、"自由にあなたの穴の中に滞在してください。あの臆病な中尉は、あなたが本当にいなくなったかどうかを確認するために、自分の穴から5歩も外に出る勇気がないんです。　沈黙の瞬間が訪れたとき、私は言った。"よし、ピットに戻って、あとは私に任せてくれ　"と。中尉は私が何とかします"

　私は機関銃を、ケスラーとトーマスは弾薬の空き箱を取って、私たちは穴に飛び込んだ。まるで逃げ出すかのように窒息した。私たちは銃を下ろした。すると中尉がやってきて、「みんな戻ってきたか」と言うので、「はい」と答えたのですが、「正直言って、もう二度とやりません」と言われたんです。機関銃が耳の後ろ髪を引くほど鳴り響き、暗闇の中では簡単に道に迷い、イギリス軍の中に入ってしまうからだ。3人が無事に戻ってこれたのは奇跡としか言いようがない。私は嘘をつきました。"大切なのは、あなたが帰ってきたということです。"何かあったのでは "と心配になりました。彼が知っていれば!」と思いました。いつも私に忠実なチームは、今、私の命、あるいは私自身の命を危険にさらさないよう、可能な限り私のことをさらに考えてくれているのです。

　ずっと穴の中に座っているようなもので、とても退屈でしたし、場所取りがあるので自由に話すこともできませんでした。ある日、気がつくと納得している自分がいた…。

　ずっとピットに座っていて、自由に話すこともできず、とても退屈でした。ある日、気がつくと納得している自分がいた…。

　ドイツが戦争に負けそうになって、中尉が私を自分の穴に呼び出したんです。リヒャルトは、「何を言ったんだ!」と毅然とした態度で言った。普段からクルーと仲が良すぎるんですね。むしろ、リーダーとしての権威を示し、勝利への自信を失わせるようなことは言わないようにしなければなりません。私は、「自分の

信念に反することは言えません」と答えました。「あなたもお分かりのように、ドイツ軍の砲弾50発に対して、イギリス軍の砲弾300発が戻ってきます。わが国の飛行機はめったに前線を通過する危険を冒さないが、英国の飛行機は大量の砲弾をわが国の上空に運んでくる。4月24日の我々の攻撃は、英国戦線が十分に強力であることを示した。そして、「先生、私は3年近く軍人で、厳格で無謀な上司の気持ちもわかります。仲間意識と正義感によって、民衆ともっと歩み寄れるし、非常時にはもっとうまくいくと確信しています」と続けました。そして、たとえば私が怪我をしたときでも、仲間はきっと見捨てないだろう。それよりも、私が乱暴に扱ったり、あまりに迂闊に力を感じさせてしまったりすることの方がはるかに多かったでしょう。

　しかし、チームの勝利への信念を損なってはならない」と中尉は言った。私は、『もうすぐみんな同じになる。命を守って一刻も早く家に帰れば、戦争は終わるのだから。今度は中尉が慌てふためきそうになった。戦争がどう終わるか気にならないのか？負けたらどうなるか、考えてみてください」。閣下、戦争はどのようにでも終わらせることができます」と私は言った。もし私が終戦まで生きていたら、おそらく勝者の仲間入りをしていることだろう。"どうして？"と、あまりに驚いた中尉が言った。"それは簡単なことだ"と私は言った。"私はアルザスから来ました。ドイツが勝てば、アルザスはドイツのままであり、私たちも勝者の仲間入りをすることになる。もし他の人が勝てば、アルザスはフランスになり、私たちも勝者の仲間入りをすることになります。その通りだ」と中尉は言った。「それは思いつきませんでした。しかし、もちろん、敵よりもドイツ軍を倒すのだ！" 私は「先生、私は農民ですから、何とかして畑を耕さなければなりません」と答えました。この土地、この土地に税金がかかってもいいんだ。いいか、リヒャルト、お前には似合わない。今のところ、あなたは男性ばかりの軍曹で、忠誠心はドイツにあるはずです。今なら行ける！?4段の階段を上がり、ピットでチームと合流した。兵士たちは静かに「本当は何があったのか」と聞いてきたので、私は静かに中尉と話したときのことを話した。みんな笑うしかなかっ

た。

　夜、私はクレメンス中尉が課長を務めていたGunnery Nest Griffに駆け戻りました。彼は今、中隊全体の指揮を執っているのだ。クレメンス中尉は優秀な上官で、中隊中の人気者だった。中隊長の傷の報告を持って行くと、すぐに良い副官を2人くれた。その後、私は機関銃の巣に戻りました。イギリス軍は夜間にいつもより多く発砲しており、私は彼らの機関銃の巣を避けるために2度ほど急いだことがある。イギリス軍の砲撃も頻繁になり、頭上から砲弾が降ってきたり、破片が爆発したりと、怖い思いをすることもしばしばでした。よく盲点になっていたんですね。それでも、幸運なことに、これまでのところ、私のチームの誰一人として怪我をすることなく、Owlで過ごすことができました。

　日中、ピットの外で落ち着くことができないので、下で落ち着くしかなかったのでしょう。そのために、おしっこができるブリキの空き缶を用意したのです。そして、尿を捨てるだけ。そのまま、少し土をかぶせたスコップの上で排泄し、その便を穴の外に放り出すのです。とにかく、もう人の命ではないのだが、どうすることもできないのだ。ある日、中尉が小便をしに坑道から出てきた。そのとたん、頭上で突然、榴弾が炸裂した。弾丸は薄く波打つ鉄を通り抜け、中尉の左目の上の額に命中した。怖くて呆然としていると、悲鳴を上げて倒れた。そして、ブリキ缶についた尿が顔や胸にかかった。大怪我かどうかわからないから、すぐに飛びついたんだ。やがて、彼は恐怖で青ざめながら立ち上がった。榴散弾は額の丸いこぶを消しただけで、その後は倒れた。中尉の顔を血が流れた。額に2枚のガーゼの包帯を巻いた。夕方になると、中尉は後方へ走った。　私の砲兵は彼を笑い、後ろに倒れた彼の顔に小便を吹きかけました。彼を追い出すことは、私たちにとって重要なことでした。

　中隊長が負傷した翌日の夜、トーマス砲手が塹壕から出てきて落ち着きを取り戻した。突然、イギリスの機関銃が音をたてはじめた。弾丸はトーマスのブーツを貫通し、縦に曲げたトーマスの小指を切った。ズボンが下がっていて普通に歩けないのに、痛いと叫びながら、全力で塹壕の中に逃げ込んだ。止められた。彼は泣いていた。"捕まった！"　"どこで捕まったの？と聞いてみた。

「足の上に、足の上に」と、大混乱で答えた。私はランタンを持って、彼の傷ついた靴の中に、その傷があるのを見た。私はすぐにポケットナイフで彼の足の靴を切り落とし、靴下を脱がせて傷口に包帯を巻き、その間に1人のガンマンが彼にトーチを見せた。トーマスは足の指の腱が切れ、骨が断裂していたため、かなりの痛みを抱えていた。一晩中、うめき声をあげていた。"戻れるものなら "と思いつつも、殻に開いたたくさんの穴の中に落ちるのが怖くて、自分を信じて暗闇の中に戻ることができなかったのです。リュックサックからシャツを取り出し、できる限り足に巻いて、ロープで縛った。夜明けとともに、トーマスは私たちの後ろを全力で歩き回り、あっという間に朝の闇と霧の中に消えていきました。

　また、死体の腐敗臭にも襲われた。顔を上げると、すぐに臭いの原因がわかった。砲弾の1つが後ろの墓に当たり、すでに腐っていた死体を引き裂いて捨てたのだ。私たちの穴の中では、ほとんど耐えられないくらいでした。傍らには、悪臭を放つ人肉の破片があった。次の弾は、私たちのすぐ近くに着弾しました。私たちはほとんど気が狂っていました。到着した瞬間に機銃掃射を浴びせかけられたので、逃げるチャンスはなかった。次の砲撃の後、私たちはひどい苦痛の叫びを聞いた。この砲弾はまたもや海兵隊員のいる穴に命中し、何人かが死亡、何人かが重症を負った。しかし、誰も助けに来てくれない。

　私たちは皆、救済を願っていたのですが、ほとんど忘れられていたようです。午後には、100ヤードほど離れたところで、イギリスの重い砲弾が4発炸裂した。私たちの機銃掃射台は、周囲の景色からかろうじて見える丘の上にあったので、攻撃されるのではと心配になった。イギリス人は、ここに機関銃の巣があると思い込んでいた。数分後、さらに4発の砲弾が来て、私たちから30メートルも離れていないところで爆発し、私たちの壕の中で土の破片が空中に放り出され、穴が鳴った。バッテリーがまっすぐ地面をかき分けてくれることを期待しました。やがて、あまりに早く、砲弾が自分たちに向けられていることを確信した。次の弾は、おそらく.21.69で、我々の頭上を飛び、我々の穴のすぐ後ろで恐ろしい轟音とともに爆発したのだ。次の弾は目の前で爆発した。バッテリーが落ちてきた。「リヒャルト！」隣の穴からクレイ

マー軍曹が声をかけてきた。"今回はもう十分だ！" "まだだ "と私は呼び返した。"もしかしたら、またすぐ止まるかもしれない！ しかし、私は間違っていた。雨上がりの花火が一挙に、5分おきに。砲弾は前にも横にも後ろにもぶつかり、私たちの巣穴は、落ちてきた土塊の4分の1ですぐにいっぱいになった。青白く光り輝く私たちは、穴の中に密集して横たわっている。少し落ち着くために、みんなでタバコに火をつけた。5分間起きている間は、毎回、緊張感を持って聞いていました。すると、何とも言えない恐ろしいことに、ブーン、ブーン、ブーンと遠くの砲声が聞こえ、砲弾が漏れるまでの数秒間、何も聞こえなくなったのだ。毎回、真正面からぶつけられると思うと、無意識のうちに地面に思い切り体を寄せていた。この時は、あと少しというところで、砲弾が私たちの穴の中に入ってきた。次のラウンドの後、変形した脚が私たちのホールに着地したのです。隣の穴の中にいた海兵隊の何人かは、一瞬にして引き裂かれるような傷を負った。また、死体の腐敗臭にも襲われた。顔を上げると、すぐに臭いの元凶がわかった。砲弾の1つが後ろの墓に当たり、すでに腐っていた遺体を引き裂いて捨てたのです。私たちの穴の中では、ほとんど耐えられないくらいでした。隣には臭い人肉の欠片があった。次の弾は、私たちのすぐ近くに着弾しました。私たちはほとんど気が狂っていました。到着すると機銃掃射を浴びせてくるので、逃げるチャンスはなかった。次の砲撃の後、私たちはひどい苦痛の叫びを聞いた。この砲弾はまたもや海兵隊員のいる穴に命中し、何人かが死亡、何人かが重症を負った。しかし、誰も助けに来てくれない。

そして、約2時間後、ようやく爆撃が止んだ。私たちはほっと一息つきました。

最初の爆発で火をつけたタバコはすぐに消えてしまい、緊張によるものだとは気づかず、ほとんど噛み殺した。頭上を多くのドイツ軍の砲弾が飛び交う。双眼鏡を手に取ると、遠くにかなり小さく見えるドイツ機が見えた。 そして、小さな榴散弾の雲に包まれたドイツ機は、無傷でドイツ戦線に帰ってきた。

暗くなると、すぐに臭い遺骨をお墓に戻し、安全な場所に納める作業に取りかかりました。十字架が一本も見つからなかったので、墓標をつけることはできなかった。隣では、話し声や作業音

が聞こえてくる。彼らは、倒れた仲間を埋葬する歩兵だった。彼らが占拠していた穴のうち3つは直接掘られ、12人が死亡、中隊の1人が重傷を負ったという。

　日暮れになると、イギリス軍の攻撃が再開された。私が食料を調達するために部下を送ろうとしたとき、中隊の使者が来て、30分後に師団の別の連隊が我々を解放すると告げました。当然、私たちは大喜びで、しかも、こっそり戻ってこなければならないのではないかと思っていた。リュックサックを固定し、ソリで機関銃のネジを外して待機。ついに、数字が逃げてしまった。彼らは、さらに前方の部隊を降ろすための歩兵であった。ラタタタがイギリスの機銃を壊した。みんな地面に身を投げて、発射の後は立ち上がって、全力で前進した。私たちの忍耐力が試される大変なものでした。最後に「フクロウの機銃掃射基地はどこだ」と静かに叫ぶ声が聞こえてきた。私は "これ "と言ったんです。やがて、助っ人たちが私たちを坑道から押し出してくれた。弾薬ベルトは残して、機関銃と空の箱、大きなシャベル、蒸気パイプ、空の水タンクだけを持って行った。機材が許す限りのスピードで帰ってきた。機銃掃射のため、地面に身を投げなければならないことが2回あった。開けた場所にある砲台を通過するときだけ砲撃を受けたが、誰も怪我をしなかった。村の裏の大通りに出た時、「332機関銃の第2中隊が来るぞ」と鐘の音がした。行ってみると、すぐに全社が集まった。道路を2キロほど行進した後、畑の向こうの左側に連れて行かれたんだ。

　背面から前面へ

1918年5月、梟の機銃掃射巣にて。

　ようやく世界に戻ってきた。

　もう一度、世界へ - 1918年6月初旬
　今回は、私とチームでイーグル・マシンガン・ネストを攻略す

ることになった。我が社の機関銃の巣には、フクロウ、ハゲタカ、ワシ、ハヤブサなど、すべて猛禽類の名前がついている。目の前では、板で掘った地中にトンネルを掘り始めた。私たちはこの仕事を続けました。午後は土嚢をたくさん掘って土を入れ、夕方にはそれを近くの貝殻に空けた。毎晩、作業を終えると、乾いた白土を冷たい湿った土の上に撒き、ここで作業をしていることをイギリスのパイロットから隠すのです。昼はゆっくり、夜はさらにゆっくり。昼は土嚢を埋めて穴に座り、夜は機関銃と砲撃を受けながら、食糧を運び、板を押してトンネルを抜けるという、いつも同じようなものだった。イギリスは、ニンニクの臭いがする可視・不可視のガスを含んだガス弾を何度も砲撃してきました。ガスマスクをつけなければならないことも多く、1時間単位での作業もありました。

　ある夜、アバンクール村を夜な夜な回る野戦炊事場に、食料を集めるべき人たちを連れて行く方法を事細かに教えられた。帰り道、突然、大量の砲撃に見舞われた。暗闇の中、目の前に穴が開いているのが見えた。"こっちへ来い！"と叫びました。みんなでピットに直行した。すると、落とし穴から斜めの通路が地中に降りていることに気づきました。私は暗い通路を手探りで進み、他の人たちに後に続くように言いました。通路を塞いでいるようなテントを感じた。私はそれを脇に押しやり、中でトーチを照らした。片方には、毛布にくるまった3人の男がいた。"ここで何してるんだ?" その声は、私に向かってうなり声を上げた。"なぜ私た

ちは裸なの？隠れること、それ以外にはない」と私は答えた。"今すぐここから出て行け！" 「爆撃が止んだらすぐ」と答えた。"私が誰かわかるか？" 毛布に包まれた男が怒鳴った。"いいえ "と答えました。"私は第332武器庫中隊の食糧収集担当です。" "できることなら彼らを安全に連れ戻し、" "あなたを安全な場所に連れて行くのが私の任務です。" この人の方が親しみやすい。"CTC大隊に所属している　"と。KTK70は「戦闘指揮官」の略で、フォン・プートカンマー少佐は「第3大隊」を意味します。射撃が止むと、私たちは坑道から出て、機関銃の巣に駆け寄った。

　我が中隊が再び弱体化すると、ヨーゼフ・ホファートの所属するテロリスト連隊の機関銃中隊の小隊に援軍が命じられた。あるチームは非常に不運だった。指定された巣に近づくと、1人の男が機銃掃射を受けた。翌日、その穴を直撃し、ベルリンから来た青年1人を除いて全員が死亡した。一人になってしまったので、別の小隊のチームに入った。2日後、彼の中隊の別の小隊が彼らを解放した。その2日後、ベルリンから来た兵士は、中隊のほとんどがまだ前線にいないにもかかわらず、自分の持ち場に戻るよう命じられた。彼の所属する連隊は、前線より後ろの村々を拠点にしていたからである。彼は、まだ自分の番ではない、そうなるまで帰らないと軍曹に告げた。確かにその通りなのだが、プロイセンの好戦の道具として服従することを期待されていることを忘れてしまったようだ。「私の命令に背くのか」と巡査部長は言った。自分の番が来たら行きます」と兵士は言った。ジニ中隊の隊長には、そう言った。司令部もそう言っていた。地方軍事裁判所は、敵前で命令に背いたという理由で、貧しい青年に銃殺刑を宣告した。判決は翌日執行された。このかわいそうな青年は、ほとんどの兵士が命令に従わないことを知っていた権力者たちが、他の兵士に警告を与えるために利用したのだ。

　イギリスは、時限爆弾を発射して、地面に落ちても爆発しないようにし、近くのトンネルをすべて崩壊させるようにしたのである。この危険なものをトンネルヒューズと呼んでいました。この砲弾の多くは地中深くまで入り込み、その上の地面を引き裂くほどの威力はなく、ただ泡のように地面を吹き上げるだけであった。この貝殻は、猫が埋まっているトンネルを崩壊させ、窒息死させるという恐ろしい事態を招きます。可哀想な兵士たちは、いろ

いろと殺されながら、それでも続けていかなければ、ベルリンの男のように終わってしまうのだ。私は次第に、貧しい兵士を前線の状況に耐えさせて死なせるために高給をもらっている人たちすべてに、死ぬほど憎しみを抱くようになった。

　ある晩、私のチームのコンケルシューター（ダンツィヒ出身の20歳）が、食料を調達するために外に出ることになった。彼はカンテラを手に取り、去っていった。しかし、コンケルが戻ってくることはなかった。ラインラント出身のクルヒェン上等兵も行方不明と報告された。みんな倒れたと思った。当然、その日は空腹と喉の渇きに悩まされた。

　翌日の夜、再びほっと一息。静かになったところで、「村の中の通りを歩いてみようか。畑の中を歩くより短くて楽ですし、村の様子を見るのも興味があります。みんなで行こうということになった。月が明るく輝く村に到着すると、破壊の凄まじさを目の当たりにしました。ほとんどの家屋が、イギリスの重い砲弾で粉々に吹き飛ばされていた。目の前に遺跡があることもよくある。小さな道だけが整地されていた。ある時、廃墟と化した野戦炊事場があり、その前に2頭の馬の死体が突き刺さっていた。少し歩くと、兵士2人と馬2頭の死体が、トンネルの板で車に縛り付けられていた。私たちは急いで村を出ました。村の半ばで、突然、非常に重い砲弾が耳をつんざくような汽笛とともに入ってきた。その古代の謀略の力は、まるで宙に浮いてしまうかのような強さであった。この爆発で、被災した家屋の瓦や木部が落下した。4人で全力疾走。しかし、砲弾は我々より速かった。次に爆発したのは、私たちからそう遠くない場所です。巨大な榴弾が頭上を飛び交う。急いでいたんです！　走ることと興奮で息が止まりそうでした。シュッシュッ、シュッシュッという音-2体のモンスターが私たちの上を飛び、後ろから爆発したものもあった。今はその真っ只中でした。土の破片のあられが止むことはない。どんどん砲弾が飛んできて、周囲で爆発している。どこに向かえばいいのかわからなかったのです。

　ようやく村の端にたどり着いた私たちは、すぐに畑を左に走った。光のほとんどが道路に向いていることに気づいたからだ。　もう砲弾が近くにないとき、私たちは立ち止まった。疲れて息が切

れ、しばらく横になって息を整えなければならないほどだった。イギリスの砲兵隊はドイツ軍の陣地を突破した。ドイツ軍の大砲は、あらゆる口径の砲弾で応戦した。前線に向かうと、大砲とクラスター弾の爆発が絶えず揺れ、点滅しているのが見えるだけだった。何百発もの照明弾が炸裂した。機銃掃射が始まった。そこに何かある！」と思い、とても安心しました。ドイツ軍の大砲にバリアを求める赤い照明灯をたくさん見かけました。すぐに始まりました。戸惑いながらも、閃光と音に耳を傾けていると、隣の砲弾が「一刻も早く前に進まなければならない」と告げてきた。私たちは渓谷に近づいたが、警戒されて増援のために前進しなければならないことを恐れて、中には入らなかった。徐々に火が消え、静かになった。そして、会社に入った。自分たちが最後になると思っていたが、一番最初に帰ってきたチームだった。翌朝、イギリス軍が夜襲をかけ、ドイツ軍の陣地に侵入して警報を発し、退却したことがわかった。

1918年6月上旬 再び休暇に

連休の初日、52機もの飛行機が墜落するという恐ろしい事態に見舞われた。そのうち6人が墜落した。そのうちの1機、イギリス機が50メートルも離れていない渓谷に墜落した。私たちは皆、真上に着地すると思っていました。その時は、どうやって逃げたらいいのかわからなかったんですね。地面への衝撃は凄まじかった。

飛行機は墜落してすぐに火事になった。燃料による炎と、加熱した弾薬の爆発で、誰も近寄れない。すべてが燃え尽きると、パイロットの黒焦げの体が残骸から解き放たれ、野原に埋められた。

休息2日目、英国機は高速で離陸し、数発撃っただけで観測気球を設置し、我々のすぐ近くまで来ていた。観測者はパラシュートから飛び出し、静かに地上に降りて無事脱出することができた。翌日には、すでに新しい観測気球が古い気球と入れ替わっていた。その上をイギリス人パイロットが飛び、まったく新しいものを投げかけてきた。飛行機から小さな煙がたくさん落ちているのが見えましたね。おそらく、燃焼液で風船に火をつけるつもりだったのだろうが、すぐに取り壊されてしまったのだ。

リヨン戦の中隊長たちは、毎日モークールのところに行って、

命令とパスワードをもらっていた。中庭で大隊長を待っていると、突然砲弾が降ってきた。みんな吹き飛ばされてしまったが、ラウグシャ中隊長だけは生き残った。砲弾の音を聞くやいなや、あわてて駆け寄った。この人がいなくなるのは、みんなとても残念でした。彼は、善良で、公正で、真の母親だったからです。その日から、モルクール村は毎日のように爆撃を受けた。

　ある日、40機ほどのイギリスの飛行機が村を取り囲んだ。我が家の渓谷に来たのは一人だけ。避難しろ！」と命令された。私たちはスタンドの前に座り、茂みに隠れてパイロットの動きを見ていた。パイロットの一人が突然照明弾を発射した。その瞬間、爆撃の汽笛が聞こえ、モークルク村でのその爆発音がスコールのように響いた。やがて、村は黒煙に包まれた。突然、爆撃のホイッスルが聞こえ、その後4回の爆発があった。みんなで光速で穴を這うように通り抜けた。その穴を共有した兵士はこう言った。"やられた！"と思いました。背後からニッケル大の榴散弾が突き刺さった。なんとか取り出した。傷は浅く、大隊の医師は回復に数日を要すると言った。大隊の荷物列車の運転手は、榴散弾で喉を切られた。それでも何とか列車から降り、両手を上げて致命的な恐怖を目に浮かべながら数歩先まで走り、倒れ、回復し、助けに来た数人の兵士の手に落ちて死んだのである。彼の洞窟は、前面が完全に血で覆われ、ひどい有様だったが、私たちはその体験に感動し、あまり感じることができなかった。いつになったらこの殺人は終わるのだろう。やがて、平和になる見込みはない。これだけひどい目に遭わされたのに、殺されたらどんなに悲しいことか！」と思いました。この先行き不透明感が、一番嫌なところでしたね。

　1917年に比べれば、食事も少しはマシになり、栄養価も高くなった。戦闘糧食の小遣いは余分にもらえたが、それでも1日1回食べれば十分空腹を満たせる。アーティ・コンセルとクルーシェン伍長が2人の兵士を連れて中隊に戻ってきたのには、とても驚いたことがある。10日ほど前、食料を集めていたときに降りてきたのだと思った。実際、彼らは脱走してペロンで列車に乗り、ケルンまで行った。どこにも食べ物がないコンケルさんは自首を余儀なくされ、クルヘン伍長は妻のアパートで拘束された。現在、彼らは所属する部隊に戻り、地方裁判所から判決を受けました。そ

れぞれ懲役5年を言い渡された。私は2人の兵士と一緒に、彼らをカンブラ刑務所に連れて行くよう命じられました。被災地を抜け、ペローナへ。イギリスの飛行機が駅を旋回していた。爆撃を恐れて、小物を積んだワゴンの下にみんなでレールの間に隠れました。爆弾は笛を吹いたが外れ、駅の近くに着弾した。そして、兵士たちを乗せた列車でカンブレーに向かいました。入居している家屋は見当たりませんでした。すべてが取り壊され、破壊され、爆破された。カンブレーの西側には、1917年に撃ち落とされたイギリスの戦車が100台ほど野ざらしになっていた。カンブレーでは、この2つを刑務所の責任者に渡さなければならなかった。"フロントはどうなっている？"と聞かれた。うまくいっているとは思えない」と私は言った。航空機や大砲はもちろん、食料の面でもイギリスの方がはるかに優れているので、アメリカは目からウロコで頭を垂れると思いますよ、と言っておきました。はい」と将校は言った。「私と同じ意見ですね」。ドイツは戦争に負ける」と言いたげな将校を初めて見つけた。二人の兵士と私は町へ行った。戦災を免れ、空襲で焼失した家屋は数軒にとどまった。初めて見るタウンホールにとても感動しました。その後、兵士の家に行き、ビールを飲むことができたが、これはあまりないことだった。ただでさえ、くだらない戦時中のビールなのに、思いっきり使ってしまいました。キラシエの兵舎で一夜を明かした。翌朝、列車でペロンヌまで行き、そこから会社に戻った。後方勤務の兵士にとっては、何という幸運だろう。彼らは命を懸ける必要がなかったのです 会社に報告すると、昨夜のうちに半数が職務に就いていた。今回、私たちの連隊はさらに北にいた。

ハーメルの戦いで塹壕に入る豪州と米国の兵士たち

　その3日後、私は部隊を前線に放出するため、チームと一緒に出発しなければなりませんでした。モルクール村を抜け、ソンム渓谷沿いの道を進み、廃墟となったセリジ・ラ・サール村やシピイ村を通りました。そして、戦場と化した道をバンで前線に向かう。このルートは、昼夜を問わずイギリスの大砲が撃ち込んでくる通信塹壕を通過し、戦線の最前線へとつながっていた。完全に伐採された森を通り過ぎた。電柱のように立っている木の幹が数本残っているだけだ。ここは防御的な戦術で、麦畑を貫通する塹壕は前面の1カ所だけだった。麦は視界が狭いので、塹壕の中の部隊は夜中に麦を踏みつぶし、視界を確保した。イギリス軍との距離も分からない。ハーメル村の遺跡

　夜、5日間大きな事件もなく、ほっと一息ついた頃。廃墟と化したチェリシ村に戻る途中、突然、イギリスからの砲弾と迫撃砲の凄まじい砲撃にさらされた。強烈な爆発音が鳴り響く。ただ、突然、イギリスの砲弾がソンム側への道路に火をつけ続けた。近くの岸壁に掘られたトンネルに急いだ。これが未来の音だ」というのが、私たちの共通の見解でした。前方から突然ライフル銃や機関銃の音が聞こえてきたが、あまり良い火勢ではなかった。"

見ろ、イギリス兵が我々の陣地に到達した！と言ったのです。「30ヤード先の道路を暗黒の歩兵隊が増援として進軍しています。この惨めな悪魔たちも、前線を越えなければならないので、心臓がドキドキしていることだろう。もしイギリスがドイツの陣地にいたなら、攻撃して追い出そうとしなければならなかっただろうが、それは大きな損失なしに実現することはなかっただろう。前線の火災が収まるまで、トンネルで待機することにした。

朝はもっと静かだった。重傷の兵士が道を駆け抜けていく様子は、とても印象的でした。私は、何が起こったのかを知るために走りました。私のチームも加わって、怪我人を抱えて帰ってきました。突然、イギリスの迫撃砲や大砲の砲弾に襲われたと聞いた。地球の空洞の底にいたのだ。突然、イギリスの砲弾がさらに遠くへ行き、そしてイギリス軍が塹壕に飛び込んできて、皆を殺し始めたのです。なんとか塹壕から脱出したところで負傷してしまったのだ。塹壕に残った者が生きているとは思っていなかったのだ。私は、30分早く解放されたことを内心神に感謝し、前孔にいた我が機関銃中隊の2チームを非常に心配していることを、心から哀れんでいたのである。峡谷に着くと、ブキ中隊の軍曹が何があったのかと聞いてきたので、私は聞いたことを話した。

夕方、5日間大きな事件もなく、ほっと一息ついた。廃墟と化したチェリチ村に戻る途中、突然、イギリス軍の大きな砲弾と迫撃砲にさらされた。大きな爆発音が響いた。ところが、突然、イギリスの砲弾がソンム側の道路に火をつけ続けた。近くの岸壁に掘られたトンネルに急いだ。これこそ未来の音だと、全員が納得したのです。突然、前方からライフルや機関銃の音が聞こえてきたが、とても発砲速度が速いとは言えない。見ろ、イギリス兵が我々の陣地に到着したぞ。と言ったのです。"30ヤード先の道路を暗黒歩兵が行進している、援軍だ この惨めな悪魔たちは、前線を越えなければならないので、心中お察しします。もし英国がドイツ軍陣地にいたなら、攻撃して追い出そうとすべきだったが、大きな損失なしにそれは不可能だっただろう。正面の火災が収まるまで、トンネルの中で待機することにした。

午前中はずっと静かだった。重傷の兵士が駆け抜けていく姿はとても印象的でした。私は、何が起こったのかを知るために走りました。私のチームも合流し、負傷者を抱えて帰ってきました。

突然、イギリスの迫撃砲や大砲の砲弾を受けたと聞いた。私たちは地球の奥深くにいたのです。突然、イギリスの砲弾がどんどん遠くなり、そしてイギリス軍が塹壕に飛び込んできて、皆を殺し始めたのです。私は何とか塹壕から逃げ出したが、負傷してしまった。塹壕に残っている人が生きているとは思っていなかった。私は内心、30分早く解放されたことを神に感謝しつつ、前孔にいた機関銃中隊の2名の隊員がとても心配しているのを気の毒に思った。渓谷に着くと、ブキ中隊の軍曹から何があったのかと聞かれたので、聞いたことを話した。

　翌日の夜には、大隊の輸送馬車3台が前線に到着し、遺体を収容することになっていた。彼らは、プロハラにある大きな兵士の墓地に埋葬されることになっていた。翌朝、渓谷に死者の乗った荷車があった。なんということでしょう。高い位置にあり、相互接続されているため、一部の顔にはまだ死すべき恐怖が残っている状態でそこに立っていた。ある日、「我が戦士は祖国のために笑顔で死んでいく」という記事を読みました。なんという見え透いた嘘なのでしょう。こんな恐ろしい死を前にして、誰が微笑みたいと思うだろう！？こんなものを発明して書く奴は、そのまま前線に送られるのが当然だ。そこで彼らは、自分自身と他の人たちのために、自分たちが国民についた恥ずべき嘘を確認することができるのです。

　不幸な犠牲者の埋葬は午後に行われることになっていた。私の会社からも20人ほどが召集され、葬儀に参列した。3人一組で、渓谷から田園地帯を抜けてプロヤールへ。前日にプロヤールがイギリスの砲撃を受けたので、目標に当たらないように少人数で行くために撤退しました。墓地には、死者を乗せたバンが到着する前に到着した。集団墓地はすでに掘られていた。すでに多くの兵士が、故郷から遠く離れたこの場所で最後の眠りを得ていた。私は、ずらりと並んだ墓を眺め、十字架に書かれた名前を読みました。その一人が、第3歩兵連隊第5中隊のカール・クラフツ予備役である。彼はいいやつだったが、愛国心が強すぎた。家には奥さんがいて、4人の幼い子供もいると言っていた。クラフさんとそのご家族がとてもかわいそうでした。多くのパイロットは、クルーフトが埋葬されたのと同じ列に埋葬された[72]。彼らは、十字架

の横の地面に壊れたプロペラが突き刺さっていることで認識できる。そうこうしているうちに、遺体を乗せた車が到着した。ワゴンから降ろされ、奥行きのある3台のワゴンの山に積み込まれた。まずブーツと上着を脱がされ、霊安室紙と呼ばれる薄い包装紙で覆われる。そして、現職のチャプレンが埋葬の祈りを捧げました。将校は短い会話を交わしたが、その内容は愛国的な嘘ばかりであった。そして、墓は埋め尽くされた。このかわいそうな兵士たちは今、休んでいる。彼らの両親や姉妹、妻や子供たちはどうなっているのだろうか？少人数で出発し、渓谷の中の会社に戻りました。

　今夜はピータース軍曹のチームを解放して、自分の持ち場に戻らなければならなかった。機関銃の巣は、極端な塹壕の中ではなく、そこから300ヤードほど離れた、完全に伐採された森の一角にあった。この時、ドイツとイギリスの陣地がよく見えるようになった。ピータース軍曹によると、夜間は世界で最も危険な場所で、毎晩5、6回のひどい砲撃が待ち受けているそうだ。幸い、技術者たちが白亜の崖の中に深さ6メートルほどのトンネルを作ってくれたので、安全なのです。まず、トンネルはまっすぐ地中に降りていき、降りるときに榴散弾が入らないように曲がっている。階段に座りながら、トンネルの上にマシンガンを設置しました。ロウソクを持ってきたので、ずっと暗いところに座っている必要はありませんでした。兵士の一人は、外から何か始まったらどうしようかと、2階の入り口に潜んでいなければならなかった。今のところ、双方からの砲撃にもかかわらず、期待したようなことは何も起こっていない。しかし、突然、バーンと始まったのです。大きな音を立てて転がり、私たちに衝突し、私たちの周りに崩れ落ちた。すぐそばの砲弾の爆圧で、入り口に吊るしていたテントが膨らんでしまい、何度もろうそくが消えてしまった。まるで終末の日が来たかのように、爆発して私たちの上に轟音を響かせたのです 万が一、入り口がふさがれて生き埋めになったときのために、トンネル内にレンガやシャベルを何本も用意していたのです。その途端、突然、再び火が消えた。直接の危険はないとはいえ、安堵のため息が出た。初日の夜は、さらに4回の爆発を乗り越えなければならなかった。徐々に楽になっていきました。すべてが落ち着いた。トンネルを出て塹壕の入り口まで歩き、この

美しいビューポイントから周囲を見渡しました。周りのものはすべて破壊され、全滅した。右手には、完全に破壊されたハメル村がある。こちら側にはドイツ軍、向こう側にはイギリス軍がいた。もしイギリスが攻めてきたら、半円でまとめて破壊することもできたが、そうなると砲撃が激しくなり、誰もトンネルから出る危険を冒せなかっただろう。それから3日間、特に何もないまま過ぎていった。ほぼ毎日、大小さまざまな空戦を目にし、そのほとんどが航空機の墜落に終わっていた。ドイツ戦線の後方で活動していたイギリスの飛行隊が、帰途、ドイツの小型機に攻撃されるケースもあった。最後の1機を中隊から切り離し、撃墜したのだ。このようにして、最大3機のイギリス機が撃墜されたこともあった。

　3日目の夜、私たちは解放され、渓谷で中隊と合流した。帰りは、イギリス軍が通信線を狙ってよく撃ってくるので、身を投げ出さなければならないこともあった。モルルクに近づくと、頭上からイギリス機が低空飛行で近づいてくる音がしたが、私たちの姿は見えないので静かに歩いた。突然、周囲が明るくなった。パイロットがパラシュートミサイルを発射したため、こちらが見えるようになり、機関銃が音をたてはじめた。たくさんの弾丸が私たちに降り注ぎ、一人のライフル兵が低い弾丸で腕をやられた。道路脇の塹壕に飛び込んで、動かない。飛行機はそのまま進み、ようやく会社に到着した。その次の日、私たちのガリーにガス弾が撃ち込まれた。すぐにガスマスクをしたところ、ガスによる被害はなかったが、さらに渓谷の下にいた19人のファンタジスタはガスで死んでしまった。

　3日目の夜、私たちは解放され、渓谷で中隊と合流した。帰りは、イギリス軍が通信線を狙ってよく撃ってくるので、地面に身を投げなければならないこともありました。モルルクに近づくと、頭上にイギリス機が低空で接近してくる音がしたが、私たちの姿は見えないので、静かに歩いた。突然、周囲が火の海になった。パイロットがパラシュートミサイルを発射したため、こちらが見えるようになり、機関銃が音をたてはじめた。たくさんの弾丸が私たちの上に落ちてきて、砲手の一人が腕に低い打撃を受けた。道路脇の塹壕に飛び込んで、動かない。飛行機は旅を続け、ついに会社に到着した。その翌日、私たちの渓谷はガス弾に襲われた。すぐにガスマスクを装着すると、ガスによる被害はなかったが、さらに渓谷の下にいた19人の歩兵はガスで死亡した。

スペイン風邪-メスへの旅-1918年7月初旬。

　ベビラーズ地区にて

　オーバーフローへの備え

1918年7月23日から24日の夜、フランス軍に勝利する。

1918年7月上旬 スペイン風邪、メスへ旅行。
　数日間体調がすぐれない兵士もいたが、誰も何が悪いのかわからなかった。そんな時、新聞で「スペイン風邪」という新しい病気がスペインで発生したことを知った。今、私たちは知っていた。どんどん兵士が感染していき、その半分が死んでしまった。しかし、「軽症」と「重傷」、「死亡」の区分けはできないと発表されたため、病院に行く人はほとんどいなかった。苦労の末に弱った栄養失調の体では病気にも対応できず、数日後にはチームの半数が倒れてしまった。面倒見がいいというわけではありませんでした。フィールドキッチンのお粗末なグラブを相手にしていたのだ。今のところ、体調を崩すことはありません。
　ある日、軍曹がやってきた。「大隊の命令で、銃器中隊の軍曹と第6中隊の兵士が、第6中隊から脱走してメッツにいる兵士を連れ戻しに行く途中だそうだ。みんな行きたいだろうから、誰を送ろうか」。私は先に、"軍曹、4年ぶりに外出するので、釈放をお願いします "と言いました。"ああ、そう、でももちろん、リヒャルト、あなたは行くべきです。皆さんもそう思っているのではないでしょうか？- とみんなに聞いた。当然、全員が賛成した。数日間、前を離れることができ、とても嬉しかったです。また、今まで通ったことのない道なので、変わりたいという気持ちもありました。

　翌朝、同行するはずだった歩兵が中隊に報告し、二人で歩いた。出発前に御曹司から旅行券と食事券をいただきました。電車でペロンへ。ある若い兵士は、私に正式に軍曹になれと言い続けました。私は、ただの同志なんだから出て行けと言った。そして、「それなら、ご両親に会いに行く機会がありますね」と言うと、厚労省の方だという。 "もう親はいない"。彼らは死んだ。メッツには、結婚した姉だけが住んでいます。"どうでしょう？私たちよりも運が良かったと思いませんか？と聞くと、「もちろん」、「引き込まれることはないし、もっといいものを食べさせてくれるよ」と男は答える。
　カンブライからヌフシャト、レテルを経てセダンまで、塩を満

載した列車で休日を過ごしていたのです。レテルとセダンの間で、私は最初の熱の波を感じ、熱いイーストと冷たいイーストを交互に繰り返した。今度はインフルエンザにもやられました。私はとても喉が渇いていたので、列車がセダンに止まると降りて、駅の噴水で冷たい水をたくさん飲んだ。旅はモナメディを経て、ロレーヌからフランスへの国境を越えた。この地域は鉄鋼業の中心地で、炭鉱、巨大な溶鉱炉、労働者の家、工場がさまざまに混在していた。この地には、地上と地下にどんな大きな富があったのだろう。ハイディンゲンという工業の中心地を車で走ったのですが、どこもかしこも同じような光景が広がっていました。ティエンヴィルでは、メッツ行きの列車に乗るまで2時間待たなければならなかった。二人で街へ出た。フランス軍の飛行機は夜間によくこの町を攻撃するので、駅の隣ではいくつかの家の壁が爆弾の破片で損傷していた。レストランに入り、かなりリーズナブルなモーゼルワインを注文することができたが、まだ熱があるため、あまり体調が良くない。電車でメッツに向かうと、もう暗くなっていた。到着後、駅前食堂に行き、各自が食券を見せると食事を手伝ってくれました。バウチャーに曜日が表示されていたので、1日に2回食べることはできませんでした。食事の後、私たちは兵士の妹を訪ねました。フランス軍機から隠すために、町中が真っ暗になった。私たちがドアをノックした時、兵士の妹はすでにベッドに入っていた。と聞かれ、「私とお兄さんと同志だけです」と答えたのには、驚きと嬉しさでいっぱいでした…。彼女はすぐにそれを開き、二人は抱き合った。そして、ブラックコーヒーを入れてくれた。なぜここに来たのか、など少し話をした。そして、ベッドに入りました。神様、服を脱いでベッドで寝るのはとても気持ち良いです！ そして、1年の4分の3は服を脱いで本物のベッドで寝ました。

　軍曹は私に、現地で1日、メッツで1日、その前に1日の計3日間を与えてくれました。メッツでの最初の日、私は兵士と一緒に親戚を訪ねることになった。どこでも出迎えてくれ、人々はわずかなものでも私たちのためにサービスしてくれました。昼には同志の妹の家に昼食に行くことになったが、やはり寂しいので駅の食堂に行ってサービス券を二人分もらった。小屋で食べたんですね。イタリア人の囚人が2人、食器やテーブルをせっせと片付けて

いた。二人ともひどく不機嫌そうだった。一人が食器を取り出すとき、指で内側から拭き、その指を舐めるのを見たんだ。あら、そうだったんですか。この食堂にいる貧乏人たちは、半分飢えている。呼んで、餌をあげたら、すぐに食べてくれました。二人は感謝しながらうなずいた。午後は車で市内を回り、夜は遊歩道でブルーに。そして、ビールを何杯か飲んで、仲間のところに戻ってきた。午前中、早速写真館に行ったのですが、インフルエンザの影響でいつもより写りが悪くなってしまいました。

　午後には、二人で刑務所に行き、許可証を見せた。その時、軍曹から捕虜を連れて行く許可が出た。翌日、もう一晩自分のベッドで寝たいからと迎えに行った。そして、ダイニングルームに戻りました。二人の囚人はすぐに私に気づき、親しげにうなずいてくれた。さらに2品持ってきました。私はインフルエンザで食欲がなかったので、ソーセージを少ししか食べず、残りはイタリア人にあげました。今度は小便器に行った。もう一人のイタリア人囚人がやってきて、身をかがめた。見て、とても驚きました。イタリア人は、尿の中に転がっていたタバコの吸殻を拾って、それを乾かして吸うつもりだったのだろう。人はどこまで沈んでいくのだろう 私はポケットにタバコが残っていたので、それを渡した。まるで私が最高の贈り物をしたかのように、彼はまた私に感謝した。

　翌日、小屋をくれた女性と別れて、囚人を迎えに行った。彼はまだ19歳で、同じメッツの出身だった。と聞くと、「親族にお別れを言いたい」と。彼は「ここには母しか住んでいない。母は老婆だから会いたくない。なんという完璧な家庭環境なのでしょう。駅に行った。途中、お店で大きなブラックチェリーが売られているのを見かけました。早速、6ポンドを購入し、電車の中で3つとも食べました。とても懐かしいこの料理が本当に好きでした！最後にサクランボを食べてから、ちょうど4年。途中、夜間に横断した美しいモーゼル渓谷に降り立ちました。その後、同じルートで北フランスに向かいました。 何があったのか聞いてみた。我が師団は前線から解放され、仮の宿舎にいた。案内所に行くと、第332歩兵連隊の第2大隊がベビリエ村に宿舎を構えているという。6キロほど歩かなければならなかった。畑では、ドイツ兵の監視下で働かなければならないフランス人少女をたくさん見かけた

。ベヴィリエに着くと、大隊本部に囚人を引き渡し、自分の中隊に行きました。

救われた、もっともっと前へ。

1918年7月24日から8月3日までのフラビニインでの生活

ベビルエリアにて。

私は、すでに他の3人の軍曹が住んでいる地域に派遣されました。戦線のすべての村が住民によって荒廃していたため、フランスの民間人と初めて接触したのです。今一緒に住んでいる家族はとてもフレンドリーでした。お父さん、お母さん、そして19歳の娘のレイダは、すでにドイツ語が上手に話せるようになった可愛い女の子だ。

インフルエンザが悪化し、喘ぎ声が出るようになったので、すぐに病気の報告をしに行きました。先生が診察した家の隣には、100人ほどの人がいた。これを審査とは言わないと思います。何があったのか聞かれたんですね。私が答えると、医局長は1円玉

大のミントをくれ、医師は......"お茶でも入れてくれ"と言った。次、お願いします！　だから、もう行けるんです。お茶を入れよう　それじゃ「死ね死ね」と言ってるのと同じじゃないか！？私は心の中で怒っていて、どうしたらいいのかわからなかった。お茶を入れよう　砂糖も食べず、全く何もしていない！？宿舎に戻り、娘に検査結果のことを話すと、娘は母にフランス語で話しに行った。理解できないけれども、彼らが私について言っていることがわかりました。すると、女の子が2階にやってきて、部屋に連れて行かれ、「もう寝なさい」と言われた。すると、母が階下に降りてきて、「汗をかいたでしょう」と親しげに言いながら、にこやかに毛布をかけてくれました。しばらくすると、彼女は熱い紅茶と砂糖を持ってやってきて、私にそれを飲ませた。そして、もう一杯飲まされた。今度は汗が出てきた。全身から汗がしたたり落ちる。ピータース軍曹が来てくれた。リュックからもう一枚シャツを持ってくるように頼みました。そうして、汗をかくのに飽きたら、新しいシャツを着て立ち上がりました。すると、女性がやってきて、手早くシーツを交換し、私をベッドに戻してくれた。このような善良な人々に、私はどれほど感謝したことでしょう。また誰かに見てもらえるのは、とてもうれしいです　しばらくすると、女性が肉汁のかかった小さな焼肉と白いパン、それにココアを持ってきた。それからは、もう寝た気がしない。起きたら寝てました。

　夕方、家族がみんなにココアを飲みに誘ってくれた。ドイツ占領下のフランスやベルギーの人々が飢えないように、アメリカから食料が配給されたのです。ドイツ軍は食料を配給し、持っていかないと約束しなければならなかった。つまり、砂糖、ココア、肉、白パンなど、まともに生活するために必要なものはすべて揃っていたのだ。もっと長くここにいられたらいいのに。それが私の最大の願いでした。しかし、「明日、駅に行って電車に乗れ。行き先は不明だ」と言われたのです。だから、翌朝にはお別れをしなければならなかった。ある優秀な女性に10マルクの謝礼を差し上げたら、きっぱりと断られました。娘さんとアドレスを交換し、お互いの近況を伝え合うようにしました。そして、彼女のお母さんに改めてお礼を言って帰りました。

　私は、体力もなく、惨めな気持ちで、ポストに着くまで機銃車

に座っていました。2日前と同じ路線で帰ってきた。北より静かだし、故郷をもう一度見たいからと、アルザス戦線への転属を希望していたのですが……違いました。列車はロレーヌとの国境に近いコンフランに停車した。電車を降りて、フロントに南下した。途中で体調が悪くなったので、マルス・ラ・トゥールに置いていかれたのだ。そこで私は治療部門に行き、病気のことを報告しました。診察の後、医師から「インフルエンザにやられましたね」と言われた。もちろん、そう思います」と私は答えた。しばらくここにいればよかったのに」と、先生は言った。連れて行かれたのは、すでに8人の退屈して座っている人たちのいる小屋だった。寝るのは金属製のベッドで、シラミだらけの藁布団、食事は病人向けの純然たる貧乏料理でした。朝は、砂糖なしのブラックコーヒーと、軍用パンにジャムを塗って食べるのが当たり前になっていた。昼食に配られた乾燥野菜のスープも、豚は拒否した。夕方には、朝食べたものを食べました。とても疲れています。気を紛らわすために、先生にお願いして許可してもらいました。午後は、マルス・ラ・トゥールの陸軍映画館に行った。良質の映画が2本上映され、その後にコメディ映画が上映されましたが、私の情けない状態にもかかわらず、大笑いして戦争や兵士やインフルエンザのことを忘れさせてくれました。番組が終わると、彼女は恐ろしい現実に戻った。翌朝、軍病院に転院できないか医師に相談したが、何もできない、すべてお任せしますとのことだった。

　翌日、散歩に出かけたら、巨大なモニュメントに出くわした。1870年の戦争では、マルス・ラ・トゥールの戦場にあった。フランス軍に阻止され、他のドイツ軍騎馬隊も撃退された。石に刻まれた記念碑には、一方ではフランスとドイツの騎兵隊の衝突が、他方では砲火を浴びるフランス歩兵隊が描かれている。一方、私には理解できないフランス語の碑文もあった。記念館の下は、扉のない地下室のような部屋に降りることができます。畑から持ってきたのだろう、頭蓋骨や人骨があった。小高い丘に登ると、南と西に青い丘が連なり、村々が点在する広大な平原が一望できた。かろうじて見える遠くには、ヴェルダンやさらに南に位置するトゥールの要塞への砲撃があった。

　サプライセンターが改善されなかったため、私は「そこにとど

まるのではなく、仕事に戻りたいから改善する」と言いました。さて、私の息子よ」と医者は言った。なぜ大丈夫と言うのですか？だって、ここにいるのは嫌だし、食事も少なすぎる。カンパニーと一緒の方がいいと思う。そこへ行けば、回復するまでは前線の後ろにいるバンと一緒にいられる。"まあ、本当にやりたいならね！" - と言って、先生が退院のサインをしてくれた。荷物を入れたリュックサックを背中に括りつけ、連隊のところへ。前線はまだ30〜50マイル先だった。もちろん、自分の連隊がどこにあるかなんて知らないが、気にしないことにしていた。1918年7月10日頃、あまり暑くない夏の日だった。背後で蹄の音がして、疲れ果てた馬の小隊が兵士を連れて近づいてくるのが見えた。私はインフルエンザにかかり、うまく歩けないので、馬に乗せてもらえないかと兵士に頼み、待ちました。鞍は2頭だけだった。乗っていました、新しい体験です。とにかく、馬は私の乗馬技術に驚いていた。だんだん慣れてきて、馬のリズムに合わせた動きができるようになりました。私は走りながら、そばを歩いていた兵士に話しかけた。馬に乗った兵士が背中にリュックを背負っているのを見たことがなかったので、変に思われたのでしょう。途中、少佐から、私に乗る権利があることを教えてもらった。インフルエンザにかかったこと、レジメがあることを説明しました。弱気になったので馬に乗りました。私は旅を続けることを許された。転んだら馬がトロトロになるのが嫌だったんです。馬は嬉しそうに歩いていた。夕方、馬が向かうジョンビルという村に到着した。そのまま歩いてティオクル・ルネヴィルの町に着き、そこで一夜を明かした。

　翌日、散歩に出かけたら、巨大なモニュメントに出くわした。1870年の戦争では、マルス・ラ・トゥールの戦場にあった。フランス軍に阻止され、他のドイツ軍騎馬隊も撃退された。石に刻まれた記念碑には、一方ではフランスとドイツの騎兵隊の衝突が、他方では砲火を浴びるフランス歩兵隊が描かれている。一方、私には理解できないフランス語の碑文もあった。記念館の下は、扉のない地下室のような部屋に降りることができます。畑から持ってきたのだろう、頭蓋骨や人骨があった。小高い丘に登ると、南と西に青い丘が連なり、村々が点在する広大な平原が一望できた。かろうじて見える遠くには、ヴェルダンやさらに南に位置する

トゥールの要塞への砲撃があった。
　サプライセンターが改善されなかったため、私は「そこにとどまるのではなく、仕事に戻りたいから改善する」と言いました。さて、私の息子よ」と医者は言った。なぜ大丈夫と言うのですか？だって、ここにいるのは嫌だし、食事も少なすぎる。カンパニーと一緒の方がいいと思う。そこへ行けば、回復するまでは前線の後ろにいるバンと一緒にいられる。"まあ、本当にやりたいならね！" - と言って、先生が退院のサインをしてくれた。荷物を入れたリュックサックを背中に括りつけ、連隊のところへ。前線はまだ30〜50マイル先だった。もちろん、自分の連隊がどこにあるかなんて知らないが、気にしないことにしていた。1918年7月10日頃、あまり暑くない夏の日だった。背後で蹄の音がして、疲れ果てた馬の小隊が兵士を連れて近づいてくるのが見えた。私はインフルエンザにかかり、うまく歩けないので、馬に乗せてもらえないかと兵士に頼み、待ちました。鞍は2頭だけだった。乗っていました、新しい体験です。とにかく、馬は私の乗馬技術に驚いていた。だんだん慣れてきて、馬のリズムに合わせた動きができるようになりました。私は走りながら、そばを歩いていた兵士に話しかけた。馬に乗った兵士が背中にリュックを背負っているのを見たことがなかったので、変に思われたのでしょう。途中、少佐から、私に乗る権利があることを教えてもらった。インフルエンザにかかったこと、レジメがあることを説明しました。弱気になったので馬に乗りました。私は旅を続けることを許された。転んだら馬がトロトロになるのが嫌だったんです。馬は嬉しそうに歩いていた。夕方、馬が向かうジョンビルという村に到着した。そのまま歩いてティオクル・ルネヴィルの町に着き、そこで一夜を明かした。
　翌朝、同じ大隊の兵士数人と会い、私の連隊は移行中であることを告げられた。いろいろと聞いて回った結果、ティオクル・ルネヴィルから3キロほど離れた、小屋やカヌーが林立するキャンプ地にようやく会社を見つけることができました。チームが揃った。予備銃手、運転手、馬、中隊軍曹、中隊書記、中隊商人が数人いるだけであった。私は、このことをブキス軍曹に指摘した。"さて、リヒャルト　"君、具合が悪そうだね。"具合が悪そうだが、私がいたあの哀れな医療施設では我慢できなかった。"　「心

配するな、治るまでここにいればいい」と軍曹は言った。それで、私は残って孤児院に寝泊まりする場所を見つけたのですが、中隊長は私が他の人より良い食事ができるように配慮してくれたのです。目の前の森の端に、イタリア人の捕虜を使って道路を作ったのだ。このように、貧しく、黄色く、灰色の人々が悪者扱いされると、生活は破綻し、一言で言えば、半飢餓状態となった。情けなかったです。彼らは木の実か何かを探して、茂みを探し続けていた。何かを見るとすぐに飛びついてきて、つかんで食べてしまう。この人たちは、最前線にいるわけでもないのに、ものすごく苦しんでいるんです。

　収容所に入って6日ほど経った頃、軍曹がやってきて、「リヒャルト、元気か」と言った。ピータース軍曹は行かねばならない。引き継ぎは大丈夫でしょうか？また、もうすぐ二等軍曹に昇格することも伝えておきたい。アプリケーションはすでに提出済みです。"やってみる "と言ったら、結構静かなんですよ。そこで、今朝、Landmineで行ってきました。軍曹が地図で道を示してくれた。丘の上にあるViewville an Ayの村の廃墟を歩いた。最後の家屋の跡にひっそりとドイツ軍の砲台がある。また血みどろの戦争ゲームを見て、うんざりした。フランス戦線の後方では、フランスの観測球が空にぶら下がっているのが見えた。木の角を曲がると、2つの電池がかなり接近しているのに出くわした。すると、最前線で通信溝が塞がれているのを発見した。中隊で機関銃に出会ったとき、ピータース軍曹に尋ねたら、200ヤードほど左側にあると言われた。フランスのポジションを見ていると、強い欲望を感じました。そこへ行きさえすれば、救助され、家に連絡がつき、もちろんすぐに愛する人に再会できるのだ！」と。その時、私は「できれば脱走したい」と思いました。とても頑丈で、地下に防空壕がある塹壕を歩きました。やがて、ピータースを見つけた。その時、仲の良い親友だったピータースに最後に会えると思った。別れ際、私はいつもより強く握手をして、彼の目をまっすぐに見つめた。ニッキー、有刺鉄線が多いから気をつけてね。ところで、ご健闘をお祈りします。頭のいいピータースに心を読まれるのが、本当に怖かったんです。私は彼を心から信頼できると分かっていても、二度と自分の意思を口にすることはなかった。

　"もうひとつ、ニッキー "と彼は続けた。"嫌な小隊長がいる"

以前にもお会いしたことがあります。新人に負けるな！再び握手を交わした。"さよなら "と "幸運を祈る そして、次のバーのあたりでピータースは姿を消した。

　さて、新しい課長に会って、階段を下りて避難所に行くのが気になった。 電気で照らされたトレンチまで30段の階段を下りていかなければならないのだ。毎日、食料を集めるときに、24時間使える電池も携帯していた。20歳にも満たない新米巡査部長が、小さなテーブルに座っていた。私はゆっくりとリュックを放り出し、ロープを開いて、軍曹と交代するために来たことを告げました。私のリラックスしたアプローチは、この青年には向いていないことがすぐにわかりました。彼は、私が立ち上がって正式に報告することを望んだ。彼は私の名前を聞いた後、"あまり規律がないようだ "と答えました。私はただ、"それも必要ない "と言っただけです。一部の例外を除き、私たちはできる限り社会の中で生活しています。私の考えでは、責任者は部下を健気にさせてはいけないと思います。"慣れない "と軍曹は言う。"責任者 "であるならば、常に敬意をもって接するべき！　そんなことをすれば、すぐに部下から嫌われ、見下され、状況によっては、人に好かれるか嫌われるかで人生が決まるかもしれないのです - と驚いて聞いた。"戦場で大怪我をして動けなくなったと想像してください。人気があれば、部下は放っておかないだろうが、嫌われていれば、誰も危険を冒してまで救おうとはせず、不幸な死を迎えるしかないのだ。フロントに行ったことがないのですか？と聞いてみた。いや、「1年間志願して、今までずっと駐屯地にいたんですよ。半年間前線で過ごし、その後将校に戻らなければならない。その後、私は中尉になる予定です。「軍曹、私が思うに、ドイツ軍の最大の不公平は、本人が軍事的なことをほとんど知らなくても、中尉になるには1年で十分だということです。つまり、父親が息子を教育する余裕があれば、たった1年弱の勤務で将校になれるのである。一方、それ以外の兵士は、4年間、現場で積極的に活動し、働いていれば、門戸は閉ざされます。彼らは役員にはなれないが、1年間のボランティア全員を合わせたよりも、会社を率いる準備はできている。若い軍曹は、私に同意しているはずなのに、気分を害しているように見受けられた。

　そして、チームの様子を見に行きました。塹壕の中に立って、

タバコを吸いながら日向ぼっこをしていた。以前、私のチームにいた人たちばかりで、いい人たちだとわかっていました。いつも口が裂けても言えない。グスタフ・ベック軍曹のチームは、私と同じシェルターを拠点にしていた。彼はロレーヌ地方の出身だった。1916年には第44連隊に、その後第260連隊に、そして今は第332連隊に所属しています。仲の良い友人でもありました。破壊の恐怖がそこかしこにあるのを、毛布越しに見ていたのです。前線は1914年9月下旬からある。穴だらけで、アザミやイバラ、古いとげのある草が生い茂り、その間に緑の斑点があるなど、すべてが掘り返されていたのです。錆びた有刺鉄線があちこちに張り巡らされ、線と線の間には12本の有刺鉄線を数えた。なかなか休めなかったですねー。しかし、私は行くことを決意し、ただ機会を待っていたのです。その位置から緩やかにカーブしていた陸地が、涼しげに下りてきたように見えた。レニェヴィル村からは、砲弾の被害を受けた教会の頂上が地平線の向こうに見えるが、村の様子は見えない。にもかかわらず、撃墜された。私は軍曹の地図を手に、ナビゲーションを行いました。右側にはリロンヴィル村の廃墟があり、次にフルール村とエス村があり、私は1914年9月に112連隊と激戦を繰り広げました。村も森も、要するに火事で焼けてしまったので、これ以上は何もわからない。ルネヴィル村の裏側は、やや傾斜している。敵の陣地があった。塹壕や有刺鉄線フェンスだらけで、実際の敵の位置を把握することはできない。夜間、スパイとして活動した歩哨は、誰かがタバコやパイプに火をつけるとよく火が見えるので、敵の前線基地はレイネヴィル村にあると考えたのだ。このような内容は、もし自分が無事に生還できたときに役立つものばかりで、とても興味深かったです。目の前に立っているのが誰なのかが分かれば!

　ある者はフランス人だと言い、ある者は黒人部隊だと言い、ある者はアメリカ人だと言った。毎日何時間も双眼鏡を覗いていましたが、フランス軍も黒人軍もアメリカ軍も見えず、すべてが空っぽで砂漠のようでした。時折、彼らの陣地の後ろにある木から、砲撃の音が聞こえるだけだ。その時、砲弾が私たちの上を飛んでいって、後ろの森、つまりドイツの砲台の近くに入るんです。特に夜になると、砲弾が私たちのそばに落ちてくることがありました。そうすれば、みんな安全な塹壕の中にいるはずだ。

それができれば！」と思い続けました。しかし、何から手をつければいいのか？ましてや、フランス語が話せない私が挑戦するのは、あまりに無謀なことでした。4日目の朝、いつもは1つしかないフランスの観測球が3つも右の位置に上がっていることに気がつきました。その理由はすぐにわかりました。ドイツ軍の陣地は、突然ひどい砲弾の雨に見舞われ、それは1時間近く続いた。その後、火勢が衰え、フランス軍がドイツ軍の塹壕に潜入し、捕虜をとって自軍の塹壕に撤退したことがわかった。
　午後には、フランス軍とアメリカ軍がマルヌで攻勢を開始し、前進しているという噂を耳にした。早く出てきて、そこでセットアップしなければならない。地上部隊は皆、このような地獄に着陸することを少なからず恐れていた。脱走を試みる決意が一気に強まった。

脱走の準備

　翌1918年7月23日（水）には、またまた情けない昼食が待っていた。塹壕の中にはベック軍曹と私だけが取り残された。突然、怒りに駆られたベックは、弁当箱とその中身を手に取り、隣の横木の前に投げ捨てた。"クソ！"　彼は怒った。"もうたくさんだ！どうだ、グスタフ」と言わんばかりに、フランス戦線を指さした。突然、私の顔を見て、「一緒に来てくれないか」と言ったのです。私はそれを承諾したのですが、今度はグスタフさんが、数日間は脱走のことしか考えられなかったと言うのです。でも、どうやって……というのは、また別の問題でした。もし北上していたら、殺される快感を味わうことになっただろう。無事に到着していれば、助かったかもしれない。もし私たちが脱走中に殺されていたら、すべての苦しみは過去のものとなっていたでしょう。
　すれ違いざまに、私たち二人がよく知っている下アルザス歩兵のプファフという伍長が現れた。なかなか元気な奴で、ヒゲを伸ばすことに執念を燃やしていたので、将校たちは大変迷惑していたが、度々ヒゲを剃ることを命じられた。通り過ぎたとき、彼は突然私たちのそばで立ち止まり、静かに尋ねた。"Will you come with me tonight?" "今夜、一緒に来てくれないか?"と。- と聞いてみた。"逆に "と根気よく言った。"パフ "って、どうやるんですか？

と言ったのです。"今夜の当番は私です　そこから私が消える可能性も高い。「いいか、パフ、我々は脱走に同意したんだ。"方法"がわからなかったのです。「パフが言った。「暗くなったらすぐに前線基地に来て、脱出方法を考えよう。帰ることを約束し、パフは私たちのもとを去った。ほら、ニッケル」ベックが言った。「自分たちの注意を引くことなく、機関銃から離れることができるように。マシンガンを置いてはいけないと命令されている。小隊長が嫉妬深い馬鹿なのは知ってるだろう？

　塹壕の中では武器を持たないと動けないので、銃剣と9発装填のモーゼル・ライフル銃を装着した。すでに上着のポケットに9クリップを2つ入れ、上着の袖に新しい新聞を入れ、何か白いものを振り回せるようにしていた。そして、各自がキャンバスに手榴弾を2個ずつぶら下げて、塹壕を出て行った。最初の一歩は、私たちの危険、あるいは生命と自由への道に出会うために踏み出されたのです。別れを告げずにチームや仲間たちと別れなければならなかったことが心残りです。

1918年7月23日から24日の夜。- フランス人の脱走

　もう暗くなっていたので、看守は数メートル先に吊るされていた。前哨部隊に通じる通信塹壕に着くと、そちらに向きを変えて、すぐにたどり着いた。塹壕の長さは200メートルほどであった。破風には8人のサポーターバッグと軍曹の一団が配置され、強力な壕を備えていた。しばらく軍曹と話をしてから、30ヤードほど離れたところにあるリスニング・ポストへ行った。パフは人目を引くことなく後に続いた。私たちは彼と話をすることはありませんでした。そのため、居留守を使うことが多く、有刺鉄線が張り巡らされている。塹壕の中で足音がしたとき、ベックとパフはワイヤーを通そうと足を上げようとしていた。私は静かに歩き、「ここで聞いている人には誰も届かないよ」と声を出して、ベックとパフに続いて下に降りていった。再び軍曹に話を聞いて、前

哨基地に戻った。2人の男がリスニングポジションを取った。前哨戦の責任者である第5中隊の少尉が、彼に声をかけた。ベックと私を見るなり、『どなたですか』と丁寧に声をかけてくれた。私は立ち上がって、『私たちは重機関銃を持った2人の軍曹で、敵が攻撃してきたときに、前哨部隊の人たちを後ろから撃たないように、前哨部隊がどこにあるのかを確認したかったのです』と言いました。「よくやった」と中尉は言った。"すべての戦士があなたほどの関心を持っていれば、今頃は勝っていたでしょう。私たちの意図を知り、理解してくれていれば！」と思いました。

　今、ベックと私はドブに戻っている。二人とも「今日はやることがない」と納得していた。パフが後ろから駆け寄ってきて、「行くぞ！」とつぶやいた。いつの間にか塹壕を出て、背の高い草むらに消えていたのだ。私たちは彼の後ろに登った。私たちは、2列の鉄条網の間にいた。私たちの後ろにいるのは、主な塹壕の中にいる見張り兵を隠しているものです。正面の鉄条網を這うと、2発の砲弾が次々と着弾してできた穴があった。そこで私たちは、有刺鉄線を這うようにして、服を少し破りながら通り抜けた。四つん這いになって古い深い溝に入り、土塁の後ろで立ち止まった。ここで私たちは、何があっても誰も見捨てないことを静かに誓い合った。私は、パフに「ここは30歩ほど右に入ったところだ」と控えめに言った。聴音所に近づいているはずだ」と彼は言った。「広い鉄条網の中に、パトロール隊が通り抜けられるように上のワイヤーを切った通路があるんだ」。あらら、私たちに何か起こるのでは？そうだ、じゃあ、さらに数メートル左に這うようにして聴覚ポイントへ。そうです、インターレースの中に通路を発見したのです。パフは立ち上がり、ワイヤーの間を這うように進んだ。通り過ぎようとしたとき、目の前20メートル足らずのところで見張り番の話し声がしたので、2発撃った。発見されました！　パフは電線の向こう側に消えていった。今、ベックは立ち上がって、全力で障害を乗り越えた。4発発砲した。障害物の向こう側にも姿を消した。

　そして、スロットに這いつくばるのですが、上の糸しか切れないため、引っかかって手を放さなくてはなりませんでした。ワイヤーの真ん中まで来たところで、強く握った。動くとワイヤーが擦れる。じゃあ、どうすればいいんだ？這うことができなかった

。立ち上がっても、すでに歩哨に位置を知られているので、撃たれるかもしれない。とても心配だったので、電線から離れ、速攻で立ち上がりました。リップ、ズボンとジャケットに穴が開いてしまいました。2発撃たれる前にやっと起き上がったんだ。全速力で走って、電線の向こう側の地面まで走ったところで、また銃声がした。私は四つんばいになって、踏みつけられた草を追って全力で走り、一瞬立ち止まって「ベック！」と小さく叫びました。パフ！ 私は全力で逃げました。すぐに誰も怪我をしていないことを確認しました。全員無事だったが、ワイヤーに少し傷がついた。"パフは言った。"我々はできるだけ早く逃げなければならない。前哨基地の人々が必ず我々を捕まえようとするからだ。" 捕まったら、追いかけられて銃殺されるからだ。その場合、私たちは自国の兵士から命を守らなくてはならないでしょう。さらに3本の糸が絡み合うように這わせた。これまでのところ、制服はひどく破れ、錆びた有刺鉄線による皮膚の傷は痛々しいほどだった。

フランス軍につながる古い塹壕のところまで来た。だんだん深くなり、突然止まり、まるで袋の中に入ってしまったような感じです。私は壁に背を向けた。私が手を組むと、パフはその上に乗り、そこから肩に乗り、そして草の上にしっかりと寄りかかって降りた。ベックもそうでした。そして、腕を上げた。腹ばいになった二人は、私の手をつかんで引き上げ、私は自分の足を押し上げて手伝った。そして、もう一度やり直した。さらに細いワイヤーの障害物を2つ登ると、眼下に廃墟となったレイネヴィルの村が見えてきた。村に向かう途中の障害物はもうない。後ろからの危険は乗り越えたが、今度は前方からの危険だ。

ベックとパフがフランス語で話しているとき、私は廃墟となったフランスの前哨基地の人たちに電話するよう勧めた。そんなことしたら、ついてくる中尉に居場所がばれる。そこで私たちは、斜面を駆け上がり、遺跡を目指した。いつ廃墟に雷が落ちるか、怪我をしないか心配だった。そんなことはなかった。遺跡に着くと、何もかもが静かで、何も動いていない。しばらくは聞き耳を立てていたが、何もない、全くない。パフは教会の周りにある古

い塹壕に飛び込んだ。そのとき、溝に落ちていた波トタンに着地して、大きな音がした。再び耳を傾けると、限りなく静かだった。すると、フランスの大砲が発射され始めた。砲弾は弧を描いて飛んできて、ドイツ軍の陣地に命中した。ストレスとランニングで汗をかきました。穏やかな夏の夕暮れ、月が昼間のように明るかった。フランス軍陣地に続く塹壕を慎重に歩き、徐々に山を登っていく。時折、立ち止まっては耳を傾けた。ライフル銃の数発と機関銃の妙な音、それに近くて遠いところから孤立した砲撃音が数回聞こえただけで、何も聞こえなくなったのだ。前に誰がいて、どこにいるのかがわからないのは、とても不愉快でした。だから、私たちは注意深く歩き、たびたび立ち止まっては耳を傾けた。暗闇の中であくびをしているような古いトンネルや地下シェルターを通り過ぎた。通信塹壕を横切る位置にたどり着いた。柱に板が固定されているが、明るさが足りず、何が書いてあるのか読めない。私は松明を塹壕に照らし出した。多くのマークを見た中で、トレンチがよく使われていた。私たちは、前の陣地と同じように塹壕を横切る別の陣地に移動しました。パフ氏は、「私たちがフランス歩兵の陣地を通過し、衛兵に遭遇しなかったことは確かです。"信じちゃダメ！私は冷静に答えた。フランス人や塹壕の中の人を呼ぶように頼んだが、やはりドイツの迫害を恐れて信用しない。武器の準備が整うと、慎重に前に進みました。有刺鉄線で覆われた木製のポータブルな障害物に近づいた。私は今、フランスに近づかなければならないと確信していました。その壁を乗り越えたのです。さらに数歩進むと、簡単なワイヤーで囲まれた溝の中にパイプのようなものがあった。四つん這いになりながら、次から次へと。背中が空き缶に触れて、それがぶつかり合って、耳元で音がする。フランスの衛兵が警戒したのだろう。私は同志に、頼むからフランス人を呼んでくれと繰り返した。どうせ無理だろうと、次の踏切の向こうで立ち止まって聞き耳を立てながら進んだ。

　私は彼らの数歩後ろにいたのですが、棒の反対側にある塹壕にフランス兵が飛び込んできて、塹壕から出てきて走り去るのが見えたんです。私はすぐに、この人は今、前哨部隊に警告しに行った聴聞所の人だと思いました。私は他の人のところへ行き、小さな声でこう叫んだ。「私を呼んでください！」。フランス人が後

ろ向きに走っているのを見ただけなのに！？このとき、3人ともとても緊張していた。と声をかけようとした時、前方で銃声が聞こえ、弾丸が後ろの塹壕に当たった。今度はフランス人が叫びながら、まだ発砲している。今、ベックとプファッフが『私たちは、あなた方に加わりたい3人のアルザス人です！』と叫んでいました。Vive la France "だが、撮影当初はフランス人が何を言っているのか分からなかった。パフさんは、信じられないような勇気を発揮して、フランス人と一緒に渡りを回った。ベックは彼を追いかけたかったのです。その時、「カチッ」という小さな音がした。スナップは、手榴弾を落としたときに、手榴弾のバネが落下したために起こったものである。"ベック"！"動かないで！"と呼びかけました。手榴弾を投げたんだ！" その時、彼は新しいものを手に入れた。一瞬、手榴弾が爆発した。その時、パフの悲鳴が聞こえた。とにかく、殴られたのだ。今度は手榴弾の煙がハンドルに当たり、私たちを完全に包み込んでしまった。振り返ると、ベックがいない。引き返したのだろう。

　歩いていたら、ホームで誰かにフランス語で呼ばれた。私は2階を見た。フランス人が立っていて、手榴弾を持って威嚇するような仕草をしていた。私はすぐに銃を捨て、袖から紙を取り出し、両手を上げて叫んだ。「アルザス、脱走兵！」フランス人は叫んだ、「何人だ？"3人と言った"
　しかし、塹壕の中に私以外誰もいないのを見て、彼はまた「いくらだ」と叫んだ。私は彼に指を3本立てて見せた。 彼は手を差し出し、私はすぐにベルトを外した。するとフランス人が手を差し出し、私を塹壕から引きずり出した。 神様ありがとうございます。と思ってしまいました。今、私は生き延びている。そのフランス人は、あまり私を信用していないようで、私から離れ、再び私のスタイルで手榴弾を振り上げた。私は再び手を挙げ、「アルザス、脱走兵」と繰り返した。すると、フランス人が私の手を握って、肩を叩いてきた。その時の嬉しさは、言葉では言い表せないほどでした。
　小さく呻くような声を聞いて、すぐにパフのことが思い浮かびました。私はフランス人に「カメラドブレッセ」と言い、塹壕と自分の姿を見せた。フランス人は、私が行かなければならないと言った。私は元来たところにジャンプして戻り、パフに行くつも

りで交差点を回った。多くのフランス人が、全く混乱した状態で会話していた。一瞬のうちに、一人が私の額に拳銃を突きつけ、その銃口の冷たさを感じた。すかさず、もう一人が私の胸に銃剣を突きつけた。風のように両手が宙に舞い、"アルザス、脱走兵！"と言ったのです。すぐに離し、誰かが"3人目だ"と言うのが聞こえました。ベックはすでに、塹壕の中に第三者がいることを伝えていた。これだけのことが、最初の撮影から3分もかからずにできたのです。

　パフのところへ行くと、彼は塹壕のふもとで意識を失っていて、息をするたびにうなされていた。世話をしていたフランス人を蹴散らし、月明かりが塹壕の足元まで届かないので、ファフがどこで怪我をしたのか見当もつかない。左の太ももを触ると、濡れているのに気づき、同時に手から暖かい血が流れているのを感じた。大腿骨に引っ張られ、動脈は頭部を貫通した。致命的な出血を避けるために、大腿骨に包帯を巻くのが最善です。私はズボンを持ったまま素早くベルトを外し、ズボンとパンツのファスナーを下ろした。ベックに手伝ってもらい、少し体を持ち上げました。そして、彼のズボンを下ろした。私は彼のネクタイを外そうとし、そのネクタイで彼の足を縛った。　ひび割れ、古いふわふわの雑巾が二つに裂けている。そこに立って見ていたフランス人の一人が、私にロープをくれたので、私はそれを傷口の上の太ももにゆるく結んでやった。そして、トレンチボードの木片を折ってみました。太ももの上、ロープと脚の間に置いて、力強くひっくり返した。　ロープがきつくて腰の肉を切り、動脈をふさいでしまったのだ。出血はすぐに止まりました。フランス人は私の肩を叩いて、よくやったと言ってくれた。パフはまだ意識がなかった。ベックは角砂糖を口に入れたくなった。

　フランス人は角砂糖を手に取り、そこにアルコールの臭いのする液体を注ぎ、パファの口に入れた。彼はすぐに意識を取り戻した。最初に彼が言った言葉は「私はフランスのために死ぬ」というもので、私は理解できなかったのですが、ベックが訳してくれたのです。そして、パフに「それほどひどい怪我はしていない、足は縛ってある」と伝えた。フランス人は私たちにとても親切にしてくれました。みんな握手を求めてきた。ある人はタバコを、ある人はチョコレートを、あるいはダイニングルームからワイン

を差し出してくれた。ストレスで喉が渇いたので、何口か飲んだ。プロイセンに出したときはコーヒーの代用品しかなかったから、この飲み物はとても不思議な感じがした。すると、フランス人の一人がタバコに火をつけてくれたのだが、これが強烈でほとんど吸えない。

　フランス陣地では、若い将校と2人の兵士が同行した。塹壕の中の全員が警戒態勢に入ったので、次々と射撃位置に立っていく。その前を通り過ぎるとき、彼らは皆、親しげに言葉を交わしていたが、もちろん私には理解できなかった。通信壕に戻る途中、担架を積んだ救急車が2台、パフさんを追い越していった。ベックは目の前にいる兵士に話しかけていた。後ろを歩いていた若い警官が突然、強いフランス語訛りのアルザス方言で「どこから来たんだ」と話しかけてきた。私は迷うことなくドイツ語で答えた。「と聞かれたので、「いいえ、私はダンマリー近郊のザンクト・ウルリッヒの出身です」と方言で答えた。「では、そちらの方ですね」と巡査が言った。「教えてください、ダンネマリの市長は誰ですか」「世界一の意思を持って、私は知りませんでした。5年も家を空けていて、忘れていたことを伝えました。"それで、Crease Streetに住んでいる製本屋は誰なんだ?"と。"ハルトマンでしたね "と私は言った。"その通りです "と中尉は言った。"私たちがセプア・レ・バに行ったとき、セント・ウルリッヒを通過していました　"とね。私は彼に、聖ウルリッヒが破壊されたのかと尋ねたが、彼はその状況を正確に覚えていなかった。

　森の中のキャンプに着くまで、その話をした。アルザスのロスハイムから来たという。収容所には、私たちに会いたがっている兵士が大勢いた。ベックは、私たちが質問したことをすべて把握しきれないほどでした。何もわからないと見切って捨てられたんです。最も印象的だったのは、兵士たちが生き生きとしていて、大きな丸い顔をしていたことだ。痩せこけた、半分飢えたようなドイツ人とは違い、ほとんど全員が黄ばんだ顔をしていたのだ。ダグアウトで、ベックは中隊長のところへ行かなければならなかった。ガスマスクを取られた 数人の兵士がワインとタバコを持って来てくれた。グラス2杯を飲み干し、もっと飲めるかと思ったが、私の手に負えないのでやめることにした。もうワインは飲み慣れない。シャツが汗で濡れているので背中も寒い。みんなが白

いパンとチーズを持って来てくれた。上着のポケットに手を入れて、アロマパンを渡した。2年間も食べられなかったのに、匂いを嗅いで「ブルブル」と、まるでそんなものは食べられないかのように言われました。早速、白いパンを食べ始め、お腹をポンポンしてアピールしました。みんな笑って、言葉は通じないけど、親友になった。そこにフランス人が入ってきて、"国民はヒンデンブルグやルーデンドルフをどう思っているのか？"とドイツ語で聞いてきたんです。私は、人々はヒンデンブルグを愛し、ルーデンドルフを嫌っていると話した。そして、7月19日と20日にドイツ軍がマルヌで敗れ、英仏米の大攻勢が始まったことを知っているか、と聞かれたのである。新しいドイツの新聞をプレゼントしたら、とても喜ばれた。一方、ベックの尋問は終わり、私たちは2人の兵士に連れられて後方に行きました。鉄道橋の近くで別の道路と交差する森の中の道に着くと、ベックに「ここはドイツ軍によく夜間爆撃された」と説明された。当然、その時は怪我をしたくないので全力疾走した。すると、2人のフランス人が「もう危険はない」と教えてくれた。

　救われた！？手前からさらに、さらに
　前線での惨めな生活と空腹を捨てて、自分の命が無事であることがわかった時の喜びは、言葉では言い表せないほどでした。他のことをいくら楽しんでも、あの深い幸福感は二度と味わえないと思います。両親のこと、特に母のことを考えると、私が無事で手紙を書けると知ったら、どんなに喜んでくれるだろうかと思いました。一刻も早く知ってもらいたかった」とベックは言う。"小隊長の弟は弾薬箱のために長い間待たされることになる"　彼は間違いなく困っているはずだ。　私たち2人が永遠にいなくなってしまったと知ったとき、彼のこれまでのプレッシャーを想像して笑ってしまいました。前線の片側にある森の中を走る道を歩いていた。バッテリーがたくさん設置されていました。その後、数百人の兵士が新しい砲台の製作に追われた。「いいか、グスタフ」私はベックに言った「ここはおかしくなりそうだ」。

　森の中の大きな小屋に連れて行かれたが、そこは連隊の本部になっていた。午前3時頃で、まだ暗い。ベックが先に入り、私の番になった。店員は一人しかいなかったが、ドイツ語がとても上手だった。彼は、"明らかに黒パンに飽きたから、白を試したか

ったんだろう "と言っていました。私は笑って、"ちょっと違うんじゃない？この2年間、黒パンをほとんど食べていないんだから。"と言いました。彼も笑い、親しげに「ポケットにあるものを全部テーブルに置いてくれませんか？私は掘り出し物を始めて、テーブルの上にすべての荷物を置きました。財布、鉛筆、ポケットナイフ、ハンカチ、時計、ポケットミラー、櫛、タオル、懐中電灯、コンパス。店員は私の財布を受け取り、入っていた30マルクを私に返した。財布とコンパスを置いていった。それ以外のものを全部持っていかれて、解放されたんです。バイクを奪った2人の兵士が、私たちを連れて行ったのです。夜が明けると、私たちは村の中を走り抜けた。納屋の扉はすべて開いていて、どの納屋にも水槽があった

　明るくなるころには、旅団本部のある別の村に到着した。まだ寝ていたので、1時間待つことになった。モロッコ人の連隊が戦闘態勢で村に入った。こんなに朝早く出発しても、フランス側ではあまり実用的とは思えない」と自分でも言っていました。モロッコ人たちは納屋に散っていった。将校は二人を罵り、悪態をつき、モロッコ人二人がやかんを持って井戸に来ると、一人のところに行き、続けて二度殴った。驚きました。ドイツ側で一度だけそういうのを見たことがあったんです。モロッコ人連隊のフランス人と同じように、多くのモロッコ人が来てくれた。みんなとても親切で、タバコをくれました。一人のフランス人が、袖を引きながら、ミュルーズ出身のかなり本格的なアルザス方言で、「おい、聞け。状況はどうでしょうか。何か残っているのでしょうか。"残り少ない　"と言ったんです。そして、"男、いつまで耐えられるか?"と聞いてきた。長くはありません。兵士はもういらないんだ」と私は言った。すると彼は、自分はミュルーズ出身で、モロッコ人はまだ戦闘の最中だから、自分ももう少しで到着すると言ってきた。彼らは4月24日と25日にアミアン近郊のウィーラー・ブルトンヌからやってきて、それ以来、恐ろしい出来事に参加させられているのだ。ホイーラー・ブレトンヌ社で向かい合ったわけですが、なんという偶然でしょう。突然、怒った警官が駆け寄ってきて、フランス語で叱りつける。私は、彼が何を言っているのかわからず、立ち尽くしていました。

　さて、私たちは先に進んでいます。今回は2人の老兵を伴って

の参加である。途中、道端で倒れているモロッコ人と何度かすれ違った。師団本部のあるホテルに到着した。ドイツ側と同じで、給料が高いほど後ろにいて安全ということでした。大きな小屋の中に、師団の責任者である将軍の執務室があった。ベックは先に入場していた。出てくるまでに30分以上はかかった。そして、私の番が来ました。

　屋台に入り、師団の責任者である将軍の前に立った。彼は私を前に呼び出すと、カタコトのドイツ語でこう尋ねた。ちょっとわかりにくい質問でしたね。昔は勇気がなかったか、機会がなかったか、飢えていたから、フランス人を撃ちたくなかったから、そして戦争はもうたくさんだったからだ」と答えた。

　今度は「なぜ撮りたがらなかったのか」と。

　フランス語？私は、「ドイツ人よりも彼らが好きだし、フランス占領下のこのアルザスに住んでいた私の両親は、彼らを肯定的にしか見ていなかったからです」と答えた。その通りだ」と将軍が言うと、「さあ、こっちへ来い」と。小屋の壁を縦に走る地図に案内されたが、そこは師団がカバーする戦線の一部であった。この地図はとても印象的でした。細部まで、壕も砲台も歩道橋も、すべてが書かれていて、こんなものは見たことがなかった。すると、少将が「どこを渡ったのか」と聞いてきた。私は、そのままレイネヴィル村の教会に行くことを告げました。彼は私に、"あなたは機関銃部隊の人ですか？"と尋ねた。と言ったのです。そして、私が住んでいるドイツの陣地にあるダグアウトを見せてくれたのですが、これが結構当たっていたんです。そして、ドイツの陣地、砲台の位置、機関銃隊の車両の位置など、私が知っていることを話すようにと言われました。機関銃中隊の方ですね」と言われました。私は「はい」と答えました。仲間を裏切らず命を守るために脱走した時、その夜インフルエンザにかかった後、ドイツ戦線の後ろのどこかの森にいる自分の中隊に帰ると言い、その夜、車掌が駅まで送ってくれることになりました。暗いところでは目が見えないし、フシギダネを預かっている以上、そこから離れるなということで、精一杯の意志で、何も知らずにいたのです。将軍は私をよく見て、「かつての仲間を裏切るようなことはするな」と言った。それはもう、すべてわかっています。そして、私が大隊長のいる位置まで行ったときに見た砲台、大隊の食

堂、食料を集めるための道路などをすべて見せてくれたのです －、。私は、「フランス人は、どこに何があるか知っているのに、どうして全部バラバラにしないのだろう？ 大将は、私が考えていることを見て、「待て！」と言わんばかりに教えてくれた。もうすぐです。"

　彼らは私を解放した。厨房に案内され、コーヒーと白いパン、ボイルしたハムとバターをもらった。コーヒーが美味しかった！記憶が正しければ、強くて甘いコーヒーだった。そんなコーヒーはもう何年も飲んでいない。その時、一台の車がキッチンに突っ込んできた。乗りこなすしかなかったのです。ベックと私は、世界で一番幸せでした。贅沢な夏の朝の美しいライドで、前線からどんどん離れていき、各自がパンとボイルハムを食べました これ以上、何を望むというのだ？やがて、トゥーラの要塞に到着した。外に出て大きな建物の前で立ち止まった。 私は、兵士の監視のもと、外に座らなければならなかった。好奇心旺盛な一般市民がたくさん訪ねてきたのです。上着と下着が破れていた。特に風邪をひいていたので、あまり元気には見えませんでした。寝てしまいました。 兵士が、私はアルザス出身で、脱走したのだと言っていました。すると、観客の態度が一変した。握手してくれたり、わけのわからないことを言ってくれる人もいた。タバコをくれた人もいた。私が白いパンを宝物のように持っているのを見て、彼らは大笑いした。そして、自分で車に乗り込むことになった。帰るとき、手を振って別れを告げたら、手を振り返してくれた。

　ムーズ谷を抜けて、軍の総司令部があるフラヴィニー村へ。大きな納屋に連れて行かれました。ドアにはジャンダルム（憲兵）がいた。空っぽの干し草置き場の階段を登らなければならなかったのです。ドイツ人の捕虜もいた。一方はアルザス人とポズナンの住民で、もう一方は金属の檻のようなものに閉じ込められたドイツ人であった。アルザスの人たちは、私にいろいろと質問したかったようだが、私は疲れていたのだ。2段ベッドに横になると、すぐに眠ってしまった。すぐにまた起こされた。目が覚めたとき、自分がどこにいるのか、まったくわからなかった。コックが朝食を持ってきてくれた。唖然としていると、天にも昇るような気持ちで、肉のスープをパンと一緒に、またポテトとグレービーソースと一緒に、チョップを乗せて、サラダを乗せて、白パンと

ワインを1クォート飲んだ。まるで天国にいるような感覚でした。ドイツ側では、肉汁の入ったスープとパンはあっても、肉汁の入ったジャガイモや揚げ物、サラダはもちろん、白いパンやワインもなかったんですね。全然お腹が空いてないのに、こういう大きなものに手を出して、全部ダメにしそうになったんです。その時の私の心境は、普通の人には想像もつかないだろう。私は、お腹を空かせた捨て犬のように、自分の行く先のものはすべて食べなければならないと考えていたのです。お腹がいっぱいになると、料理人に手渡すと、笑顔でベッドに横たわり、すぐに寝てしまうのです。すぐに目が覚めた。ジャンダルムに呼ばれ、同行することになった。私は立ち上がって、彼と一緒に行った。城まで連れて行かれ、ドイツ語が堪能な将校に尋問された。と、親しみを込めて話しかけてくれました。私は一目見て、こんな会話をしていたら捕まるまいと思った。自分のせいでかつての仲間が死ぬのは嫌だから、こちらの事情は何も言わないことにしたのだ。私は、神学部長の質問に答えたのと同じように、彼の質問にも答えました。と聞かれた。私は、1913年10月16日から勤務していることを告げました。それで、彼はあなたがまだ現役だと言ったんです。

　出征したときは連隊にいたのですか？私は、112連隊の第一中隊にいると言った。すぐに「1914年8月26日にも参加したのか」と聞かれた。はい」と答えました。そして、8月26日の出来事について知っているか、と聞かれた。私はその日、シュテンゲル将軍が捕虜をとるな、捕えたフランス人は負傷していようといまいとすべて殺せと命令したことを話した。私は、地面に倒れている何人かの負傷者が、豚のように撃たれたり刺されたりするのをこの目で見た、と言った。私は個人的にそのフランス人をかばい、命を救った。"私に話したことを誓いますか？" はい、そうです」と私は答えました。そして、その将校は、私が戦後どこに勤務し、何を経験したかを詳しく話してくれた。約2時間後、私は納屋に戻された。私は退院するとき、有刺鉄線でできた皮膚の傷をジャンダルムに見せ、「痛い」と言った。保健室に連れて行かれると、看護婦さんが傷口にヨウ素を塗って消毒し、化膿を防いでくれた。ヨウ素剤がしばらくしみるが、すぐにおさまる。

1918年7月24日-8月3日 フラヴィニーでの生活

　納屋に戻ると、留守中に来ていたグスタフ・ベックに会うことができ、とても嬉しかった。シラミを駆除するためにセンターに連れて行ってもらいました。生まれ変わったと思ったんですね。一晩中寝て、泳いで、よく食べて、シラミを駆除するというのは、二人にとって全く新しいことでした。ベックは10人のドイツ人捕虜の世話と、村の通りの清掃を任された。私はサービスキッチンに配属され、お手伝いをすることになりました。おいしい食べ物が豊富にあることにとても驚きました。ここは、陸軍最高司令部の警備を担当する衛兵中隊の台所であった。3人のコックは、40歳を過ぎた赤毛で、下士官たちと同じように興奮していた。彼らは皆、私にとても親切だった。私の骨ばった頬を指差して、ポツリと、「その頬でいなきゃダメだ」と言った。「悪くないな」と私は思った。朝食には、半ポンドの焼いたハム、チーズ、ジャム、パンが配られ、気分によってコーヒーやワインを一緒に飲ませてくれました。朝はパンを切って、カンパニーのボウルに入れなければならない。そして、スープを注いだ。カンパニーが料理を持ってくる前に、チーフが私を鍋に呼び、スープのボウルを取り、スープを半分まで入れ、赤ワインを一杯入れた。私の場合、それで終わりでした。とても美味しいです このシェフたちは、いつも自分たちのために何か良いことをやっていた。いつも一緒に食べていたのですが、とても辛いと好んで食べていました。慣れないうちは、口の中から喉にかけて尖ったものが刺さっているような感覚になることもありました。午後は皿洗いをし、夕食前には玉ねぎとニンニクの皮むきとサラダの調理・洗浄をしました。4時間あれば、一日中仕事をするのは簡単だった。兵士の一人は何もすることがなく、鋸で木を切って台所のために使っていた。時には、いけないと思いつつも、手伝ったりもしました。厨房に案内されると、そこには毎日新鮮なワインが樽ごと運ばれてくる。兵士は私にコップを渡し、それを水道の蛇口の下に置いて、ワ

インを入れて飲ませた。のどが渇いたのなら、自分で手を貸せというのだが、私の額の前で手を振り、それから指を指して、酔わないように気をつけろと笑っているのだ。

　私がメッツに到着して数日後、3週間ほど前に若い兵士が一緒にやってきた。彼の妹のところに3日間滞在した。"お前も逃げたのか？と聞いてみた。もちろん、逃げましたよ。リヒャルトが出て行ったら、私も出て行くと思っていたんです！" - と答えた。私たちが住んでいたところでは、フランス軍の歩兵は一時的に小屋に収容されていた。偶然、フランス軍に入隊した兄に会い、自分も入隊して兄のもとに滞在することができた。彼は、我々の師団のアルザス兵は、誰も信用できないので、最前線の塹壕に入ることができなくなったこと、リヒャルト、ベック、プファッフが脱走の罪で師団軍事法廷から死刑を宣告された師団命令が読み上げられたことを教えてくれたのです。いやはや、戦時中はうまくいかないものですね。殺されるのは嫌だから、死刑を宣告されたのです。でも、「ニュルンベルクでは、捕まえるまで誰も絞首刑にならない」という古い言葉があるように、死刑を宣告されたにもかかわらず、とてもリラックスした気分でいられました。　4年近くも戦争の恐怖から生き延び、ただ残された命を守りたいだけの貧しい兵士たちを、自分たちは戦火にさらされたこともないくせに、一部の高給取りの上級士官が死刑にする権利があるのだろうか、と。実際、兵士を前線に留まらせ、大きな損失を伴う攻撃に参加させたような人たちは、私よりも死んで当然なのでは？いつ

も親愛なる祖国を語り、市場で快適な生活のための金を手に入れ、稼いでもいない勲章で胸をいっぱいにし、貧しい兵士を何の理由もなく、まったく何もせずに死なせている人たちである。でも、一番大事なのは、彼らが私を傷つけることができなかったということです。

　黒人、アラブ人、モロッコ人、インドシナ人、イタリア人と一緒にアメリカ軍が通っていて、思わず見とれてしまいました。私が寝泊まりした納屋には、フランス人数人、モロッコ人数人、黒人2人、中国人4人の人身売買人がいて、いろいろな罪で投獄されて刑を待っているところだった。納屋の床の左右にある小さな牢屋に、みんな閉じ込められているのだ。　4人の中国人は、少女を強姦し殺害した疑いがある。牛舎の床で食事をすると、全員が餌箱の周りにひざまずき、食べ終わるまでそこにいた。

　徐々に体力が回復していくのがわかった。ただ、ずっとここにいたかったのですが、9日目にして「明日の朝、移動してください！」と言われました。翌朝、肉とパンをくれたコックに別れを告げ、アルザス人とポズナン人の半々、13人が最寄りの駅まで連れて行かれた。列車に乗り込み、ヌフ城へ。どこを見ても陽気なアメリカ兵がいた。生きる喜びに満ちた若者たちの顔や目は、まだ戦争の傷跡が残っていた。町外れの高い丘に案内されると、いきなり砦の入り口に出くわした。門の上には、「バーグルモント砦」と書かれていた。

バーグルモンテ砦での生活

　跳ね橋を渡って堀を渡り、砦の中の事務所に到着した。一人ずつ入っていくしかなかったんです。私が最後の一人でした。アルザスのユダヤ人と思われる将校が、私の連隊や家などについて質問してきたので、名前と住所を教えなければなりませんでした。そして、お金を渡すことになったのです。サン・ランバートのアルザス男性陣のキャンプに来たら返してあげるからと言われた。そして、私を解放してくれたのです。砦の下の牢屋に入れられたんだ。私たちの両側には、要塞の守備隊がいた。40歳以上の兵士ばかりだ。要塞の向こう側には、多くのドイツ人捕虜が住んでいた。私たちアルザスやポズナンの兵士は、フランス人と同じ食べ

物を与えられ、ドイツ人はまずい食べ物でやりくりしなければならなかった。ここでの生活は、怠惰で退屈なものだった。私は4週間そこに滞在し、8人の男たちと一緒に4台のパンのローリーを降ろすのを手伝い、茂みの奥の森に2度入りました。体操やレスリングなどをして過ごしました。ある日、「要塞に収監されている将校に食料を運ぶボランティアはいないか」と言われた。ベックが志願した。毎日、私たちの部屋に食事を持ってきてくれた。そこで将校の肉汁から脂を削って我々の肉汁に入れ、将校の最高の肉片と我々の貧弱な肉片を混ぜ合わせた。私たちは、彼らのワインの半分をデキャンタに空け、その差額を水で補った。そして、「彼らは長い間、最高のものを食べてきた。今、私たちは状況を変えようとしています。ドイツ人将校には、フランス人兵士と同じ食事を与えることになっていたのです。

　滞在2日目にドイツ語で「ドイツ人捕虜はもう交換しない、帰国する」という発表があった。交換された捕虜の多くが、ルーマニアに占領軍として送られ、アミ族を攻撃するかもしれない兵士を解放していることをフランス人は知っていたからだ。交換を待っていた囚人たちは、心の中ではもう帰ってしまったと思い、とても落ち込んでいた。この砦では、ドイツ兵の捕虜と同じ食事が与えられた。朝はご飯、昼はご飯、夜はご飯。翌日も、3日目も、4日目も同じです。もちろん好きなだけ食べてもいいのですが、いつもと同じで、かなりイケてますね～。ご飯はかなり厚くなるまで炊き、上にはアメリカンベーコンを散らしてある。パンは真っ黒で古く、カビが生えていた。ドイツ軍は、14日間は米だけ、次に14日間は豆だけ、そして14日間は豆かレンズ豆を食べろと言ったが、それ以外の変化はない。

　ディジョン駅に戻り、列車に乗り込み、徐々に南下していく。美しいソーヌ渓谷を通り、多くのブドウ畑を目にすることができた。すでに青く色づき始めたきれいなブドウがぶら下がっていました。私はこの場所がとても気に入りました。夕方、メーコンの町で列車を降りなければならず、暗い地下室に閉じ込められました。私たちにとっては不都合なことだった。地下に案内されたときは、すでにかなり暗くなっていた。壁に沿って板を敷いて寝ていた私たちは惨めだった。すると、向こうのアルザスで誰かが話しているのが聞こえてきた。私の故郷の方言で話す声があった。

私は立ち上がり、近づいて、この中にダンマリの人がいるかと尋ねた。そうです、私はフューラーレンから来ました」と一人が言った。私はすぐにライターに火をつけ、すぐに彼とわかった。フューラーレンのエミール・シャーラーさんです。マッチに火をつけても、彼は私を認識しませんでした。私は、彼が言うように、自分が何者であるか、いろいろなことが変わっていったことを伝えました。長い間、マイソンの話をしながら、とうとう眠ってしまった。翌朝、私たちは喜んで旅立ち、あの暗く湿った穴を後にした。朝も昼も何も食べさせてもらえなかった。乗り換えの駅では、ホームの横に大きく切ったアメリカンブレッドが置いてあったので、おそらくそうなのだろう。最高の一切れが欲しかったんです。すると、同行していた憲兵が、パンを取るなら許可を得なければならないと言って、私の手からパンを投げ捨てたのです　私は非常に腹が立ち、この悪党に許可を求めて名誉を得るくらいなら、むしろ餓死したほうがましだと思いました。やっとの思いで乗り込んだら、私たちの隣に休暇中の人たちがたくさん乗った列車が停車していた。ベックは兵士たちに「彼らは私たちよりも幸運だ、もう撃たれることはないだろう！」と言いました。その中に、ドイツ語を少し知っている人がいて、私たちに話しかけようとした。ベックはフランス語で答え、一日中何も食べていないことを告げました。一人の兵士が大きなパンをくれ、数人の兵士がワインの入ったカンテンをくれた。

　出発して、数時間後にリヨンに到着した。この街は、ロンとサンが出会う美しい場所にあります。川の両側には、街から離れたところでも、美しい別荘や住宅が立ち並ぶ丘がある。リヨンの中央駅に長期滞在しました。何も食べさせてもらえなかった。空腹を紛らわすために、駅の噴水で水を飲んだ。イタリア戦線からの兵士を乗せたのだろう、数台の列車が駅を通過していった。兵士たちはみな元気そうだった。ベックは、通りすがりの若い女の子2人が、「この兵士たちはクラウトには見えないけど、彼女たち（ハンサムなベックのこと）は、私の夫としていいんじゃないかしら」と言うのを聞いた。ベックは思わず微笑み、フランス語で「僕も好きだよ」と伝えた。少女は顔を赤らめた！　ベックが住所を尋ねると、彼女は紙に書いて渡した。そして、列車が到着し、出発することになった。

サンテティエンヌ駅に列車が到着した夜のことである。寝なければならないのに、兵舎に連れて行かれた。途中、多くのレストランを通り過ぎたが、歩道に置かれた椅子に座り、ビールやワインを楽しんでいるお客さんが多かった。それを見ているうちに、「自由になりたい」という気持ちが大きくなってきました。バラックで軽食が食べられると思ったのですが、運が悪かったようです。私たちは隔離された部屋に閉じ込められていただけなのです。私たちは激怒し、フランスが私たちにしてくれた良いことをすべて忘れてしまった。あれほど強く感じていたフランスへのシンパシーがゼロ以下になり、Vive la France以外の言葉は聞こえなくなった。隔離室の板が壊れ、板だらけになっていたので、私たちよりも先人の方がよっぽど怒っていたのかもしれません。隅っこには人糞もあった。黒でした。マッチを使って、ようやくベック、シャーラー、私の3人が座れる場所を見つけました。翌朝も、何も食べず、何も飲まず、である。ようやく目的地であるセント・ジュード駅に到着した。そこから20分ほど歩いて、サン・ランバートのアルザス捕虜収容所に行きました。道路は吊り橋でロワール川を渡っている。
　ようやくキャンプに到着した。

サン＝ランベール＝シュル＝ロワールのアルザス捕虜収容所にて。

　捕虜収容所は、サン・ランベール・シュル・ロワール村近くの低い丘の上にある旧修道院の中にあった。キャンプの片側には、兵舎のような大きな建物がある。道路に面した側には高い壁があり、修道院と外界を隔てている。反対側には、厩舎と外構があります。大きな修道院の建物の隣に、修道院の教会が建っています。入り口には常にフランス兵が控えていたが、彼は丸腰だった。勝手に外出してはいけないのです。建物や中庭にはアルザスの兵士がたくさんいて、中には捕虜になった者もいたが、大部分は脱走していった。私たちは古い馬小屋にテーブルとベンチと寝台を置かれました。アルザス人は大声で叫ぶという恐ろしい習慣があるので、あなたがアルザス人と一緒にいたことはすぐにわかります。かつては修道士の祈りが天に運ばれていたのが、今は大きな言葉になっているのです
　到着してすぐに、牛肉と米、それに大きなパンと1/4リットルのワインが配られた。私たち初心者がお腹を空かせている間に、あっという間に完食してしまいました。家に手紙を書きたいが、紙を買うお金が一銭もない。広い中庭を歩いていると、マンスパッシュの故郷の友人、フグに会った。"いいか、フート、今私は人生で一度もやったことのないことをしなければならないんだ。

お金を貸してほしいのですが。彼は笑いながら、"そんなの意味ないよ、だってコインは5枚しかないんだから！"と言っていました。家で書きたいんだけど、文房具を買うお金がないんだ」と言いました。新聞を買うのに十分なお金をくれた。すぐに家に手紙を出し、お金を貸してほしいと頼みました。20回以上手紙を書いても返事はなく、手紙は一通も届いていないのだろうと思わざるを得なかった。午後になると、私たちは尋問のために警官のところへ行かなければならなかった。私たちは廊下に立って待っていた。出てきて、「ダンマリに住んでいるのか？エミール・シャーラーと私は、一人はフュラーレン、もう一人はザンクト・ウルリッヒの出身であることを告げました。午後2時に事務所に来なさいということだった。彼の事務所に行った。彼はワインを注文した。エージェントは、私の両親をよく知っていると言い、驚いて、過去にどこで革靴を買ったかを聞いてきた。私は「ダンマリーのクレズレンの店で！」と言った。そして、"私はクレズレンの息子ですが、ここではトゥハートと呼ばれています"と言った。国の話をし、私が112連隊で出征したことを話すと、1914年8月26日の出来事、特にスタン・ゲル将軍の命令で、我が軍に落ちたフランス兵を皆殺しにするよう促されたことについて、詳しく聞かれた。私は、これまでの取り調べで言ったことを繰り返した。最後にクレクレンは、もし私が憲兵になりたいのなら、ルレにあるゲンダルマの事務所に転属できるように手配すると言ってきた。お礼を言ったが、制服を着ている時間が長かったので、そこには行きたくなかった。しかし、何も出てこないようなので、親戚に手紙を書くように頼みました。7日以内に自宅から返事を出すと約束してくれたのだ。私は別れを告げ、厩舎に戻った。この生活が嫌だったんです。何もしないのは退屈だったんです。

　2日目には別の制服が与えられ、フランス兵になった。赤いズボン、青い短パン、青い半纏、そして前後に角のような紺色の大きな逆光の帽子を提示された。鏡を見たとき、思わず笑ってしまいました。その服装でモンキーワゴンに乗ったら、きっと似合うよ！」と思いました。6日目、私はシャーラー、ベック、その他数人のカメラマンと一緒に厩舎に入り、太陽の光を楽しんでいた

。そこへ事務員がやってきて、農場で働く人が6人必要だと言うのだ。私が1番目に志願し、ベックとシャーラーが2番目と3番目に志願しました。やがて、大勢の人がボランティアとして参加するようになった。みんな、キャンプから出たがっていた。店員は、"1、2、3、4、5、6 "と考えた。6人のプリミエが荷物を取りに行かされた。荷物をまとめるのに時間はかからなかった。持っていたのは、着ていたものと毛布だけ。79列車が到着。6人が乗り込んで修道院を出た。山の中を3時間くらい走りました。私たちを引き合わせたのは、ロレーヌの捕虜だったバー・ビエールという男で、彼はアルザス人の男35人ほどの部隊を指揮し、主に農民のためにサンハンドの小さな町とその周辺で働いていた。バルビエの話では、自分はいい暮らしをしている。サン・ヘインのタヴノン・ホテルに住み、唯一の義務は収容所に行ってアルザスから来た男たちの賃金、衣服、靴を探すことだったそうだ。もし、その職場が気に入らない人がいたら、その人のために別の仕事を見つけてあげた。丘の上で立ち止まり、バーバーが "この農場には3人必要だ "と言ったんです。"誰か行きたい人？" すぐに志願しました。ベックとシャーラーがトリオではなく、別の農場に行きたいというので、オーバーザッハのヨーゼフ・マイヤーとアルフォンス・デルシュタインという人と一緒に行ったんだ。そこには、すでに3人のアルザス人がいた。私たちは、「いい選択をしたね」と言ってもらえました。ポワサットと呼ばれるその農場は、私たちから30分ほどのところにある宮殿に住んでいるサン・ゲント市長のもので、数百万ドルの富豪であった。経営者は48歳、奥さんは40歳くらいで、2人で切り盛りしていた。二人とも気さくに挨拶してくれて、わからない単語をいくつか言ってくれた。

ロワール県サン・ヘー近郊のポワシャット農場。

　アルザス人の男性3人が農場に来て1年半になるが、見たところ、彼らはフランス語をよく話す。みんな気に入って、帰るまで泊まりたいと言っていた。食事もしっかり摂れて、それが私たちの目標でした。土曜の午後に農場に到着。美しいロワール渓谷の絶景を眺めながら、一日の大半を庭で過ごしました。ロワール川が広い銀色の帯のように見えた。マシフ・サントラルの山々を背景に、多くの村や小さな町が谷の幅に点在していた。山間部には、ちょっと立方体に見える農場が何百もあり、肉眼で見ることができた。左手には、7キロほど離れたところに、大きな工業都市サンテティエンヌが見えていた。炭鉱がたくさんありました。特に夜のサンテティエンヌは、何千もの電飾が点灯し、とても美しかった。夕方、城から主人がやってきて、3人の新入りを出迎えた。彼は私たちにお金のありかを尋ね、誰かが私たちの誰もお金を持っていないことを伝えるために通訳をしました。すぐに手を差し伸べて、一人20フランずつ渡してくれた。いいじゃないか」と、「何もしないうちから」と思った。そして、「服の調子はどうですか？私たちは、着ている服がすべてであることを伝えました

。その夜、城で働くアルザス人が、サイズの合わないユニフォームを捨てるからと、洋服を持ってきてくれた。結局、私たちは民間人の格好をしていました。その後、渓谷の草原に生えた草の2番刈りをしなければならなかった。全く違うものでした。もうこういう仕事は慣れないので、最初は冷や汗ものでしたね。しかし、すぐに困ったことになった。お施主様には大変ご満足いただきました。

　ようやく家族から声がかかった。私が戦線離脱したことをとても喜んでくれて、すぐに送金してくれました。彼らは "Laisser-passer"（チケット）を受け取ると、すぐに私のところに来て、私の服を持ってきた80。また会えると思うと、とても嬉しかったです。ヌフ・シャトーに返さなければならないお金を取り戻したのです。現在のレートでは、30マルクで19フランをくれた。草を運んだ後、私は同志ヨセフ・マイヤーと一緒に隣の農場にジャガイモを採りに行かなければならなかった。父を除く家族全員がインフルエンザで寝込んでいたからだ。その後、お城の近くの農場でジャガイモを収穫する日々が続きました。私はこの場所がとても気に入りました。農場の主人は戦争で足を失いました。牛の乳搾りを習いました。その後、ポワサットの農場に戻りました。5人の仲間は森で棒の束を作る係で、私は農場に残って掃除や広い庭での作業を手伝わされました。校長先生や奥さんとも仲良くなって、それが有利に働きました。庭仕事をしていると、店長の奥さんがよく台所に呼んでくれて、ワインや、涼しくて寒いときはコーヒーやブランデーにパイを添えてくれました。チョコレートもよくもらいました。だんだん居心地がよくなってきて、ホームレスだったらもちろんそこに泊まる。庭や畑での仕事が終わると、他の人たちと一緒に森で棒の束を作らなければなりませんでした。1日に1人60束の棒を手に入れました。店長もオーナーも大満足でした。最初の月の終わりには、大家が月40ドルしか払わないはずのものを、私たちは100フランずつ受け取った。下士官だからと、8フランも余計にくれた。

　やはり、料理はおいしかった。朝、起きるとすぐに、濃いブラックコーヒーとパイが配られた。そして、各自がベッドメイキングと部屋の掃除をしに行った。朝食は、ハム、ジャム、チーズ、パン、ワインスープなど。毎日、昼食後に2つのコースがあり、

デザートには必ずチーズかジャム、そしてしばしばチョコレートが出されました。夕方にはスープやポテト、肉やソーセージ、夜にはチーズやジャムなどが出てくるのが普通でした。私たちの農場には32本のクルミの木があり、栗の木もありました。ベッドの脇には、一人一人がナッツや栗を袋に詰めて持っていました。要するに、とても快適な生活を送れたということです
　9月末に父と姉が会いに来てくれた。生け垣を叩いていたら、仲間が到着したという。再会はとても嬉しかったのですが、父と妹が年をとっていることはすぐにわかりました。やはり4年半は長いです。また、私が大きく変化したことも見抜かれていました。1時間ほど農場で過ごした後、ホテルへ。
　その後3日間、宿泊と食事をしたセント・ゲインのアベノン。美しい3日間でした。同級生やエミール・シャーラーを招いて夜を共に過ごし、喜んでもらえました。父と姉が私の服を持ってきてくれて、必要なものはすべて買いました。人に戻ったような気持ちになりました。あっという間にその3日間は終わり、父と姉は家に帰りました。調子が良くても、本当について行っちゃったんです。今なら、父が本当に私の財布を満たしてくれたので、うまくいったと思います。毎週日曜日にはサン・ジアンに行き、レストランやカフェで一日の大半を過ごしました。毎週日曜日には、チームのアルザス人35人がテヴェノンに集まり、にぎやかになることもしばしば。

　11月初旬、私たちは平和が訪れようとしていることを耳にしました。11月10日、「休戦まであと2、3日しかない」という噂が流れた。11月11日、私たちは森で棒を束ねるのに忙しかった。突然、小さな町ラ・フュイユで煙突の音が聞こえ、サンテティエンヌでは砲撃が聞こえた。あちこちで鐘の音や銃声が聞こえ、ラ・フューズからは笑っているのか泣いているのか分からないような音が聞こえてきた。世界が来た」と言いながら、あと数日で家に帰れることを想像して、みんなで泣いた。私たちは一緒になって「Vive la France」と3回叫び、丘に響かせました。今日はもう働かないぞ」と言いながら、農場まで歩いた。もしドイツが勝っていたら、アルザスはドイツの一部であり続け、脱走兵である私たちは二度と故郷に帰ることができなかったからです。農場に着くと、監督夫妻は私たちに2度キスをして、「これで私たちもフランス

人と同じだ」と言ってくれた。ディレクターの奥さんが、この日のためにとても美味しい朝食を用意してくれて、みんなとてもいい気分で食事ができました。午後はみんなでサン・マン（Saint Héand）に行き、そこで夜通し飲み、騒ぎ、踊り、翌日の夜明けまで過ごした。そして、二日酔いのまま農場に戻り、休日を丸一日かけて回復させたのです。カイザーがオランダに逃げ込んだことがわかった。彼のような悪党は、ちょっとした危険に直面するとすぐにすべてを捨てて研ぎ澄ます。一方、私たちは4年間、トラブルに巻き込まれ、死に囲まれ、決して良い理由ではない。小さな命を守りたいのなら、死刑を宣告される。この恐ろしい大虐殺の犯人の一人であることは間違いないのだが、彼らは彼に大金を送りさえしたのだ。そう、昔から言われているように、「小さい者は吊るし上げられ、大きい者は放逐された！」のである。

　毎日、聖ヴィートゥスに通いました。朝は教会に行くこともありました。アコーディオンを買うための資金を集めました。パブからパブへ行き、狂ったように踊った。セントジェラルドの女の子たちは、ダンスが好きな子が多くて、パブからパブへついてきてくれました。夜中の2時前に帰宅することはほとんどなかった。

　ただ問題は言葉で、よく詰まるし、誰も気にしないようなことを言うこともありましたが、みんなまともなので、まったく間違ったことを言っても気にしないんです。こういうことは日常茶飯事で、笑いが止まらなかった」とおっしゃっていました。それぞれ辞書を買って、熱心にフランス語の勉強を始めた。少しずつですが、フランス語で理解しあえるようになりました。

　アルザスの男性でフランス語を話せる人は、何人かガールフレンドを見つけた。17歳から45歳までは男性がおらず、彼氏を欲しがる女の子も多かったので、それほど難しいことではありませんでした。エミール・シャーラーと私はよく狭軌鉄道でセント・ステファンに行き、そこでフュラーレンから来たペーター・ケグラーやヨーゼフ・フーバーと会って、日曜日の午後を楽しみました。

　新年を迎える前に帰国する命令がまだ出ていなかったので、こ

のままサンランベールのキャンプに戻らなければ、家に着くのはずっと先になるかもしれないと思うようになったのです。そこで、農場を出て、キャンプに行くことにした。所長の奥さんがおいしいお別れの夕食を用意してくれて、それから仲間たちが別れを惜しんだ。私は彼らが帰るのを待って、改めて夫婦に礼を言った。最後に握手した時、二人とも泣き出してしまいました。本当に私のことが好きだったからです。セントジェンドに行き、注文しておいたトロリーに荷物やトランクを積み込み、友人たちと別れを惜しんだ。別れ際にキスをする習慣があるようで、あまりにバカバカしくなるまでキスが続きました。歌っているうちに、私たちは多くのものを手に入れたこの場所を後にしました。人々は皆、通りに飛び出して私たちを出迎えた。 そして、サンランベールへ向かった。

　命令されないまま収容所に戻ったので、そこで歓待を受けることはなかった。キャンプは混雑していた。廊下、屋根裏、すべての部屋と広間、厩舎、物置、要するにアルザスとロレーヌに占領されていたのである。食事はあまりおいしくなかったが、みんなお金を持っていたので、自衛はできた。毎週2日間、外出が許されていた。パブは満員だった。お金を持っている人は、自分で食料を買ってキャンプに帰っていました。暖房やセントラルヒーティングの効きが良い部屋でよかったです。週に数時間、ジャガイモの皮をむく以外は、働かなくてよかったんです。踊ったり、話をしたり、いろいろな芸をしたりして過ごしました。故郷の人たちにもたくさん会いました。解放を待ちきれない人たちが20人以上いました。メルツェンのアルベルト・ディーツに会った。彼はサロニカから帰ったばかりで、お金がなかったので、20フランを貸してやった。ロザリオの礼拝は修道院の礼拝堂で行うので、カトリック信者の皆さんはぜひ来てください」とアナウンスされたこともあった。行ってみたら、20人足らずの礼拝でとても驚きました。

　1月25日には、全員がフランスの制服を受け取りました。1,200人くらいいたかな。"明日、輸送機で帰ります"と言われた。やっと帰って家族に会えると思うと、嬉しくてたまりません。1月26日の朝、St.John's駅に向けて出発した。私たちは皆、この上なく幸せでした。大きなフランス国旗が3本、前面にパラパラと出て

いた。私たちは前に進み、歌った。終点には、駅に届けられた箱やトランクを積んだ車が何台も停まっていた。今度はセクションに分かれて搭乗し、出発した。神に誓って、私たちは家に帰るつもりだった。リヨン、ディジョン、リュール、エピナルを経由しての旅である。エピナルに到着したときは暗かった。ルネヴィルを車で走った。ルネヴィルとロレンとの境界の間で、私は窓の外を見た。私たちはちょうどフロントを通過するところでした。空っぽの雪溝や有刺鉄線、地下シェルターが見えたので、外に出ました。この環境で何年も過ごすなんて、とても考えられません。

アングルモン、そしてサヴァン、ストラスブール、コルマールを経てようやく到着したのは、4年半前に私が大きな戦闘に参加させられたサールブールだった。朝早くコルマールに着いた私たちは、陸軍の兵舎の近くの小屋に連れて行かれ、そこで除隊の書類を待っていた。そして、午前10時、ついに私は自由の身となった。寒くなった頃、エミール・シャーラーとレストランに食事に行った。私たちは、女性や少女が自分の家の言葉を話すのを聞き慣れませんでした。その後、駅に戻り、荷物を預けた。列車に乗り遅れたので、この日の夕方までミュルーズに行くことになった。そこから列車はAlt Kirschまで行ったので、待合室で一晩過ごすことになった。翌朝、始発の電車でダンマリーへ。前線に近いAlt Kirschが、小口径の野砲で破壊できるはずなのに、これ以上破壊されないことに非常に驚きました。今度は塹壕、弾痕、有刺鉄線、倒木の中を通り抜けました。ダンマリアでは、一部破壊された高架橋（バラバエガ橋）を迂回するように鉄道が敷設された。ようやくダンマリに到着。ミッテルフェルトを自宅に向けて走らせた。黒い納屋でエミール・シャーラーに別れを告げました。

丘の上のアルテナッシュの森に、1913年10月、約5年半前に離れた故郷の村がようやく見えてきたのだ。突然、私の目に涙があふれた。急いで帰りました。村の若者が育っていることに驚きました。母に再会したときの気持ちは、言葉では言い表せないほどでした。あまりの嬉しさに声も出ない。結局、私はまた家に戻ってきたのです。そうなるとは思ってもいなかったが、戦争中ずっと願っていたことが実現した。

Table des matières

ドミニク・リヒャルト 3

死ぬには最高のチャンス 3

農民兵の人情訓 7

。ドイツの歴史家による発見 7

ミュルーズの戦い 16

1914年8月20日 22

1914.08.21 - ローケンの戦い 23

1914年8月22日、23日、24日 24

1914年8月25日-反乱が発生。 26

1914年8月25日 反乱勃発 27

26 August 1914 - 12 - Thiaville-sur-Meurthe 25 08 1914年ドイツのThiaville-sur-Mort Forestの戦い。 28

1914年8月27日 33

北フランスへの旅 46

46 1914年10月22日、ビオレインへの攻撃 50

1914年10月22日 - ヴィルヘルム村への攻撃 50

1914年11月22日、ヒンズー教徒との戦いの凄まじい夜。 58

そこで初めてロシア人を見た。	75
カルパチア山脈の戦い、緊張感	79
1915年4月9日、ズビニン山征服。	82
5月攻勢	87
1915年5月26日	94
1945年5月27日	97
その変遷と底辺での葛藤。	102
1915年6月中旬、2回目のドニエステルの横断。	107
さらなる攻防の行方は。	109
ズローティーライムの下での戦い 1915年7月半。	114
二人の男がR・ゴールデン・リンデンを襲撃した。1915年7月2日	118
ロシア領ポーランドへの進軍	124
ラーヴァ＝ルーシカ	125
ウクライナ	125
リヴィウ州	125
リヴィウ州	127
ウクライナ	127
1915年7月末、ロシア領ポーランドでの戦闘。	127

ポーランド 128

1915年7月30日の攻撃。 129

1915年8月上旬のヘルムの戦い（ロシアン・ポラック）。 ... 132

1915年8月上旬のヴォロダフの戦い。 135

フルビエシュフ 139

Hrubieszów 139

ポーランド 139

ラーヴァ＝ルーシカ 140

    Рава-Руська 140
    ウクライナ 140
    リヴィウ州 140

リヴィウ 141

Львів 141

ウクライナ 141

リヴィウ州 141

レンベルグの軍事病院にて 141

フスホバ 143

Wschowa 143

ポーランド 143

フスホバ	145
Wschowa	145
ポーランド	145
クライペダ	148
Klaipėda	148
チェルニャホフスク	148
Черняховск	148
ロシア	148
カリーニングラード	148
バルティスク	151
Балтийск	151
ロシア	151
カリーニングラード	151
ダウガフピルス	155
ラトビア	155
Daugavpils pilsēta	155
1916年1月中旬、ロシア北方戦線に赴いた。	155
エロフカ	164

ロシア 164

〒182354 プスコフ 164

最初の休暇は1916年10月末だった。 164

フランクフルト・アム・マイン 166

  Frankfurt am Main 166

ドイツ 166

フランクフルト・アム・マイン 167

  Frankfurt am Main 167

ドイツ 167

ネッカーズルム 168

  Neckarsulm 168

ドイツ 168

ランクフルト・アム・マイン 168

    Frankfurt am Main 168
    ドイツ 168

フロントの裏側。戦場での3つのクリスマス 1916年12月 170

1917年1月2日から4月14日まで第260予備歩兵連隊とともに ロシア北方 174

1917年1月、ロシアに対するクーデターが発生。 179

摂氏38度 1917年1月	181
1917年1月末に帰任。	181
飢餓	186
イクシュキルの西ドビナ攻防戦の川-1917年9月2日。	198
2度目の休日。	204
ロシアと休戦！？	210
リガでの生活	211
ボルシェビキの占領に対する攻勢	221
バルト海沿岸のリヴォニア州、エストニア州。	221
ロシアからフランスへの旅	235
1918年4月25日	251
部門別スポーツデー - 5月8日	262
前に戻る。	265
1918年5月、梟の機銃掃射巣にて。	275
スペイン風邪-メスへの旅-1918年7月初旬。	287
救われた、もっともっと前へ。	291
1918年7月24日から8月3日までのフラビニインでの生活	291
脱走の準備	299

1918年7月23日から24日の夜。- フランス人の脱走 300

1918年7月24日-8月3日 フラヴィニーでの生活。..................... 312

バーグルモンテ砦での生活 314

サン=ランベール=シュル=ロワールのアルザス捕虜収容所にて。... 318

ロワール県サン・ヘー近郊のポワシャット農場。................. 321

息子のウルリッヒはこう記している。
この証言は謎めいている。

14歳で学校を辞めた農民のために、教師の大いなる絶望を克服するための戦争を語るドミニク・リヒェルトの、文字通り稀有で印象深い演技に、読者は必ずや驚かされることだろう。エルンスト・ユンガーとモーリス・ジェネヴォワという二人の作家兵士が、その場でメモをとって重要な内容を記録したように、農民兵士のドミニク・リヒェルトもメモをとったが、何も作らなかった。自問自答し、調べ、すべてを記憶する。帰国後、9冊の学校ノートを一気に埋め尽くした。彫りの深い、非常に上品な字で、刻印もない。

ドミニク・リヒャルトは暗記をして、ノートを取らずに書きまし

た。

グーグルマップでのルート詳細
http://goo.gl/maps/hZFAF

ドイツ語からの翻訳：Deepl pro、チェック：Daniel LAUTIE。
Jean Claude FAFFA による**ドイツ語転写**。